OSTFRIESLAND

Zeit für das Beste

HIGHLIGHTS | GEHEIMTIPPS | WOHLFÜHLADRESSEN

»Ostfriesische Gemütlichkeit hält stets
drei Tassen Tee bereit.«

Ostfriesisches Sprichwort

BRUCKMANN

OSTFRIESLAND

Zeit für das Beste

Ottmar Heinze
Klaus Bötig

BRUCKMANN

INHALT

Ebbe am Strand von Norderney

Bunt geht es zu im Krabbenkutterhafen von Greetsiel.

NORDEN UND UMZU

AURICH UND UMZU

MEHR WISSEN

Viele Strände bieten feinen, hellen Sand und oft Sonne satt – hier das Nordbad in Norderney.

MEHR ERLEBEN

→ **Kirchenorgeln** 126

→ **Gute Traditionen** 184

→ **Für Kinder und Familien** 280

S. 1: Schafe gehören überall in der Region zum Landschaftsbild.
S. 2/3: Der Wind hinterlässt grafische Strukturen im Sand.
S. 5 unten: Schafe pflegen die Deiche.
S. 6 unten: Ins ostfriesische Grün setzt der Klatschmohn Farbtupfer.
S. 7: Die Zwillingsmühlen sind das weithin sichtbare Wahrzeichen von Greetsiel.

OSTFRIESLANDS NACHBARN

Das »Historische Alte Inselhaus« ist Spiekeroogs letztes Haus mit erhaltenem Schwimmdach.

REISEINFOS

❶ Norderney (S. 44)

Wer vom Inselurlaub mehr erwartet als tolle Strände, hohe Dünen und geschützte Natur und sich auch an Autos nicht stört, ist hier richtig. Klassische Bäderarchitektur, das schönste Kurhaus, mehrere Cocktailbars, trendige Szene- und Tanzlokale sowie ein hochwertiges Einkaufsangebot machen die Insel zum »Sylt der Ostfriesen«.

❷ Spiekeroog (S. 68)

Die einzige ostfriesische Insel ohne Flugplatz ist der ideale Ort für Ruhesuchende, die zum Urlaubsglück nicht mehr brauchen als die Natur, einen langen Strand, einen kuscheligen, ganz altmodischen Ort und den weiten Himmel über sich. Eine zusätzliche Attraktion ist eine museale Pferdebahn wie aus Urgroßelterns Jugendjahren.

❸ Kunsthalle Emden (S. 120)

»Stern«-Gründer Henri Nannen hat große Kunst der Moderne in die Provinz geholt und die Kunsthalle in Emden zu einer Top-Adresse in der deutschen Kunstszene gemacht. Neben sich ständig leicht verändernden Ausstellungen aus dem eigenen Bestand werden mehrmals jährlich Sonderausstellungen von internationalem Rang präsentiert.

Das Inseldorf von Spiekeroog

Die Dornumer Norderburg präsentiert sich als prunkvolles Wasserschloss.

4 Greetsiel (S. 132)

Ostfrieslands größte Krabbenkutter-Flotte trägt den Namen Greetsiel als Heimathafen am Heck. Rund um den alten Sielhafen haben sich kleine Hotels, Kunst- und Kunstgewerbeläden angesiedelt. Zwillingsmühlen stehen am Alten Greetsieler Tief, auf dem Boote vermietet werden und Ausflugsfahrten durchs Binnenland starten.

5 Das Große Meer (S. 138)

Weil Wassersport auf der Nordsee nur für Mutige und Könner ein wahres Vergnügen ist, haben sich die Ostfriesen auf dem Großen Meer ihr fast wellenfreies Wassersportparadies für Segler, Surfer, Kanuten und Tretbootfahrer geschaffen. Fairerweise haben sie eine Hälfte des Flachmoorsees aber noch ganz der Natur überlassen.

6 Dornum (S. 164)

Das ostfriesische Landstädtchen besitzt gleich zwei Burgen, und in einer befindet sich sogar ein Hotel. Zur Kirche auf der Wurt gesellt sich eine gut erhaltene Synagoge, zum christlichen ein jüdischer Friedhof. Ein kunstfertiger Goldschmied und eine Handweberei laden in typischen kleinen Häuschen zum Stöbern ein.

7 Neuharlingersiel (S. 214)

Im alten Hafen von Neuharlingersiel liegen die Krabbenkutter außergewöhnlich dicht gedrängt. Vom nahen neuen Hafen aus fahren die Fähren nach Spiekeroog ab. Ein Buddelschiffmuseum erweitert das maritime Spektrum ebenso wie der alte Rettungsbootschuppen der Deutschen Gesellschaft zur Rettung Schiffbrüchiger. Jährliches Highlight: Der Krabbenkutterkorso.

8 Carolinensiel (S. 220)

Vom musealen Hafen in Carolinensiel aus fuhren im 19. Jahrhundert Schiffe in alle Welt. Die Dorfkirche schmücken Seglermodelle, das moderne Sielhafenmuseum lässt anschaulich das Leben im alten Carolinensiel lebendig werden. Am Ufer der Harle entlang führt ein Weg an einer alten Klappbrücke vorbei bis zum Fährhafen von Harlesiel.

9 Hooksiel (S. 236)

Das schmucke Dorf besitzt den längsten Strand an der ostfriesischen Nordseeküste, außerdem die einzige Trabrennbahn der Region. Die Wasserskianlage auf dem Hooksmeer ist auch für Zuschauer höchst vergnüglich, der Veranstaltungskalender gibt sich mit Ereignissen wie »Schollenbraten auf dem Grund des Hafenbeckens« bemerkenswert originell.

10 Wilhelmshaven (S. 254)

Maritim von A bis Z! In den Häfen und an den Piers können die größten Containerschiffe der Welt ihre Ladung löschen, für die deutsche Marine ist Wilhelmshaven der bedeutendste Nordsee-Stützpunkt. Museen informieren über das Wattenmeer, die Marine- und die Stadtgeschichte und ein Aquarium ermöglicht Einblicke in die marine Fauna.

Krabbenkutter in Neuharlingersiel

WILLKOMMEN
in Ostfriesland

Das historische Ostfriesland reicht von der Emsmündung bis an den Jadebusen. Auch sieben bewohnte Inseln und weite Teile des Nationalparks Niedersächsisches Wattenmeer gehören dazu. Geest, Marsch und Moore sind hier die Bausteine der Natur, auf den Inseln kommen kilometerlange Sandstrände und breite Dünengürtel hinzu. Und über allem dehnt sich ein weiter Himmel, unter dem die Deiche schon die höchsten Erhebungen sind.

Ganz Ostfriesland ist bestens auf Urlauber eingestellt. Ein dichtes Netz guter Radwege abseits der Straßen und viele Wasserwege für Kanuwanderer erschließen die grüne Landschaft. Fähren ermöglichen Tagesausflüge zu den sieben ostfriesischen Inseln. Städtetrips nach Emden, Wilhelmshaven und Oldenburg lohnen das ganze Jahr. Reiter- und Bauernhöfe sind ideal für einen Familienurlaub. Museen widmen sich der Natur und der Geschichte sowie alter und moderner Kunst. Burgen, Schlösser und alte Kirchen zeugen von einer bewegten

Wunderschön leuchtet der Priel im Sonnenuntergang.

Geschichte. Auch kulinarisch gibt es viel zu entdecken: Vom Seemanns-Labskaus bis zum Eiergrog, von Kohl und Pinkel bis zur ostfriesischen Bohnensuppe. Ostfriesland steckt voller angenehmer Überraschungen – und das zu jeder Jahreszeit!

Der Rhythmus der Gezeiten

Wer nach Ostfriesland reist, will in aller Regel ans Wasser. Doch das ist nicht immer da. Ostfriesland und seine Inseln liegen am und im Niedersächsischen Wattenmeer. Das kommt und geht im Rhythmus der Gezeiten. Jeweils alle zwölf Stunden, 25 Minuten und 53 Sekunden erreicht es seinen Höchststand: Dann ist Hochwasser. Das Gegenteil dazu ist das Niedrigwasser. Läuft das Wasser auf, nennt man das Flut, läuft es ab, spricht man von Ebbe. Der Unterschied zwischen Hochwasser und Niedrigwasser wird als Tidenhub gemessen und beträgt an der ostfriesischen Nordseeküste normalerweise 2,2 bis drei Meter. Der jeweilige Zeitpunkt für Ebbe und Flut ist von Ort zu Ort unterschiedlich. Im Westen kommt es früher zu Hoch- und Niedrigwasser als im Osten und direkt am Übergang zur offenen Nordsee, also auf der Nordseite der Inseln, ist es auch früher als weiter landeinwärts, also beispielsweise im Jadebusen oder in Emden.

Die Menschen hier sind gelassen und freundlich, wie Schmied Dietrich Dieker aus Werdum.

Verursacher von Ebbe und Flut ist vor allem der Mond mit seiner Anziehungskraft. Sie bestimmt zusammen mit dem Wind auch den täglich wechselnden Hochwasserstand.

Bei ablaufendem Wasser wird der sandige oder schlickige Meeresboden, das Watt, freigelegt. Bei Niedrigwasser wird es nur noch von einigen wenigen Wasserläufen, den Prielen, durchzogen. Sie dienen als Schifffahrtsstraßen im Fährverkehr mit den Inseln und sind durch Prikken (Reisigstangen) oder Bojen und Tonnen gut markiert. Sie wechseln stets leicht ihren Verlauf und müssen oft mühsam und kostspielig freigehalten werden. Die Wasserstraßen nach Borkum, Norderney und Langeoog sind so tief,

Auch der Pilsumer Leuchtturm steht an einem Deich.

dass die Fähren auf ihnen nach einem festen Fahrplan verkehren können. Zu den anderen vier Inseln ändern sich die Abfahrtszeiten wasserstandsabhängig von Tag zu Tag.

Für den Urlauber haben Ebbe und Flut ihren ganz besonderen Reiz. Bei Ebbe kann man unter sachkundiger Führung aufs Watt hinausgehen, an bestimmten Tagen im Jahr sogar zu einigen Inseln zu Fuß hinüberwandern. Kurz vor der Hochwasserzeit lässt es sich hervorragend im Meer planschen und vor allem auf den Inseln zu genau festgelegten Zeiten an bewachten Stränden sogar ein wenig in der Nordsee schwimmen. Deren Temperatur erreicht jedoch nur zwischen Juli und Anfang September gerade noch erträgliche 16 bis 18° C.

Von Deichen und Buhnen

De nich will dieken, mutt wieken – »Wer nicht deichen will, muss weichen!«, so lautet ein uraltes ostfriesisches Sprichwort. Denn der Deichbau ist schon seit über tausend Jahren eine Voraussetzung für das Leben auf dem ostfriesischen Festland. Schon seit etwa 1300 wird die gesamte Küste zwischen Ems und Jadebusen von mindestens einem Deich gesäumt. Seine Höhe ist inzwischen auf sieben bis neun Meter angewachsen. Ob das in unseren Zeiten der Klimaveränderung und des Anstiegs des Meeresspiegels ausreicht, ist umstritten; weitere Deicherhöhungen werden notwendig. Die Deiche müssen ja für extreme Sturmfluten gerüstet sein, auch wenn die in jedem Jahrhundert nur ein- oder zweimal auftreten. Deiche müssen stets gut gepflegt und instand gehalten werden. Dazu tragen auch die vielen Deichschafe bei, die das Gras kurz halten und den Boden festigen. Damit sie in Ruhe weiden können, sind Deichspaziergänge mit Hunden häufig verboten; außerdem sollte man die Deiche nur auf dafür vorgesehenen Wegen und Pfaden betreten.

Auf den Inseln übernehmen meist bis zu über 20 Meter hohe Dünen den Hochwasserschutz zur offenen Seeseite hin. Hier sind nur die Wattenmeerseiten durch weit niedrigere Deiche geschützt. Dafür hat man seit der Mitte des vorletzten Jahrhunderts auf den Inseln mit der Anlage von Buhnen begonnen. Diese weit ins Meer hinausragenden Dämme aus Gestein und Mörtel verlaufen quer zur Küstenlinie. Sie sollen vor allem die Sandabtragungen verhindern, die jahrhundertelang dafür sorgten, dass sich die Inseln immer weiter von West nach Ost verschoben. Außerdem können sie auch neue Sandablagerungen fördern.

Neulandgewinnung und Dünengürtel

Deiche können auch zur Neulandgewinnung am Wattenmeer genutzt werden. Die Niederländer sind darin Weltmeister, die Nordfriesen Schleswig-Holsteins deutsche Meister. Aber auch Ostfriesland ist durch solche Eindeichungen in den letzten Jahrhunderten größer geworden. Auf Karten sind sie an ihren Namen zu erkennen: Schon durch Eindeichung gewonnenes Grünland mit salzarmen Wiesen nennt man hier Polder oder Innengroden. Als Heller oder Außengroden wird das nur noch gelegentlich überflutete Grünland jenseits des Deichs bezeichnet, das überwiegend aus Salzwiesen besteht, auf denen noch kein Vieh weiden kann.

Auf den Inseln sorgen die Dünen für eine Art natürliche Neulandgewinnung. Das kann sogar der Laie bei einem Strandspaziergang mit eigenen Augen beobachten: Vom Meer her weht der

Zwischen Watt und Dünen ragen Windräder in den Himmel und sorgen für Energie.

Wind stets ein wenig Sand an den äußersten Dünenrand. An den Stellen, die das Wasser nur noch selten erreicht, fassen langsam erste Pflanzen wie Strandquecke, Meersenf und Salzkraut Fuß. An ihnen häuft sich auf der Lee-, also der windabgekehrten Seite Sand an. So bilden sich erste Vor- oder Primärdünen. Auf ihnen bildet der Strandhafer ein ausgedehntes Wurzelwerk, das den Boden festigt und zur Herausbildung von Weißdünen maßgeblich beiträgt. Das Meerwasser erreicht sie nur noch in wenigen Ausnahmefällen. Stattdessen spült Regen immer mehr Salz aus dem Sand. Als Folge können sich wiederum andere Pflanzen wie Sandnachtkerze, Sanddorn und Sandrotschwingel ansiedeln. Sie bilden eine dünne Humusschicht, auf der nun auch Gräser wachsen. Nicht mehr weiter wachsende Graudünen entstehen. Das Endstadium der Dünenentwicklung bilden dann die Braundünen, auf denen Büsche und Bäume gedeihen. Auf ihnen können nun sogar Häuser erbaut werden.

Seehunde liegen bei Ebbe gern auf Sandbänken.

Der Nationalpark Wattenmeer

Das gesamte niedersächsische Wattenmeer wurde schon 1986 zum Nationalpark erklärt und bildet eine Einheit mit den Nationalparks Hamburgisches Wattenmeer und Schleswig-Holsteinisches Wattenmeer. 2009 wurden diese drei Nationalparks auch in die Liste des UNESCO-Weltnaturerbes aufgenommen.

Das Wattenmeer ist ein weltweit einzigartiger Naturraum. Was hier leben will, muss Salz vertragen und den ständigen Wechsel von Überflutung und Trockenfallen. An Fischen sind deshalb im Wattenmeer fast nur Plattfische wie Scholle, Flunder, Steinbutt und Seezunge zu Hause sowie kleine, nicht zum menschlichen Verzehr geeignete Grundeln. Besonders zahlreich sind Wattwürmer, Muscheln, Schnecken, Krebse und Krabben. Sie bieten reichlich Nahrung für eine bunte Vogelwelt. Möwen und Austernfischer sind ständig zu beobachten. Millionen von Enten und Gänse verschiedenster Arten rasten zweimal jährlich am Wattenmeer und legen hier Reserven für ihren Weiterflug in südliche oder nördliche Gefilde an. Etwa 70 000 arktische Wildgänse überwintern in der Region. Im Frühjahr und Frühsommer brüten zahlreiche anderswo vom Aussterben bedrohte Vögel an den Küsten.

Besonders spektakulär sind Seehunde und Kegelrobben, die bei niedrigem Wasserstand auf Sandbänken liegen und bei hohem Wasserstand vor allem die Platt-

Ins Watt geht man am besten barfuß und mit kurzen Hosen. So kommt man gut durch die Priele.

fische jagen. In vielen Küstenorten und auf den Inseln werden Fahrten zu Seehundbänken angeboten, so dass man sie ausgiebig betrachten kann. Ganz nahe kommt man ihnen in der Seehundstation in Norden-Norddeich. In vielen Orten im Nationalparkbereich gibt es zudem Nationalpark-Häuser, die umfangreiche Informationen zu Flora und Fauna sowie Vorträge, geführte Wanderungen und von Naturkundlern begleitete Bootsfahrten anbieten.

Ostfriesisches Binnenland

An einer einzigen Stelle im ganzen ostfriesischen Küstengebiet gibt es noch eine Küstenformation, wie sie an der Ostsee weitaus häufiger zu finden ist. Am alten Kurhaus von Dangast reicht ein bewaldeter Geestrücken bis unmittelbar an den Strand und bildet hier die Miniaturausgabe einer Steilküste.

Ansonsten ist die Geest eine typische Landschaftsform des ostfriesischen Binnenlandes. Der Boden der Geest wird von Sand, Geschiebelehm und Ton gebildet, die während der Saale-Eiszeit durch gewaltige Gletscher als Grund- und Stauchmoränen abgelagert wurden. Die Erosion durch Wind und Wasser hat sie zwar stark eingeebnet, Geestlandschaften sind aber dennoch durch ihre leicht erhöhte Lage, durch die sanfte Bewegtheit des Bodens und durch ihre Wälder leicht zu erkennen. In Ostfriesland liegen die Städte Leer, Norden, Esens und Wittmund am Rande der Geest, Aurich, Wiesmoor und Bad Zwischenahn mittendrin. Entwässert wird die Geest über Bäche und Flüsse.

Zwischen Geest und Küste liegt drei bis 17 Kilometer breit die Marsch. Sie ist völlig eben, erdgeschichtlich jünger als die Geest und wegen ihrer schweren

Kleiböden fast nur für die Viehzucht nutzbar. Eine ostfriesische Sonderform der Geest ist das Sietland, das zum größten Teil noch unterhalb des Meeresspiegels liegt. Die Marsch wird über zahllose Kanäle und flussähnliche Siele entwässert, die heute gern von Wasserwanderern genutzt werden. Endpunkt vieler Siele sind Sielschleusen. Sie machen den Wasserstand im Siel von den Gezeiten unabhängig. Meist liegen sie in idyllischen, kleinen, küstennahen Orten mit alten Sielhäfen. Dörfer, Kirchen und Gehöfte in der Marsch liegen häufig auf künstlich geschaffenen Erdhügeln, Wurten oder Warfen genannt.

Typisch für Ostfriesland sind auch die vielen Hochmoore auf der Geest sowie die Niedermoore im Übergangsbereich zwischen Geest und Marsch. Diese Moore wurden in den letzten 300 Jahren zumeist entwässert, abgetorft und urbar gemacht. Entlang der breiten Entwässerungskanäle, hier Fehne genannt, entstanden straßenähnliche Dörfer. Vom mühsamen Leben im Moor in vergangenen Zeiten zeugt sehr eindrucksvoll das Moormuseum in Moordorf.

Die Städte der Region

Ostfriesland ist weitgehend ländlich geprägt. Die Viehwirtschaft überwiegt, vor allem im Ammerland wird auch intensiv Gartenbau und Baumzucht betrieben. Größte Stadt der Region ist das landeinwärts gelegene Oldenburg mit

Oldenburgs Schlossplatz ist vom Klassizismus geprägt.

Die Schiffe der Meyer-Werft lassen Urlaubs-
träume wahr werden.

160 000 Einwohnern, dessen Hafen nur
von kleineren Schiffen angelaufen werden kann. Internationale Seehäfen sind
nur Emden (51 000 Ew.) an der Emsmündung und Wilhelmshaven (82 000 Ew.)
am Jadebusen.

Ansonsten haben nur noch vier Orte
mehr als 20 000 Bewohner: Aurich
(42 000 Ew.), Leer (34 000 Ew.), Norden
(25 000 Ew.) und Wittmund (21 000 Ew.).

Die größten Industriebetriebe in der Region sind das Volkswagenwerk in Emden,
in dem die Modellreihe »Passat« gebaut
wird, sowie die Erdölumschlaganlage und
die Kohlekraftwerke in Wilhelmshaven.
Bedeutend für Wilhelmshaven sind auch
seine chemischen Betriebe und die Bun-
deswehr: Nirgends in Deutschland sind
mehr Soldaten stationiert als in dieser
noch recht jungen Stadt. Oldenburg
punktet mit moderner Informations-
technologie, dem Druckereigewerbe,
Automobilzulieferern und Unternehmen
der Fotoverarbeitung. In Emden ist man

bemüht, ehemalige Werftgelände in
Zentren der Offshore-Versorgung für
Windenergieparks auf hoher See umzu-
wandeln. Wichtigste Werft ist jetzt die
Meyer-Werft in Papenburg an der Ems,
die sich mit dem Bau von riesigen Kreuzfahrtschiffen weltweit einen Namen
gemacht hat.

Bewegte Geschichte

Für die meisten süddeutschen Touristen
und für Historiker bezeichnet Ostfriesland die gesamte Region zwischen Jade
und Ems. Verwaltungstechnisch ist das
heute jedoch nicht mehr korrekt. Da gibt
es einmal das eigentliche Ostfriesland
mit den Landkreisen Aurich, Leer, Wittmund, der kreisfreien Stadt Emden und
den Ostfriesischen Inseln mit Ausnahme
der Insel Wangerooge. Östlich schließt
daran der Landkreis Friesland mit Wangerooge und dem Festlandstreifen vom
Wangerland bis Varel am Jadebusen
an. Kreishauptstadt ist Jever. An diesen
Landkreis wiederum grenzt die kreisfreie
Stadt Wilhelmshaven. Und dann gibt es
noch den Landkreis Ammerland mit Bad
Zwischenahn und der Kreishauptstadt
Westerstede sowie die Stadt Oldenburg.
All diese Landkreise und Städte zusammen bilden heute das touristische
Ostfriesland, das in seinen Grenzen fast
identisch ist mit dem historischen Ostfriesland.

Fast das gesamte Mittelalter über lebten
die Bauern hier frei von Knechtschaft
in kleinen ländlichen Gemeinschaften,
denen jeweils ein Häuptling vorstand.

Das Oldenburger Schloss war die prächtigste Adelsresidenz in der gesamten Region.

Erst im ausgehenden Mittelalter hatten sich an zahlreichen Orten Häuptlingsfamilien fest etabliert, gewannen einzelne von ihnen die Oberhand und regierten als Grafen über größere Gebiete. Eine Sonderrolle spielten dabei schon früh die Grafen von Oldenburg, die später erst in den Herzogs- und letztlich sogar in den Großherzogsstand erhoben wurden. Sie behielten Amt und Würde auch noch, als Ostfriesland Teil des Königreichs Preußen wurde. Im Jahr 1918 mussten dann auch sie abtreten – und seit 1946 ist das gesamte historische Ostfriesland in dem nach dem Krieg neu geschaffenen Bundesland Niedersachsen vereint. Seit der Nachkriegszeit bemüht man sich auch immer stärker um den Kulturaustausch mit Westfriesland, das zu den Niederlanden gehört – während Nordfriesland ein Teil von Schleswig-Holstein ist.

Ostfriesland kulinarisch

Immer schon einig waren sich die Ostfriesen, wenn es um kulinarische Genüsse ging. Mit dem Meer vor der Tür war Fisch natürlich seit jeher ein wichtiges Grundnahrungsmittel in dieser Region und steht bis heute in allerlei Variationen auf der Speisekarte jedes Restaurants. Ganz frisch, weil im Wattenmeer gefangen, sind dabei die Plattfische, insbesondere Schollen, und die hier Granat genannten Krabben, wenn man sie selber schält. Die großen deutschen Fischereihäfen Bremerhaven und Cuxhaven ergänzen diese lokalen Produkte noch um das, was Nordsee und andere Meere zu bieten haben. Vor allem Bad Zwischenahn ist für seinen Räucheraal bekannt, und Emden darf als deutsche Hauptstadt des Matjesherings gelten.

Ein weiteres Merkmal der traditionellen ostfriesischen Küche ist die reichliche Verwendung von Speck, Mett- und Blutwurst. Pfannkuchen aus Buchweizenmehl werden gern mit durchwachsenem Speck angereichert, zum Kartoffelpüree »Himmel und Erde« gehören Zwiebelringe, Apfelscheiben und gebratene Blutwurst. Als eine Art Nationalgericht darf *Updrögt Bohnen* gelten: getrocknete Bohnen, gekocht mit durchwachsenem Speck und Mettwürsten. Ein edleres Fleischgericht ist der *Snirtjebraa*, ein gut gewürzter Schweinenackenbraten. Unbedingt probieren sollte man als Urlauber auch das alte Seemannsgericht *Labskaus* und das typische Wintergericht »Kohl und Pinkel«. Zur Kaffeezeit gehört ab und zu ein Stück Ostfriesentorte. Sie besteht hauptsächlich aus einem Biskuitboden, viel Schlagsahne und in Rum eingelegten Rosinen.

Dem versteckten Alkohol ist man in Ostfriesland ohnehin sehr zugetan. Rum oder Branntwein mit Rosinen und Kandiszucker steht als *Sienbohnsopp* am Tresen, Kaffee mit Rum verkauft man als »Pharisäer«. Besonders nahrhaft ist der Eiergrog: heißes Wasser mit Rum und einem geschlagenen Eigelb. An kühlen Tagen mundet nach dem Essen auch ein Friesengeist. Der Kornbrand mit Frucht- und Gewürzaromen wird brennend serviert und warm getrunken.

Brauchtum und Sprache

Neben der Teezeremonie ist in Ostfriesland auch noch anderes Brauchtum aus alten Zeiten erhalten geblieben. Am Ostersamstag feiert man abends am Osterfeuer. Am Vorabend des 1. Mai oder schon ein paar Tage früher werden in vielen Orten frisch geschlagene Birken als Maibäume aufgestellt und die Nacht über streng bewacht, damit niemand aus dem Nachbardorf den Baum stiehlt. Als ostfriesische Sportart ist das *Boßeln* nahezu einzigartig. Zwei Mannschaften von meist je fünf Spielern rollen dabei nacheinander eine Holz- oder Gummikugel aus vollem Lauf eine Straße entlang. Nach einer vorher festgesetzten Zahl von Durchgängen hat das Team gesiegt, das die Kugel insgesamt am weitesten rollen konnte. Meist werden nach zwei bis drei Stunden Strecken von fünf bis zehn Kilometern erreicht. Eine noch ältere Wettkampfdisziplin ist das *Klootschießen* auf offenen Wiesen. Dabei werfen die Spieler bleigefüllte Holzkugeln von einem beweglichen Absprungbrett aus weit durch die Luft. Sieger ist am Ende auch hier die Mannschaft mit der größten Gesamtweite.

Köstlich und kalorienreich: die Ostfriesentorte

Beim Störtebeker-Festival in Marienhafe ist auch die Holzschuhmacherin dabei.

Das Kochbuch aus Ostfriesland. Annelene von der Haar. Nicht ganz billig, dafür aber auch wunderschön ist dieser in Ostfriesenblau gebundene Kochbuch-Klassiker, illustriert mit alten Stichen, gewollten Fettflecken und Randbemerkungen in nostaligischer Schreibschrift.

Die Nordsee. Heinrich Heine. Kurzweiliger, nur 72 Seiten umfassender Auszug aus den Reisebildern, die der berühmte deutsche Dichter in der Zeit von 1826 bis 1831 veröffentlichte.

Friesengold. Bernd Flessner. Kriminalroman, der in Aurich spielt. Im herausgebenden Verlag Leda sind übrigens zahlreiche weitere Ostfriesland-Krimis erschienen.

Mehr als Brauchtum bleibt die Pflege des Plattdeutschen in Familien, Schulen und Vereinen. Das ostfriesische Platt ist eine Form des Niederdeutschen, die die nahezu ausgestorbene ostfriesische Sprache ersetzte. Als wirklich eigenständige Sprache hat sich nur das Saterfriesisch erhalten, das nur noch im Saterland im äußersten Süden des Landkreises Leer von einigen hundert Menschen gesprochen wird.

Gegen die Welt. Jan Brandt. Der von der Literaturkritik hoch gelobte Debüt-Roman eines Leeraner Sohnes erzählt auf mehr als 900 Seiten vom Erwachsenwerden in der ostfriesischen Provinz.

Lükko Leuchtturm und die geheimnisvolle Insel. Bernd Flessner, mit Bildern von Peter Pabst. Lükko ist der Held einer ganzen Kinderbuchreihe, die auf dem ostfriesischen Festland und den Inseln spielt. Das Buch ist empfohlen für Kinder ab 6 Jahren.

Lektüre für unterwegs

Acht Siele – acht Verbrechen. Klaus-Peter Wolf u. a. Acht Kurkrimis aus der Feder verschiedener ostfriesischer Autoren, die in den Sielhafenorten Ostfrieslands spielen.

Von Häuptlingen, Seeräubern und Walfängern. Theo Meyer. In 21 Episoden entführt ein Auricher Gymnasiallehrer den Leser auf eine Zeitreise durch Ostfrieslands Geschichte.

Steckbrief Ostfriesland

Lage: Das historische und touristische Ostfriesland reicht von der Emsmündung und der niederländischen Grenze im Westen bis zum Jadebusen im Osten und umfasst außerdem die sieben Ostfriesischen Inseln. Im Süden verläuft die Grenze in etwa entlang der Bahnlinie Oldenburg–Bad Zwischenahn–Leer–Weener–Bunde.

Fläche: 4688 km^2

Inseln: Borkum (31 km^2), Juist (16 km^2), Norderney (26,29 km^2), Baltrum (6,5 km^2), Langeoog (19,67 km^2), Spiekeroog (18,25 km^2), Wangerooge (7,94 km^2)

Flagge:

Politik und Verwaltung: Ostfriesland ist Teil des Bundeslands Niedersachsen mit der Hauptstadt Hannover. Das heutige Ostfriesland besteht aus den Landkreisen Aurich, Leer und Wittmund sowie der kreisfreien Stadt Emden. Zum historischen und touristischen Ostfriesland gehören auch die kreisfreien Städte Wilhelmshaven und Oldenburg sowie die Landkreise Friesland und Ammerland. In Ostfriesland wählt man traditionell die SPD. Bei den letzten Landtagswahlen im Oktober 2017 siegte die Partei in allen Wahlkreisen, außer in Ammerland, wo die CDU knapp gewann, wenngleich nur noch bei der Erststimme. Gleichzeitig hielt überall auch die AfD Einzug.

Bevölkerung: Anzahl der Einwohner: 926 902 (Stand: 31.12.2015). Am dünnsten besiedelt ist der Kreis Wittmund mit einer Bevölkerungsdichte von 87 Ew./km^2 (im Vergleich Deutschland insgesamt: 229 Ew./km^2). Die bevölkerungsstärksten Städte sind Oldenburg (162 000 Ew.), Wilhelmshaven (81 000 Ew.) und Emden (51 000 Ew.).

Religion: Die überwiegende Mehrheit der Christen Ostfrieslands ist evangelisch. Die meisten von ihnen gehören der evangelisch-lutherischen oder der calvinistisch geprägten evangelisch-reformierten Kirche an. Außerdem gibt es hier in 14 Gemeinden noch eine evangelisch-altreformierte Kirche.

Wirtschaft und Tourismus: In der Landwirtschaft dominiert die Milchtierhaltung. Fischerei wird nur noch als Küstenfischerei (Krabben, Miesmuscheln) betrieben. Die größten Industrieunternehmen gehören zur Energie- und Automobilbranche. Der Tourismus spielt vor allem für die Inseln und Küstenorte eine bedeutende Rolle.

Die Silbermöwen auf dem Duckdalben scheinen einander zu gefallen.

Geschichte im Überblick

10 000 v. Chr. Ende der letzten Eiszeit.
Geest, Moore und Marschen enstehen.

3000 v. Chr. Beginn des Getreidean-
baus auf der Geest. Die Menschen werden sesshaft.

700 n. Chr. Friesen besiedeln das Land
zwischen Jade und Ems.

785 Unter Karl dem Großen wird die
Region Teil des Fränkischen Reichs.
Doch das Reich bietet kaum Schutz, die
Ostfriesen müssen sich selbst verteidi-
gen. Darauf beruht später die Friesische
Freiheit.

787 Gründung des Bistums Bremen, das
Frieslands Osten und Norden beinhaltet.

793 Friesenmissionar Liudger erbaut in
Leer die erste Kirche Ostfrieslands.

802 Gründung des Bistums Münster
mit Liudger als erstem Bischof. Der
Süden und der Westen Ostfrieslands
unterstehen ihm.

1091 Erste urkundliche Erwähnung des
Grafen Egilmar, Stammvater des Grafenhauses von Oldenburg.

Um 1100 Die friesischen Dörfer be-
freien sich von der Dominanz nicht
ortsansässiger Grafen und begründen die
Friesische Freiheit, die ihnen weitgehend
Unabhängigkeit von adligen Lehnsherren
zusichert. Die freien Bauern üben ihre
eigene Gerichtsbarkeit aus. Vom 12. bis
ins 14. Jahrhundert entsendet jede Land-
gemeinde einen Vertreter zum Upstalsboom bei Aurich (s. S. 177).

Um 1300 Deiche ziehen sich jetzt an
der gesamten Küste entlang.

Um 1350 Einzelne Männer haben in
den Dörfern viel Macht und Ansehen
erlangt und werden quasi zu adligen
Herren. Sie errichten befestigte Land-
sitze, Burgen genannt.

1362 Die 2. Marcellusflut geht als
»Große Manntränke« in die Geschichts-
bücher ein. Vom 15. bis 17. Januar
richtet sie zwischen Nordfriesland
und Holland Verheerendes an, rund
100 000 Menschen fielen ihr zum
Opfer. An den gleichen Tagen waren
bereits 1219 bei der 1. Marcellusflut
36 000 Menschen gestorben.

1401–1453 Teilweise Besetzung
Ostfrieslands durch Hamburger Truppen, weil die Vitalienbrüder unter dem
legendären Seeräuber Klaus Störtebeker
in Ostfriesland Unterstützung und Unterschlupf gefunden hatten.

1448 Graf Christian von Oldenburg
wird König von Dänemark, in den fol-
genden Jahren auch noch König von
Norwegen und Schweden sowie Herzog
von Schleswig und Graf von Holstein
und beschert damit dem Oldenburger
Stammhaus eine große Aufwertung.

1454 Häuptling Ulrich Cirksena wird
von Kaiser Friedrich III. zum Reichsgrafen
von Ostfriesland erhoben.

Um 1550 Bau einer ersten ostfriesischen Synagoge in Emden.

1561 Aurich wird als Residenz der Grafen- und späteren Fürstenfamilie Cirksena zur Hauptstadt Ostfrieslands und bleibt bis 1978 zentraler Verwaltungsort.

1575 Jever und das Jeverland fallen durch Erbschaft an die Grafschaft Oldenburg.

Um 1650 Beginn der planmäßigen Urbarmachung der Moore, Gründung vieler neuer Dörfer.

1744 Ostfriesland wird nach dem Tod des letzten Cirksena-Fürsten, Carl Edzard, preußisch.

1797 Auf Norderney eröffnet das erste deutsche Seebad an der Nordseeküste.

1811 Auf Anordnung Napoleons müssen die Ostfriesen ihnen bis dahin unbekannte Familiennamen annehmen.

1815–1866 Ostfriesland ist hannoveranisch. Oldenburg bleibt selbtständig und ist ab 1828 Großherzogtum.

1854–1856 Emden und Leer werden an das deutsche Eisenbahnnetz angeschlossen.

1856 Zwei Raddampfer nehmen als erste Dampfschiffe den Fährverkehr zwischen Emden und Norderney auf.

1869 Wilhelmshaven wird gegründet.

1871 Das preußische Ostfriesland und das Großherzogtum Oldenburg werden Teil des Deutschen Reichs.

1885 Spiekeroog erhält als erste der ostfriesischen Inseln eine Inselbahn.

1889 Norderney besitzt als erste der ostfriesischen Inseln ein Gaswerk, eine Kanalisation und elektrisches Licht.

1940–1944 Vor allem ausländische Zwangsarbeiter und Kriegsgefangene bauen die Inseln unter großen Opfern zu Festungen gegen die Alliierten aus.

1946 Gründung Niedersachsens.

1962 Die schwerste Sturmflut des Jahrhunderts richtet große Schäden an.

1973 Gründung der Carl-von-Ossietzky-Universität in Oldenburg.

1986 Gründung des Nationalparks Niedersächsisches Wattenmeer.

2009 Der Nationalpark wird in die UNESCO-Liste des Welterbes der Menschheit aufgenommen.

2010 Eröffnung von Alpha ventus, dem ersten Offshore-Windpark Deutschlands, 45 Kilometer vor der Insel Borkum.

2012 Eröffnung des Containerhafens Jade-Weser-Port in Wilhelmshaven.

2016 Ostfriesische Teekultur wird immaterielles UNESCO Kulturerbe.

DIE INSELN

1 Borkum
Weit draußen auf offener See

Von allen sieben Ostfriesischen Inseln liegt Borkum am weitesten im Meer. Das Publikum ist international, denn Fähren kommen auch vom niederländischen Eemshaven. Stolz sind die »Börkmers« darauf, dass Borkum als einziges der sieben Eilande schon von einem römischen Schriftsteller erwähnt wurde – im Jahr 7. v. Chr. Darum wurde 1993 der 2000-jährige Geburtstag groß gefeiert.

Die Überfahrt nach Borkum ist schon eine richtige Seereise. Das ist keine Fahrt durch das Wattenmeer, man befindet sich vielmehr auf einem internationalen Weltschifffahrtsweg. Die Autofähre benötigt für den Törn vom Emder Außenhafen aus etwa 135 Minuten, legt im Sommer oft zwischendurch auch noch an der Knock an, um Urlauber aus der Krummhörn auf einen Tagesausflug mitzunehmen. Schon die Fahrt auf der Emsmündung wird zum Erlebnis, denn kleine und große *Pötte* steuern auf ihr zu jeder Tages- und Nachtzeit die geschäftigen Häfen von Emden und Leer auf der deutschen sowie die Häfen von Delfzijl und Eemshaven auf der niederländischen Seite an. Leider informiert die Crew nicht über den aktuellen Schiffsverkehr, doch die App »Marine Traffic« auf dem Smartphone schafft Abhilfe.

Mit der Inselbahn zum Bahnhof

Fähren und Katamarane machen im Inselhafen von Borkum fest, der wie alle ostfriesischen Inselhäfen auf der Wattseite liegt. Dort wartet schon die possierliche Inselbahn auf den Besucher. 17 Minuten dauert die beschauliche Fahrt, die durch Salzwie-

S. 26/27: Gepflasterte Wege führen durch die Dünen.
Mitte: Nach Borkum kommt man von Emden aus auch mit dem schnellen Katamaran.
Unten: Am Nordbad ist der Strand schier unendlich.

sen und am Wäldchen »Greune Stee«
vorbei bis ins Städtchen führt. Hier liegt
der Bahnhof direkt im Ortszentrum.
Wer sein Urlaubsquartier von hier aus
nicht zu Fuß erreichen kann, nimmt eins
der am Bahnhof wartenden Taxis oder fährt mit
dem Linienbus weiter, der direkt am Bahnhof hält.
Auch die Pferdekutschen Richtung Ostland fahren
hier mehrmals täglich ab. Im Bahnhof befindet
sich außerdem eine Verleihstation für Fahrräder.
Wer Fragen zu den besten Radtouren hat, geht
in die Tourist-Information schräg gegenüber und
kann dabei auch gleich noch einen Blick auf eine
der maritimen Skulpturen Borkums werfen: ein
mannshohes Seepferdchen aus Pappelholz in einer
winzigen Grünanlage mit Bänken. Sechs polnische
Künstler haben 2003 solche bis zu sechs Meter
hohen Skulpturen an verschiedenen Orten der
Insel geschaffen und aufgestellt, darunter auch
eine Seejungfrau und Delfine.

Geht man vom Bahnhof ein paar Schritte zurück
in Richtung Hafen, stößt man sofort auf die auto-
freie Einkaufs- und Kneipenmeile von Borkum.
Richtung Watt heißt sie Franz-Habich-Straße,
Richtung Meer ist sie nach dem ehemaligen
Reichskanzler Bismarck benannt. Großstädter
mögen sie eher als provinziell empfinden, doch
hier schlägt Borkums kommerzielles Herz.

Einfach gut!

STRANDZELTE UND MILCHBUDEN

Das Strandleben auf
Borkum hat Besonderhei-
ten, die man auf den sechs
Schwesterinseln nicht findet. Eine
davon sind die Strandzelte, die
man hier statt Strandkörben an
allen bewachten Strandabschnitten
anmieten kann. Sie sind einfa-
cher, aber auch billiger. Zu jedem
Strandzelt gehört immer auch
ein Liegestuhl, weitere können
hinzugemietet werden. Ein echtes
Wahrzeichen der Insel sind die
angenehm urigen Milchbuden,
auf Insel-Platt *Melkbudje* genannt.
Sie sind in Höhe der Wandelhalle
und am Südbad direkt auf dem
Strand errichtet, meist auf Höhe
der Strandübergänge. Die Gäste
sitzen auf der Terrasse, bedienen
sich selbst und genießen einfache
Gerichte und täglich wechselnde
hausgemachte Eintöpfe, Kaffee
und selbst gebackenen Kuchen
zum günstigen Preis. Jedes Jahr
im Herbst werden die Buden
wegen der winterlichen Sturmfluten ab- und im nächsten Frühjahr wieder aufgebaut.

Von der Kurhalle zum Großen Kaap

Die Bismarckstraße mündet schon nach 300 ganz sanft ansteigenden Metern auf Borkums etwa vier Kilometer lange Strandpromenade, die nach dem ehemaligen Bürgermeister Tönjes Kieviet (1865–1932) benannt ist. Sie gibt den Blick auf die offene Nordsee frei. Unterhalb der Promenade breitet sich gen Norden ein breiter Sandstrand aus, das Nordbad. Bei Ebbe ist sie deutlich sichtbar – und gut begehbar – mit der Sandbank »Hohes Riff« verbunden, auf der meist viele Dutzend Kegelrobben ruhen. Ein Schutzzaun verhindert zwar den direkten Kontakt mit ihnen, doch kommt man immerhin so nahe an die Tiere heran, dass man sie gut betrachten kann. Wer ein Fernglas mitnimmt, hat noch mehr davon.

Wendet man sich auf der Promenade zunächst nach rechts, passiert man sogleich das Bauensemble der Kurhalle am Meer. Gleich bei der Kurhalle beginnt auch der kurze Reigen der urigen Milchbuden. Gut 600 Meter weiter endet dann die landseitige Bebauung der Uferpromenade an der Aussichtsdüne »Großes Kaap«, in deren Miniaturhügellandschaft hinein einer der schönsten Minigolfplätze Norddeutschlands angelegt wurde. Auf der Düne steht auch noch eine hohe, steinerne Peilbake. Solche Baken kannte man schon im Mittelalter. Sie dienten Seeleuten in Verbindung mit einer anderen Bake, einem Leucht- oder Kirchturm zur Orientierung.

Von der Kurhalle zur »Heimlichen Liebe«

An der Strandpromenade zwischen Kurhalle und Südbad ist der Strand nur schmal. Dafür sind die grünen Dünen auf der Landseite mit Kur- und

Freizeiteinrichtungen gespickt. Zunächst passiert der Spaziergänger das Freizeitbad und Well-ness-Center »Gezeitenland«, dann die Kurinsel mit Veranstaltungssälen und Kinderspielhaus. Im Frei-gelände davor werden alpine Gelüste gestillt: ein Kletterpark bietet Groß und Klein Gelegenheit zu einem Hauch von Abenteuer in luftigen Höhen. In die Tiefen des Meeres führt dann das kleine Nord-see-Aquarium hinab. Die Promenade endet vor dem Restaurant »Zur heimlichen Liebe«, an dem auch sogleich der Badestrand »Südbad« beginnt. Von hier aus lässt sich der Schiffsverkehr in der Emsmündung besonders gut beobachten – und wer mag, kann gleich einen Rundgang durch das Wäldchen »Greune Stee« anschließen.

Walkinnladenzaun und Alter Leuchtturm

Von der »Heimlichen Liebe« führt die Süderstraße, vorbei am Kleinen Leuchtturm und der ehemaligen Signalstation, in die Stadtmitte zurück. Wo der Schulgang auf die Wilhelm-Bakker-Straße führt, fällt linker Hand ein eigenartiger Gartenzaun vor dem heutigen Pfarrhaus auf: Er ist aus bis zu zwei Meter hohen Kieferknochen von Walen zusam-mengesetzt. Früher stand an der Stelle des Pfarr-hauses das Wohnhaus des erfolgreichsten Börkmer Walfangkommandeurs Roelof Gerritz Meyer (1710–1797). Wie manch anderer Insulaner und Küstenbewohner hatte er sich auf Walfangschiffen festländischer Reeder verdingt, die in Bremen, Hamburg, Emden oder Amsterdam ihre Kontore hatten. Sie warben überall an der Küste die Be-satzungen an; Börkmer arbeiteten dabei meist in leitenden Positionen. Die Fangfahrten starteten in der Regel im April und führten weit auf das Polarmeer hinaus bis vor die Küsten Grönlands und Spitzbergens. Die gefangenen Wale wurden noch an Bord zerlegt; erfolgreiche Skipper brach-

Oben: Auch im Winter lädt der Strand zu Spaziergängen ein.
Mitte: Borkums Fußgängerzone bietet alles für den Einkaufs- und Kneipenbummel.
Unten: Ein gewaltiger Walkiefer-zaun schmückt die Kirchstraße.

Oben: Das Borkumer Walfischskelett im Heimatmuseum
Unten: Der Alte Leuchtturm in der Kirchstraße belohnt das Treppensteigen mit einem prächtigen Rundumblick auf Nordsee, Insel und Wattenmeer.

ten in einer einzigen Saison bis zu 15 Tiere mit in den Heimathafen. Roelof Gerritz Meyer erlegte in 44 Sommern etwa 270 Wale, die ihm ein Vermögen von rund 40 000 Gulden einbrachten – fast viermal soviel wie das, was ein gelernter Arbeiter an Land in der gleichen Zeit hätte verdienen können. Der Walfang verschaffte ganz Borkum im 18. Jahrhundert einen bescheidenen Wohlstand. Er erlebte seinen Niedergang durch die Holländischen Kriege, die die Niederlande 1780 bis 1784 mit England führten und kam später durch die englische Kontinentalsperre im Kampf gegen Napoleon ganz zum Erliegen. Einige Grabsteine von ehemaligen Walfängern sind noch ganz in der Nähe zu Füßen des Alten Leuchtturms erhalten.

Dieser Turm war ursprünglich ein Kirchturm. Emder Kaufleute hatten das über 40 Meter hohe Bauwerk 1576 finanziert, um ihren Schiffen die sichere Heimkehr in die Emsmündung zu erleichtern. Erst 1817 entfernte man das etwa 10 Meter hohe Kupferdach des Turms und ersetzte es durch eine Kuppel mit Fenstern, hinter denen 27 Öllampen brannten. Das Öl wurde dem Turm 1879 zum Verhängnis: Die im Turmkeller gelagerten Reserven verursachten ein Feuer und der Turm brannte völlig aus. Er wurde zwar wieder instand gesetzt, verlor aber seine Rolle als Navigationshilfe

noch historisches Denkmal, das über 150 Stufen auch bestiegen werden kann. Auf dem Leuchtturm kann man sich auch standesamtlich trauen lassen.

Heimatmuseum und Neuer Leuchtturm

Gleich beim Alten Leuchtturm lädt das Heimatmuseum zu einem Besuch ein. Man betritt das Gelände durch einen von zwei Walkiefern gebildeten Torbogen. Historischer Kern des Museums ist das alte, für Ostfriesland typische Gulfhaus aus Klinkersteinen. Das Ziegeldach überdeckt zugleich Wohnräume, Stall und Scheune. Eine Ausstellung zeigt anschaulich, wie die Börkmer einst lebten und wie sich ihre Heimat von einer Bauern- und Fischerinsel hin zum Seebad entwickelte. In der Walhalle wird das Thema Walfang noch einmal aufgenommen, auch Grabsteine von Walfängern sind zu sehen. Hauptattraktion der Halle ist jedoch das 15 Meter lange Skelett eines Pottwals. In der Akkermann-Halle ist neben allerlei nautischem Gerät auch ein altes Strandrettungsboot zu sehen. Noch bis 1926 waren solche großen Ruderboote im Einsatz, wenn es galt, Schiffbrüchige zu retten. In der Vogelhalle wird – auf eher konservative Art – über die reiche Vogelwelt des Wattenmeers informiert. Amüsant sind hier Hunderte von Sandproben aus aller Welt, die auch belegen sollen, dass der Sand vom Borkumer Strand zu den feinsten und schönsten des Erdballs gehört.

Die Strände liegen dem Betrachter zu Füßen, der den Neuen Leuchtturm nahe des Bahnhofs erklimmt. Eine Wendeltreppe mit 308 Stufen führt 60 Meter hoch hinauf. Das elektrische Leuchtfeuer des 1879 in Betrieb genommenen Turms ist noch in 38 Kilometer Entfernung zu sehen.

Einfach gut!

AUSFLUG INS OSTLAND

Mit dem Linienbus oder – viel romantischer – mit dem Pferdewagen kommt man am bequemsten in den menschenleeren Ostteil der Insel, das Ostland. Das letzte Haus vor Juist ist das Café Ostland mit seinen »kuhlen Milchideen«. Hier gibt's täglich ab 10 Uhr Dicke Milch mit Schwarzbrot, Milchreis mit Zucker und Zimt, frische Buttermilch oder auch Rote Grütze mit Vanillesoße. Für die Kinder von Gästen, die im benachbarten Lokal »Bauernstuben« etwas verzehrt haben, ist ein kurzer Ponyritt umsonst. Am »Café Ostland« endet die Straße; von hier aus geht es nur noch zu Fuß oder mit dem Rad auf einigen wenigen Wegen weiter. Wer besonders sportlich ist, kann von hier aus – am Spülsaum der Brandung entlang – die 21 Kilometer bis zurück ins Städtchen wandern oder joggen.

Bauernstuben. Tgl. ab 10 Uhr, Ponyreiten 10–12 und 14–16 Uhr, Ostland 3, Tel. 04922/35 04.

Café Ostland. Tgl. ab 10 Uhr, Ostland 4, Tel. 04922/22 02.

Infos und Adressen

SEHENSWÜRDIGKEITEN

Alter Leuchtturm. Oster- bis Herbstferien Mo–Sa 10–12 Uhr, sonst stark wechselnd. Kirchstr. 1, Tel. 04922/93 25 62.

Heimatmuseum Dykhus. Oster- bis Herbstferien Di–So 11–17 Uhr, sonst stark wechselnd. Roelof-Gerritz-Meyer-Str. 8, Tel. 04922/48 60, www.heimatverein-borkum.de

Nationalpark-Feuerschiff Borkumriff. Oster- bis Herbstferien Di–So 9.45–17.15 Uhr, sonst stark wechselnd. Am Neuen Hafen 9, Tel. 04922/20 30, www.feuerschiff-borkumriff.de

Neuer Leuchtturm. Oster- bis Herbstferien tgl. 10–12 und 14.30–17.30 Uhr, Mo, Mi, Fr, Sa auch 19–21.30 Uhr. Strandstr., Tel. 04922/77 99.

Nordsee-Aquarium. März–Okt. Di–So 10–12 und 14–17 Uhr, Von-Frese-Str. 46 (am Südstrand), Tel. 04922/15 88, www.nordseeaquarium-borkum.de

Walkinnladenzaun. Wilhelm-Bakker-Str. 5.

ESSEN UND TRINKEN

Fischerkate. Frischer Fisch abseits vom Trubel. Im Winter Mi Ruhetag, sonst Do–Di 11.30–14 und ab 17.30 Uhr, Hindenburgstr. 99 (Bushaltestelle BfA-Klinik), Tel. 04922/38 44.

Untypische Architektur: Hotel Bloemfontein

Heimliche Liebe. Gute Küche mit schönem Ausblick. Nov.–Feb. geschl., sonst tgl. ab 12 Uhr, Süderstr. 91, Tel. 04922/92 95 20, www.heimliche-liebe-borkum.de

Oma's Borkumer Teestübchen. Ostfriesentee, wie er sein muss. 10–18 Uhr, Bahnhofspfad 3, Tel. 04922/99 01 62, www.omas-borkumer-teestuebchen.de

Ria's Beach. Trendiges Beach-Café und Restaurant mit Lounge-Charakter, junge Küche von Fingerfood bis Steaks. Tgl. ab 10 Uhr, Kurhalle am Meer, Tel. 04922/92 37 033.

Upholm-Hof. Durch den Garten ein idealer Platz an warmen Tagen. Di–So ab 12 Uhr, Upholmstr. 45, Tel. 04922/41 76, www.upholm-hof.de

ÜBERNACHTEN

Insel-Camping. Hindenburgstr. 114, Tel. 04922/10 88, www.insel-camping-borkum.de

Jugendherberge. Mit 611 Betten eine der größten Norddeutschlands. Nur mit Vollpension buchbar. Reedestr. 231, Tel. 04922/579, www.jugendherberge.de

Kachelot. Modernes Hotel mit 69 Zimmern, ausgesprochen kinderfreundlich, auch Zweiraum-Appartements ohne Kochgelegenheit, separate Etage nur für Raucher. Goethestr. 18, Tel. 04922/30 40, www.kachelot-borkum.de

Strandhotel Ostfriesenhof. Kleines, von den Eigentümern persönlich geführtes Hotel an der Promenade, reines Nichtraucherhaus. Jann-Berghaus-Str. 23, Tel. 04922/70 70, www.ostfriesenhof.de

Strandhotel Vier Jahreszeiten. Feine Adresse für Urlaub direkt an der Strandpromenade. Wellnessbereich mit beheiztem Pool. Bismarckstr. 40, Tel. 04922/92 20, www.strand-hotel.com

Statt Kletterfelsen gibt es einen Kletterpark.

Villa Erika. Modernes Haus, zwölf tier-
freie Nichtraucher-Suiten. Bismarckstr. 6,
Tel. 04922/91 41 26,
www.hotel-villa-erika.de

AUSGEHEN

Kajüte. Maritimer Tanzclub, auch Einheimische und junge Leute. Bismarckstr. 6,
Tel. 04922/93 23 11, www.disco-kajüte.de

Strandschlucht. Favorit für Liebhaber
deutscher Schlager. Gorch-Fock-Str. 8,
Tel. 04922/45 40.

EINKAUFEN

Knobelkiste. Große Auswahl an Spielen für
jedes Alter, auch Verleih. Franz-Habich-Str. 21,
Tel. 04922/923 49 75, www.knobelkiste.de

Windy. Alles fürs Drachensteigen.
Bismarckstr. 43, Tel. 04922/38 70,
www.windy-borkum.de

VERANSTALTUNGEN

Borkumer Jazztage. Am Pfingstwochenende
von Fr–Mo mit Konzerten in Sälen und Kneipen, *Marchings* im Zentrum. Tickets jeweils ab
Jan. erhältlich. Tel. 04922/93 37 13,
www.borkumerjazztage.de

Kulinarischer Herbst. An zehn Tagen im
Oktober bitten Gastronomen in ihren Lokalen
zu besonderen Spezialitäten zu Tisch.

Traction-Camp. An einem langen Wochenende
im Mai gibt es Kurse, Events und Testivals für
Kite-Surfer, Kite-Buggy- und ATB-Fahrer am
Nordstrand.

AKTIVITÄTEN

Boule. Boule-Platz in der Parkanlage am
Georg-Schütting-Platz, Spielregeln und Kugeln
bekommt man dort in der Tourist-Information.

Bowling. Im alten Inselkino. Tgl. ab 11 Uhr,
Mo–Do bis 1 Uhr, Fr, Sa bis 2 Uhr, So bis
24 Uhr, Franz-Habich-Str. 2, Tel. 04922/912 50,
www.borkum-bowling.de

Gezeitenland. Erlebnisbad, Saunalandschaft mit Nordseeblick auf dem Dach.
Tel. 04922/93 36 00, www.gezeitenland.de

Kinderspielhaus. Ganzjährig. Goethestr. 35.

Kletterpark. Im Kurpark, Tel. 04922/923 40 77,
www.kraxelmaxel.de

Malschule. Ferienkurse für Kinder und Erwachsene. Atelier am Meer in der Kurhalle am
Meer, Tel. 04922/99 05 55.

Reitstall Borkum. Goedeke-Michel-Str. 11,
Tel. 04922/91 01 44.

Sattelbude Jütting. Auch hier können Pferde-
narren sich austoben. Upholmstr./Ecke Ostfrie-
senstr., Tel. 04922/99 00 83.

Windsurfing. Wind- und Kitesurfen, Kitebuggy, Jollen- und Katamaransegeln, Kurse
und Vermietung. Am Hauptbadestrand,
Tel. 04922/22 99, www.windsurfing-borkum.de

INFORMATION

Reederei AG Ems. Service Center, Zum Bor-
kumanleger 6, Emden, Tel. 01805/18 01 82
(kostenpflichtig), www.ag-ems.de

Tourist Information Borkum. Am Georg-
Schütte-Platz 5, Borkum, Tel. 04922/93 30,
www.borkum.de

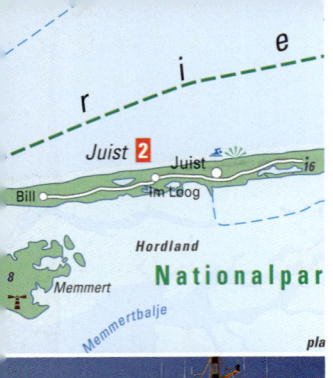

2 Juist
Das Zauberland

Juist ist ein Zauberland. Die Insulaner nennen es auf Platt *Töwerland*, abgeleitet vom friesischen *Töwer*, was Zauber bedeutet. Drüben liegt Deutschland, sagen die Insulaner. Damit meinen sie das Festland – eine andere Welt. Viele besuchen Juist, das Urlaubsland, weil die Insel wahrlich verzaubern kann.

Die Anreise nach Juist ist häufig anders als die Anreise bis Norddeich: Der Besucher entdeckt die Langsamkeit. Ganz gemütlich schippert die Frisia-Fähre rund anderthalb Stunden lang vom Norddeicher Hafen zur Insel Juist. Zunächst scheint es in Richtung Norderney zu gehen. Doch plötzlich dreht der Dampfer nach links – oder besser gesagt nach backbord – ab. Die Fähre schlängelt sich entlang der Priggen durch das Fahrwasser. Priggen sind die »Bäumchen«, die nun den Weg nach Juist begleiten. Der Schiffsführer

GUT ZU WISSEN

TAGESTOUREN LOHNEN WENIG!
Eine Fahrradtour an das Ostende mag zwar schnell gehen, aber die Rücktour bei steifem West- und Gegenwind dauert leicht doppelt so lange. Es braucht also Zeit, die Insel kennenzulernen. Und da die Fähren tideabhängig fahren müssen, ist der Inselaufenthalt für einen Tagesbesuch häufig nur drei bis vier Stunden lang. Das reicht gerade einmal, um durch den Ort zu laufen und in Geschäften zu stöbern – viel zu kurz für eine echte Erkundung. Man sollte also auf Tagesfahrten achten, die einen längeren Aufenthalt ermöglichen oder am besten gleich eine Nacht auf dem Töwerland verbringen.

Mitte: Auf der Juist-Fähre herrscht besonders bei schönem Wetter viel Betrieb.
Unten: Vom Juister Hafen aus geht es zu Fuß in den Inselort.

Rundgang über die Insel

Die 17 km lange Insel lässt sich am besten mit dem Fahrrad erkunden. Vom Inselort gibt es zwei Möglichkeiten: Entweder nach Osten Richtung Flughafen und dann zu Fuß um das Ostende entlang der grünen Markierungspfähle. Oder man wählt den Weg gen Westen, der am Hafen beginnt und hier beschrieben ist.

A **Hafen** – Besonders im Sommer pulsiert hier das Leben. Neben dem Fähranleger gibt es noch eine große Marina.

B **Inseldorf** – Langsam mit dem Fahrrad durchfahren, es lohnt sich!

C **Domäne Loog** – Wurde besiedelt, nachdem die ersten Dörfer durch Sturmfluten zerstört wurden. Heute liegt der Ortsteil etwa 2,5 km vom Hauptort gen Westen entfernt. Das Loog verfügt über eine eigene Infrastruktur. Im Westen liegt die Domäne Loog, ein beliebtes Ausflugsziel. Einen wunderschönen Ausblick auf drei Gewässer hat man von der Aussichtsplattform »Dree Water Utkiek« am Strandaufgang Loog. Man sieht die Nordsee, das Wattenmeer und den Hammersee. Die größte Sehenswürdigkeit im Loog ist das Küstenmuseum.

D **Rastpunkt** – Hier genießt man einen wunderschönen Blick über das Watt und den Hammersee.

Das Strandhotel »Kurhaus« hinter den Dünen

E **Hammersee** – Von der Aussichtsplattform am Zugang zum Hammersee lässt sich der See mit Flora und Fauna am besten betrachten. Start für eine Seeumrundung.

F **Rastpunkt** – Auch hier ist ein weiter grandioser Blick über das Wattenmeer geboten.

G **Domäne Bill** – Das Ausflugslokal lädt zur Einkehr ein. Besonders beliebt ist der Rosinenstuten mit Käse.

H **Dünen** – Von der Domäne Bill kann man die Dünen noch zu Fuß umrunden. Eine Landschaft wie in der Wüste. Am besten bietet sich der Gang bei Ebbe an. Bitte nur auf den gekennzeichneten Wegen gehen!

DER HAMMERSEE

Er ist der größte Süßwassersee der Ostfriesischen Inseln und ein einzigartiges Biotop. Der Hammersee kennzeichnet die Stelle, an der die Insel bei einer schweren Sturmflut, der Petriflut im Jahre 1651, zweigeteilt wurde. Zunächst verbanden noch einige südlich des Durchbruchs gelegene Dünen die beiden Inselteile. Doch jede weitere Sturmflut zerschlug diese Verbindung, bis auch sie verloren ging. Erst 1932 konnten die getrennten Inselteile wieder verbunden werden. In der niedrigen Bucht zwischen den Hammerdünen und dem neuen Hammerdeich verblieb das Salzwasser einer Sturmflut und bildete einen See, dessen Salzgehalt mit der Zeit durch Regenwasser abgebaut wurde. Heute wird der Hammersee langsam immer kleiner, da er vor allem nach Westen hin mehr und mehr verlandet. Er ist ein Biotop ersten Ranges, denn zahlreiche Tier- und Pflanzenarten lassen sich hier nieder. Dies kann man von der Aussichtsplattform im Norden hervorragend beobachten. Rund um den Hammersee gibt es einen kleinen Wanderweg.

Einfach gut !

muss genau den durch die Priggen gekennzeichneten Weg befolgen, der den sich durch das Watt schlängelnden Priel kennzeichnet. Wäre jetzt kein Hochwasser, könnte man rechts und links den nackten Wattboden sehen. Juist kann nur tideabhängig angefahren werden, was bedeutet, dass die Insel nur bei Hochwasser erreicht werden kann. Doch manchmal kommt es auch bei Hochwasser – besonders bei starkem Ostwind – vor, das die Tide niedriger ausfällt und das Schiff für kurze Zeit auf Grund geht. Irgendwann geht es immer weiter. Das ist dem Wind und Wetter vorbehalten und spätestens jetzt stellt sich die Langsamkeit ein.

Da die Abfahrtzeiten täglich wechseln, bietet es sich – besonders für Tagesgäste – an, die Kombination der Fähre mit dem Flugzeug zu wählen. Doch selbst wer mit dem Mini-Flieger kommt, steigt nach der Landung auf die Kutsche um, denn auf Juist gibt es keine Autos. Gemächlich zuckelt man in den kleinen Ort, vorbei an Dünen, Salzwiesen, Karnickeln und Fasanen. Endlich mal keine Abgase und Motorenlärm, dafür gibt es gratis frische Nordseeluft und Pferdeäppelgeruch.

Der Hafen von Juist

Wir sind im Hafen der Insel Juist angekommen. Begleitet von vielen Seglern und dicken Plattbodenschiffen, viele kommen aus den Niederlanden. Juist ist ein beliebter Treffpunkt unter den Freizeitseglern, doch auch sie müssen sich wie die Berufsschifffahrt nach der Tide richten. Die Plattbodenschiffe wurden dabei speziell für das flache Wattenmeer konstruiert, da sie wenig Tiefgang haben. Anders als bei schnittigen Seglern, die ein stabilisierendes Schwert unter dem Kiel haben, hat das Plattbodenschiff zwei außen liegende Schwerter, die das Boot zwar stabilisieren, aber auch den

Tiefgang des Schiffs reduzieren. Früher dienten diese Kähne dem Transport von Gütern bis weit in das ostfriesische Hinterland hinein, heute werden sie von ihren Skippern liebevoll restauriert und für Fahrten durch das ostfriesische Wattenmeer genutzt. Mittlerweile, das heißt seit Anfang der 80er-Jahre, ist der Anleger dichter an den Inselort gerückt. Bis dahin ragte eine lange Brücke weit in das Wattenmeer bis zum Juister Wattfahrwasser hinaus. Eine kleine Inselbahn brachte die Gäste dann zum Inselbahnhof, der südlich des Ortes lag. Heute beherbergt der 1936 als Inselbahnhof und Güterschuppen errichtete Gebäudekomplex auf der Südseite des Kurplatzes eine Gaststätte, eine Bank und das Nationalpark-Haus, das die heimatliche Flora und Fauna beschreibt.

Durch den Inselort

Wenn man die Insel der Breite nach durchqueren möchte, muss man dazu nicht sehr weit laufen. An der breitesten Stelle misst die Insel gerade einmal 900 Meter. Im Durchschnitt sind es nur 500 Meter. Nicht viel weiter ist es vom Hafen bis zum Strand.

Oben: Badevergnügen am Juister Strand
Unten: Die Silhouette des Memmertfeuers vor dem Abendhimmel

Oben: Auf der Kurpromenade kann man gut flanieren.
Mitte: Pferd und Wagen – ein beliebtes Transportmittel auf Juist
Unten: Weithin sichtbar ist dieses Bauwerk auf der Juister Hafenmole.

Die Inseln

Trotz der geringen Breite gibt es auf Juist einiges zu entdecken.

Geht man vom Hafen gen Norden in den Inselort, dann passiert man zunächst einige Pferdekutschen, die den Gast zu seiner Pension oder dem Hotel bringen. Und die Wege dahin können weit sein. Man darf nicht vergessen, Juist misst 17 Kilometer in der Länge. In der Regel liegt natürlich nicht alles so weit auseinander, aber zum westlichen Ortsteil Loog sind es schon einige Schritte.

Hinter dem Hafen steht ein kleiner Leuchtturm. Warum hier? Als 1986 die Laterne des stillgelegten Leuchtfeuers auf Memmert, einer unzugänglichen Vogelinsel südwestlich von Juist, abmontiert wurde, schloss sich eine Interessengemeinschaft zusammen, um das »Memmertfeuer« zu retten. Nun steht es nahe dem Hafen, darf jedoch sein Licht nicht auf die Nordsee und das Wattenmeer richten, da dies vom Niedersächsischen Hafenamt nicht gestattet wurde. Für die Schifffahrt zwar ohne Bedeutung, ist er trotzdem ein schöner Blickfang.

Die Bahnhofsstraße wie die Strandstraße bilden das Leben des Inselorts. Besonders lebhaft wird es, wenn ein Schiff mit Tagestouristen oder neuen Gästen angekommen ist, die entweder zu Fuß oder mit Pferd und Wagen ihr Feriendomizil aufsuchen. Schnell füllen sich dann die Cafés und Geschäfte mit den neuen Inselbesuchern. Es gibt ja auch viel zu sehen rechts und links der Straßen. Es kreuzt die Wilhelmstraße. Biegt man hier gen Westen ab, trifft man nach einigen hundert Metern auf das Hotel »Achterdieck«, wie der Name schon sagt, liegt es gleich hinter dem Deich. Doch wir wollen an den Strand. Richtung Norden geht es deshalb weiter, vorbei an Geschäften und dem Hotel »Pabst«. Wir sind am Ziel und blicken auf eine riesige Sandwüste.

Am Strand

Scheinbar unendlich scheint der Strand von Juist zu sein. Wir kommen von der Strandstraße und blicken links und rechts auf die Dünen. Dahinter in Reihen die Strandkörbe, in denen Gäste sich sonnen, lesen oder einfach nur dösen und vor den Körben häufig spielende Kinder. Keine Buhnen, die die Sandfläche segmentieren, 17 Kilometer Sandbank, die man von Ost nach West oder umgekehrt ungestört erlaufen kann. Man will sich am besten sofort in die Fluten stürzen. Direkt hinter der Strandpromenade erhebt sich in einzigartiger Lage das Strandhotel »Kurhaus Juist«, auch das »weiße Schloss am Meer« genannt.

Sehr zu empfehlen ist auch der Spaziergang auf der Strandpromenade, von der man einen hervorragenden Blick über den Strand, das Wasser oder das sonstige Geschehen hat. Alles lässt sich dann auch noch gut von den kleinen Cafés und Restaurants aus beobachten, die sich entlang der Strandpromenade aufreihen. Inbegriffen sind die wundervollen Sonnenuntergänge, die allabendlich kostenlos zu haben sind. Den Abend kann man dann ausgezeichnet im »Café del Mar« bei leckeren Tapas ausklingen lassen.

Nicht verpassen

HOTEL ACHTERDIEK

Schade, dass man das Restaurant des Hotels nicht mal eben am Abend auf einen Abstecher besuchen kann, denn mit der Fähre kommt man nicht mehr zurück aufs Festland. Etwas abseits, im Westen des Inselorts, liegt idyllisch hinter dem Deich dieses wunderschöne Hotel mit einem Restaurant, das eine vortreffliche Karte und Küche vorweisen kann. Der von Stefan Danzer geführte Betrieb ist immer einen Besuch wert. In der Küche verwöhnt Stefan Danzer seine Gäste auf kreative Weise. Es gibt Butt und andere Nordsee-Plattfische, Salzwiesenlamm oder Mastochsen. Außerdem wird den Kindern jeder Wunsch erfüllt – auch ohne Extrakarte. Wer es einrichten kann, sollte die Gerichte auf der kleinen, aber feinen Mittagskarte probieren.

Hotel Achterdiek. Wilhelmstr. 36, Tel. 04935/80 40, www.hotel-achterdiek.eu

41

Infos und Adressen

SEHENSWÜRDIGKEITEN

Inselkirche. Neben Gottesdiensten finden auch regelmäßige Kirchenkonzerte statt. Wilhelmstr. 42

Küstenmuseum. In mehreren Räumen wird die Geschichte der Insel anschaulich dargestellt. Im Sommer Di–Fr 9.30–13 und 14.30–17.30 Uhr, Sa 9.30–13 Uhr, So 14.30–17 Uhr; im Winter Di und Sa 14.30–17 Uhr. Loogster Pad 21, Tel. 04935/80 90, www.kuestenmuseum-juist.de

Badespaß im Meerwasser-Erlebnisbad

Leuchtturm Memmertfeuer. In den Sommermonaten kann man auf den Leuchtturm hinaufsteigen. Eintritt 1 €, Bahnhofstr. 10, Tel. 04935/80 92 07.

Nationalpark-Haus Juist. Hier können sich interessierte Besucher eingehend und lohnend über das Niedersächsische Wattenmeer informieren. Carl-Stegmann-Str. 5, Tel. 04935/15 95, www.nationalparkhaus-juist.de

ESSEN UND TRINKEN

Café Baumann's am Kurplatz. Mittendrin im Inselgeschehen lässt sich von der Terrasse alles bestens beobachten. Di–So 10.30–24 Uhr, 5. Nov.–22. Dez. geschl., Bahnhofstr. 4, Tel. 04935/91 43 56, www.juist-gastronomie.de/baumanns

Café del Mar. Tapas und Cocktails unter der Nordseesonne direkt an der Strandpromenade. Mo–Sa ab 18 Uhr, Strandpromenade 7, Tel. 0173/725 07 18.

Café Wilhelmshöhe. Traumhafte ruhige Lage. 11–19 Uhr, Flugplatzstr. 21, Tel. 04935/249, www.cafe-wilhelmshoehe-juist.de

Domäne Loog. Kuchen und mehr. Wattweg, Tel. 04935/12 50.

Juister Auster. Gute Adresse für Liebhaber von Fischgerichten. Mo–So 11–15 und 17–22 Uhr, Bahnhofstr. 2 (Am Kurplatz), Tel. 04935/92 13 28, www.juisterauster.de

ÜBERNACHTEN

Hotel Achterdiek. Schön gelegen hinter dem Deich mit Blick aufs Watt, angenehme familiäre Atmosphäre, Wellnessbereich. Wilhelmstr. 36, Tel. 04935/80 40, Reservierungshotline 0800/224 83 73, www.hotel-achterdiek.eu

Hotel Pabst. Das Traditionshaus auf der Insel kann auf 125 Jahre Geschichte zurückblicken. Strandstr. 15–16, Tel. 04935/80 50, www.hotelpabst.de

Juister Hof. Hier wohnt man direkt in der ersten Reihe, nur ein paar Dünen trennen das Hotel vom Meer. Strandpromenade 2, Tel. 04935/920 40, www.juister-hof.de

Strandhotel Juist Kurhaus. Das weiße Schloss am Meer erhebt sich direkt hinter den Dünen mit Meerblick. Strandpromenade 1, Tel. 04935/91 60, www.kurhaus-juist.de

EINKAUFEN

Buchhandlung Koch. Hier bekommt man Literatur über Juist. Ort des Krimi-Festivals. Mo–Sa 9–12.30 und 15–18 Uhr, So 10–12 Uhr,

Friesenstr. 23, Tel. 04935/84 64,
www.juist-buch.de

Die Inselgoldschmiede. Spezialisiert
auf ostfriesisches Goldfiligran. Mo–Fr
10–12.30 und 15–18 Uhr, Gräfin-Theda-Str. 1,
Tel. 04935/82 14, www.inselgoldschmiede-
juist.de

Süsse Sachen. Selbst hergestellte Nou-
gatspezialitäten und allerlei Mitbringsel.
März–Nov. Mo–Sa 9.30–13 und 15–18 Uhr
So 10–12.30 Uhr, im Winter abweichend.
Strandstr. 10, Tel. 04935/512.

VERANSTALTUNGEN

Juister Comedy- und Kabarett-Sommer. Nam-
hafte Kabarettisten und Comedians treten hier
während der Sommermonate auf. www.juist.de

AKTIVITÄTEN

Boule. Auf den neuen Boule-Bahnen in der
Nähe des Spielplatzes am alten Bahnhof.

Inselläufe. Für Kinder, Jugendliche und

Erwachsene gibt es unterschiedliche Strecken-
längen. Der Start ist am Kurplatz.
Im Juli und August.

Juist Pirates Bike-Center. Von Bollerwagen bis
Mountainbike lässt sich hier alles mieten oder
kaufen. Mo–Sa 9–12.30 und 15.30–18 Uhr,
So 9–12.30 und 17–18 Uhr, Mittelstr. 7b,
Tel. 04935/18 94, www.fahrrad-juist.de

Meerwasser-Erlebnisbad. Und Wellness bei
Töwer Vital. Mo–Sa 10.30–19, So 15–19 Uhr,
Strandpromenade 7, Tel. 04935/80 92 40.

INFORMATION

Anreise. Juist wird tideabhängig angefahren,
daher gibt es keinen festen Fahrplan.
www.reederei-frisia.de

FLN FRISIA-Luftverkehr GmbH.
www.fln-norddeich.de

Kurverwaltung Juist. Strandstr. 5,
Tel. 04935/80 91 06 oder 80 91 07,
www.juist.de

Im Kurhaus Juist kann man in eleganter Atmosphäre sehr gut essen.

3 Norderney
Urlaubsvielfalt auf 25 Quadratkilometern

Die Gegensätze sind das, was Norderney so besonders machen. Auf keiner anderen ostfriesischen Insel liegt Vieles und Unterschiedliches so dicht beisammen: Historisches wechselt mit Modernem. Der Besucher entdeckt Urbanisierung, wie er sie vielleicht nicht erwartet hätte. Gleichermaßen erstreckt sich das Weltkulturerbe Wattenmeer an den scheinbar endlosen Stränden und den üppigen Salzwiesen und ergänzt das Bild.

Mit einer Länge von rund 14 Kilometern und einer Breite von bis zu 2,5 Kilometern ist Norderney die zweitgrößte der ostfriesischen Inseln. Und Norderney ist noch relativ jung. Die Insel wird erstmalig 1398 urkundlich als *Oesterende* erwähnt und war eigentlich das Ostende der bei einer schweren Sturmflut zweigeteilten Insel Buise. Dabei profitierte das Eiland davon, dass Buise immer stärker von Sturmfluten zerschlagen wurde und langsam im Meer versank, denn die abgetragenen Sandmassen lagerten sich am Ostende von Norderney an. Buise soll ungefähr dort gelegen haben, wo sich heute das Ostende der Insel Juist befindet. Aus dem Namen *Norder neye Ooge*, was so viel heißt wie »Neue Norder Insel« wird dann schließlich Mitte des 16. Jahrhunderts der Name Norderney oder auf Plattdeutsch *Nördernee*.

Vom Eiland zum kaiserlichen Seebad

Die ersten Bewohner von Norderney lebten karg und entbehrungsreich. Der Sandboden ließ

Mitte: Norderney vermittelt nicht nur aus der Luft einen städtischen Eindruck.
Unten: Die Rettungsschwimmer von der Wasserwacht haben die Badenden stets im Blick.

kaum Ackerbau zu, vermutlich wurde vornehmlich vom Fischfang gelebt. Und wie auf allen ostfriesischen Inseln üblich, verdingten sich die Bewohner mit dem Bergen von Strandgut. Besonders bei Stürmen hofften die Bewohner auf gestrandete Schiffe, deren Ladung zu plötzlichem, wenn auch bescheidenem Reichtum führte. Anfang des 17. Jahrhunderts gab es zwar einen Strandvogt auf der Insel, doch es ging einiges an ihm vorbei. Es ist auch überliefert, dass die Bewohner für die Bergung von Schiffsgut Bergelohn erhielten.

Um 1700 gab es auf Norderney ungefähr 250 Einwohner, die ihre Häuser im Westen der Insel hatten, dort wo heute der Kirchplatz liegt. Langsam setzte bescheidener Wohlstand ein, ein Großteil der Norderneyer Männer fuhr da bereits auf eigenen oder fremden Handelsschiffen. 1797 wurde die Insel schließlich das erste Seebad an der deutschen Nordseeküste und ist nach Heiligendamm das zweitälteste deutsche Seebad. Dies war der Verdienst von Dr. von Halem, der Norderneys erster Badearzt und erster »Königlicher Badekommissar« war, quasi vergleichbar mit den heutigen Kurdirektoren. Offiziell wurde das Seebad dann am 1. Mai 1800 eröffnet, 250 Kurgäste konnte die Insel damals bereits verzeichnen.

So richtig blühte die Insel aber erst Mitte des 19. Jahrhunderts auf, als König Georg V. von

Nicht verpassen

NORDERNEYS OSTLAND

Einen Besuch des Ostlands und des Ostendes der Insel sollte man nicht versäumen. Abseits vom Touristentrubel kann man hier die Insel ganz anders erfahren und das Weltkulturerbe Wattenmeer hautnah erleben. Als Ausgangspunkt bietet sich der Parkplatz am Ostheller an, wo man Rad oder PKW abstellt, denn es geht nun nur noch zu Fuß weiter – sechs Kilometer bis zum Inselende. Drei Wege führen zum Ostende: einer am Strand entlang, ein zweiter direkt geradeaus durch die Dünen und der dritte am Watt entlang durch die Salzwiesen. Hinzu bietet sich die Strecke am Strand an, besonders bei West-, also Rückenwind, der zum Osten hin immer beeindruckender wird. Ziel am Ostende ist ein altes Wrack, das langsam im Sand verschwindet und ein toller Picknickplatz ist. Zurück geht man durch die Dünen oder am Watt entlang, wo im Juli/August der Strandflieder blüht.

Ostland-Besuch. Dauer: 3,5–5 Stunden

45

Die nachgebauten Badekarren stehen nun im Ostbad und vermitteln einen Eindruck von der Badekultur zu Kaisers Zeiten.

Die Inseln

Hannover und seine Gattin sich dazu entschlossen, Norderney zu ihrer Sommerresidenz zu machen. Der König von Hannover zog wiederum seinen Hofstaat nach sich. Damit setzte auf der Insel ein Bauboom ein. Das änderte sich auch nicht, als das hannoversche Königreich 1866 an Preußen fiel. Im Gegenteil: Der Aufschwung setzte sich auch in der preußisch-wilhelminischen Ära fort. Zahlreiche Bauten erinnern noch heute an die beiden königlichen und kaiserlichen Epochen. Mit dem Historischen Schaufenster wird auf über 20 Schautafeln – wie ein geschichtlicher Lehrpfad – die Inselhistorie ansprechend dargestellt.

Anfang des 20. Jahrhunderts hatte die Insel 4000 Einwohner und verzeichnete mehr als 40 000 Kurgäste. Die politische Prominenz gab sich auf der Insel ein Stelldichein. Der Reichskanzler Fürst von Bülow residierte in den Sommermonaten fast ein Jahrzehnt in der Villa Belvedere und machte Norderney zum Mittelpunkt sommerlicher Reichspolitik. In der Villa, direkt an der Strandpromenade gelegen, besuchte ihn 1906 Kaiser Wilhelm II.

Neben der Prominenz aus Politik und Adel gehörten auch die Kulturschaffenden zur Besucherklientel, die häufig aus gesundheitlichen Gründen die Insel besuchten. Der Dichter Theodor Fontane (1819–1898) residierte in der Marienstraße, auch Franz Kafka (1883–1924) und der Komponist Robert Schumann (1810–1856) mit seiner Frau Clara verbrachten auf der Insel erholsame Wochen. Der berühmte deutsche Dichter Heinrich Heine (1797–1856) war in der ersten Hälfte des 19. Jahrhunderts mehrmals auf der Insel, um sich gesundheitlich zu kurieren. Seine Besuche im »Café Marienhöhe« sowie der Inselaufenthalt allgemein inspirierten ihn zu dem Zyklus *Die Nordsee*, in dem er die Einwohner und ihre Insel beschrieb.

Oben: Vom Strand aus betrachtet sind Sonnenuntergänge gleich noch mal so schön.
Mitte: Den Leuchtturm hat man an jedem Punkt der Insel im Blick.
Unten: Viele Bänke laden an der Promenade zum Ausruhen ein.

Radwandertour

Norderney bietet vielfältige Möglichkeiten, die Insel mit dem Rad oder auch zu Fuß zu erkunden. Die rund 20 Kilometer lange Tour ist bequem an einem halben Tag zu schaffen, die Wege sind gepflastert und mit Nummern gekennzeichnet.

🅐 Café Marienhöhe – Der Startpunkt unserer Inseltour. Von hier aus geht es südwärts gen Weststrand. Dort müssen wir das Fahrrad ein Stück schieben. Danach geht es weiter auf dem Deich.

🅑 Hafen von Norderney – Immer herrscht hier geschäftiger Betrieb. Es geht weiter nordwestlich auf der Deichstraße. Rechts liegt die Surfschule. Danach halten wir uns rechts, es geht auf dem Deich weiter entlang.

🅒 Südstrandpolder – Ein großes Revier für viele Seevögel. Gute Möglichkeiten zur Vogelbeobachtung entlang der Strecke.

🅓 Golfplatz von Norderney – Wir passieren linker Hand den Golfplatz, folgen der Straße und erreichen ein kleines Wäldchen. Dort geht es rechts auf dem Deich weiter. Dicht an der Wattkante und den Salzwiesen radeln wir bis zum Parkplatz am Ostheller.

🅔 Parkplatz am Ostheller – Ab hier geht es nur noch zu Fuß weiter. Gen Norden gibt es einen kleinen Weg durch die Dünen. Oder man wandert bis zum Ostende der Insel.

🅕 The Beach – Vor dem Leuchtturm rechts abbiegen. Hinter den Dünen liegt der FKK-Strand mit der Strandsauna.

🅖 Leuchtturm – Man steuert direkt auf ihn zu. 252 Stufen bis zur Leuchtturm-Plattform. Belohnt wird man durch eine grandiose Sicht.

🅗 Weiße Düne – Direkt beim Übergang zum Ostbad liegt in den Dünen das schicke Strandlokal. Wenn es draußen kalt ist, lodert der Kamin.

🅘 Cornelius – das Strandrestaurant – Den Weg Nr. 2 ab »Weiße Düne« nehmen. Durch Dünentäler geht der Weg in die Emsstraße über. Beim Café »Cornelius« hat man einen schönen Blick über das Nordbad, ab hier geht es auf der Promenade weiter.

🅙 Milchbar am Meer – Immer gen Westen auf der Promenade stößt man unweigerlich auf die »Milchbar«, wo unsere Norderney-Rundwandertour endet.

EIN BESUCH IM SURFCAFÉ

Jeder Norderney-Urlauber sollte mindestens einmal während seines Urlaubs einen Abendspaziergang am Meer unternehmen. Start ist am Weststrand. Hier kann man schön die letzten Fähren gen Norddeich oder die vielen bunten Drachen am Himmel beobachten, denn der Weststrand ist ein beliebtes Drachenrevier. Der Sonne entgegen geht es auf der Strandpromenade weiter nach Westen. Rechts von der Strandpromenade erstreckt sich der Damenpfad, an dem viele Villen aus der Gründerzeit liegen. Vorbei an der »Marienhöhe« gelangt man zur »Milchbar am Meer«, wo sich schon viele Gäste beim Bier tummeln und auf den Sonnenuntergang warten. Wir gehen weiter Richtung Nordbad, links die unendliche Weite des Meeres, rechts erstreckt sich die Kaiserwiese. Am Januskopf angekommen, ist nun Zeit für eine Einkehr im »Surfcafé«, von wo sich der Sonnenuntergang bei Kartoffelecken und einem Bier hervorragend genießen lässt.

Surfcafé. Am Januskopf 9, Tel. 04932/93 57 50, www.surfcafe.info

Einfach gut!

So lästerte der Literat über Norderneyer, die »einen Tee trinken, der sich von gekochtem Seewasser nur durch den Namen unterscheidet.« Die Insulaner scheinen es ihm verziehen zu haben und widmeten ihrem berühmten Inselgast ein Denkmal gleich neben dem Kurtheater.

Die Entwicklung Norderneys als Seebad kann man im liebevoll eingerichteten Bademuseum, das im ehemaligen Freibad hinter dem Westbad untergebracht ist, sehr gut nachverfolgen. Viele Themen, wie die Strandmode und das Strandleben, werden einem dort sehr anschaulich nähergebracht.

Auf dem Kurplatz

Wer sich auf Norderney aufhält, und sei es nur für einen Tagesausflug, wird den Kurplatz mindestens einmal passieren. Er ist der Dreh- und Angelpunkt auf der Insel, eingerahmt vom Basargebäude, dem Badehaus sowie dem Conversationshaus. Das denkmalgeschützte Gebäude erinnert an die alte Bäderarchitektur auf der Insel und war schon vor über 200 Jahren Treffpunkt der Norderneyer Sommerfrischler. Über viele Jahre logierte hier der König von Hannover mit seiner Familie, später auch Kronprinz Friedrich Wilhelm von Preußen (1882–1951). 2008 entkernte man das bisherige Kurhaus und gab ihm seinen alten Namen zurück. In der lichtdurchfluteten Orangerie sind nun die Touristinformation, die Zimmervermittlung und ein Ticketservice untergebracht. Absolute Ruhe herrscht im Lesezimmer, in dem man aktuelle Tageszeitungen durchblättern kann. Gleich dahinter erstreckt sich die Bibliothek, in der sich vortrefflich in Büchern stöbern lässt.

Der Kurplatz ist aber auch Mittelpunkt zahlreicher Veranstaltungen. So kann er Sportarena,

kulinarische Festwiese oder Konzertbühne sein, zur Jahreswende erstrahlt hier der Norderneyer Winterzauber. Nicht unweit vom Kurplatz liegt das 1893 erbaute alte Kurtheater, in dessen plüschig-rotem Ambiente neben Theaterveranstaltungen auch Kinovorführungen laufen.

Vom Kurplatz aus führt die Bülowallee in das Ortszentrum. Rechts biegt man in die Poststraße ein, an deren Ende das 1892 eingeweihte Kaiserliche Postamt liegt. Leider ist die Post aus dem markanten und zentralen Bau seit einigen Jahren ausgezogen. Schlendert man die Bülowallee weiter geradeaus, vorbei an belebten Kneipen, dann stößt man auf die Evangelische Inselkirche, die im Inneren auf die maritime Vergangenheit der Insel hinweist. Auch die Grabsteine des alten Friedhofs geben Zeugnis davon, dass hier so mancher Seemann bestattet wurde. Vorbei am Kirchplatz geht es weiter gen Westen durch die Strandstraße. Kleine Boutiquen und Bistros säumen diese Fußgängerzone, in der abends nach dem Strandtag das Leben geradezu pulsiert. Am Ende der Straße ist man an der Strandpromenade angekommen.

Entlang der Strandpromenade

Linker Hand liegt der Weststrand, der aufgrund seiner geschützten Lage besonders bei Familien mit kleinen Kindern beliebt ist. Rechts geht es die Promenade entlang, vorbei an dem historischen »Café Marienhöhe«, das auf einer Düne 13,5 Meter über dem Meeresspiegel thront. Der Ausblick von hier ist wirklich grandios. Den Fischern wurden früher von hier aus bei schlechter Sicht mit einer Kanone Signale gegeben, heute steht das Geschütz im Fischerhaus-Museum. Es geht vorbei an der »Milchbar am Meer«, das ist ein historischer Pavillon und immer ein beliebter Treffpunkt, wenn der Sonnenuntergang naht.

Oben: Das Kurhaus, heute Conversationshaus, in der »blauen Stunde«
Mitte: Die Bibliothek im Conversationshaus ist mit gediegenen Ledermöbeln ausgestattet.
Unten: Heinrich Heine thront nahe dem Kurtheater.

Infos und Adressen

SEHENSWÜRDIGKEITEN

Bademuseum. Ein Besuch ist unbedingt lohnenswert, um mehr über die touristische Entwicklung Norderneys zu erfahren. Mi und Sa 11–16 Uhr, Altes Freibad, Am Kurplatz 3, Tel. 04932/93 54 22, www.museum-norderney.de

Evangelische Inselkirche. Kirchstr. 11, www.norderney-kirchengemeinde.de

Fischerhaus-Museum. Exponate zur Inselgeschichte. Führungen Di, Do 11 Uhr, Weststrandstr. 1, Tel. 04932/825 03.

Leuchtturm. In 54 m Höhe hat man einen ausgezeichneten Blick bis nach Borkum. April–Okt. tgl. 14–16 Uhr geöffnet.

ESSEN UND TRINKEN

Öffnungszeiten können saisonal variieren.

Cornelius – das Strandrestaurant. Von der Terrasse hat man einen weiten Blick über das Meer und das Nordbad. Tgl. ab 10 Uhr. Am Nordstrand 3, Tel. 04932/93 51 11, www.cornelius-das-strandrestaurant.de

Auf der Düne thront das »Café Marienhöhe«.

Café Marienhöhe. Historisches Haus, unübersehbar auf einer Düne gelegen, mit Blick über das Meer. Köstliche Torten. Mo–So 11–21 Uhr, Damenpfad 42, Tel. 04932/686.

De Leckerbeck. Ostfriesische Spezialitäten mit Fisch und Fleisch. Di–So 11.30–14.30 und 17.30–22 Uhr. Schmiedestr. 6, Tel. 04932/99 07 53.

Dino. Klein, eng und mehr zum Stehen. Doch die Pizza ist spitze! Herrenpfad 23, Tel. 04932/818 66.

Giftbude. Direkt am Weststrand mit Blick aufs Meer. Di–So ab 10 Uhr, Am Weststrand 2, Tel. 04932/99 13 72, www.giftbude.de

Meierei. In einem historischen Gebäude am Ortsausgang Richtung Leuchtturm. Leckere Torten. Mo–So ab 11 Uhr, Lippestr. 24, Tel. 04932/818 24, www.meierei-norderney.de

Milchbar am Meer. Nach einem Umbau hat die Milchbar eine große Sonnenterasse. Das Angebot reicht von Pasta bis Paella. Damenpfad 35, Tel. 04932/92 73 44, www.milchbar-norderney.de

Oase. Hinter dem FKK-Strand im Inselosten gelegen. Busanbindung in die Stadt. Auf der großen Terrasse schmecken die Snacks, Salate und Pfannkuchen besonders gut. Mo–So 9–19 Uhr, Am Leuchtturm, Tel. 04932/462, www.oase-norderney.de

Weiße Düne. Sylt hat die Sansibar, Norderney die Weiße Düne, direkt hinter dem Ostbad, stilvoll und mit überraschender und erlesener Karte und großer Außenterrasse. Mo–So 11–21 Uhr, Weiße Düne 1, Tel. 04932/93 57 17, www.weisseduene.com

ÜBERNACHTEN

Camping Eiland. Ganz im Ostende der Insel liegt dieser kleine Campingplatz. Am Leuchtturm 10, Tel. 04932/21 84.

Hotel Ennen. Familienbetrieb mit persönlichem Kontakt zu den Gästen. Luisenstr. 16, Tel. 04932/91 50, www.hotel-ennen.de

Hotel Germania. Direkt am Meer, mit großer Dachterrasse und wundervollem Blick. Kaiserstr. 1, Tel. 04932/88 20 00, www.kurhotelgermania.de

Hotel Seesteg. Wohlfühlhotel in historischer Kulisse mit interessantem Design. Damenpfad 36a, Tel. 04932/89 36 00, www.seesteg-norderney.de

Inselhotel König. Zentral gelegenes Hotel in unmittelbarer Nähe zum Kurplatz. Bülowallee 8, Tel. 04932/80 10, www.inselhotel-koenig.de

Jugendherberge Dünensender. Zwischen dem Ort und dem Leuchtturm liegen die Jugendherberge und Norderneys einziger Jugendzeltplatz. Am Dünensender 3, Tel. 04932/25 74.

Landhuis am Denkmal. Stilvoll, in einem denkmalgeschützten Bauwerk. Friedrichstr. 21, Tel. 04932/938 30, www.landhuis-norderney.de

EINKAUFEN
Bücher Lübben. Hier stöbert man nicht nur nach Literatur zur Inselgeschichte. Mo–So 9.30–22 Uhr, Strandstr. 5, Tel. 04932/92 73 77.

Pomp. Trendiger Schuhladen. Poststr. 1, Tel. 04932/93 51 59, www.pomp-schuhe.com

Quadro im alten Rathaus. Aktuelle Modetrends. Mo–So 9.30–20 Uhr, Friedrichstr. 31, Tel. 04932/93 50 90, www.quadro-norderney.de

Surf & Fashion. Vieles rund ums Surfen gibt es hier, aber keine Boards. Luisenstr. 8, Tel. 04932/525, www.esurf.de

VERANSTALTUNGEN
City Abendlauf. 5–10 km über Straßen und Strandpromenade. www.citylauf-norderney.de

Norderneyer Klassiksommer. Das Warschauer Symphonieorchester begeistert an zahlreichen Symphonieabenden. Mitte Juli–Ende Aug., Infos in der Kurverwaltung.

Sehr beliebt sind die Surfkurse auf Norderney.

Norderneyer Winterzauber. Zum Jahreswechsel viel Musik und Kulinarisches auf dem Kurplatz.

White Sands Festival. Mit den Sportarten Windsurfen und Beachvolleyball sind die angesagtesten Wasser- und Strandsportarten vertreten. Zu Pfingsten, Am Januskopf.

AKTIVITÄTEN
Baden im Meer. Norderney hat vier bewachte Strände. Das West-, Nord- und Ostbad sowie einen FKK-Strand mit Strandsauna.

Golf-Club Norderney e.V. Der wunderschöne 9-Loch-Golfplatz ist eingebettet in den Dünen. Am Golfplatz 2, Tel. 04932/92 71 56, www.gc-norderney.de

Happy Surfschule. Östlich des Hafens in einer Wattenmeer-Bucht gelegen, ideal für Anfänger und Kinder. Am Hansendamm, Tel. 04932/648, www.surfschule-norderney.de

INFORMATION
Anreise. Norderney wird von Norddeich aus innerhalb eines festen, tideunabhängigen Fahrplans angefahren, im Sommer fast stündlich. Die Bahn fährt bis Norddeich Mole, das Umsteigen ist komfortabel. Fahrplanauskünfte zur Fähre unter www.reederei-frisia.de

Kurverwaltung Norderney. Im Conversationshaus. Am Kurplatz 3, Norderney, Tel. 04932/89 10, www.norderney.de

THALASSO
Gesundheit kommt vom Meer

Das Wichtigste an Thalasso-Therapien ist der Aufenthalt an der Meeresluft.

Thalasso? Welcher Feriengast an der ostfriesischen Nordseeküste hat diesen Begriff während seines Urlaubs noch nicht gehört? Bestimmt ist schon jeder bei einem Spaziergang oder in einer der vielen Kureinrichtungen auf den Hinweis gestoßen: »Hier gibt es Thalasso-Anwendungen«. Doch was verbirgt sich hinter diesem Wort – so richtig Ostfriesisch und Plattdeutsch hört es sich jedenfalls nicht an.

Bereits im 19. Jahrhundert war man sich in Forschungskreisen darüber einig, dass Meerwasser gut ist gegen Infektionskrankheiten. Das erste Seeheilbad in Deutschland entstand sogar schon Ende des 18. Jahrhunderts in Heiligendamm.

Der Begriff Thalasso lässt sich vom altgriechischen Wort »thálassa« ableiten und hat die schlichte Bedeutung: »Meer«. Thalasso umschreibt dabei die Palette der gesundheitsfördernden Elemente des Meeresmilieus. Dazu zählen Anwendungen mit frischem Meerwasser, Meersalz, Schlick, Algen und Sand. Alles Dinge also, die wir an der Nordseeküste vorfinden. Zu Thalasso gehören aber auch der Aufenthalt im Freien, Spaziergänge am Meer, besser noch in der Brandungszone, und auch sportliche Betätigung im gesunden Meeresklima.

Thalasso-Zentrum Norderney

Die Nordsseeküste und insbesondere die Inseln bieten damit eine ideale Voraussetzung für eine optimale Thalasso-Therapie. Neben Langeoog hat sich auch Norderney als Thalasso-Standort profiliert. 2013 erhielt das »bade:haus Norderney« das Thalasso-Spa-Europa-Qualitätssiegel und ist damit ein zentraler Baustein des Thalasso-Konzeptes. Das 1931 im Bauhausstil eröffnete Bad war seinerzeit Europas erstes Meerwasser-Hallenschwimmbad. Nach mehreren Umbauten besitzt es nun drei Ebenen: Die Wasserebene mit dem Heißbad (42°C), dem Kaltbad (14°C), einem Außenbecken und der sechs Meter hohen Regendusche. Die Feuerebene bietet dazu einen Kontrast mit der Biosauna, dem Nebel-Dampfbad und der finnischen Sauna. Die dritte Ebene schließlich ist das Familienbad für den Bade- und Tobespaß mit dem Wellenbad und der Wattwurmrutsche. Ruhezonen und Außenterrassen ergänzen das Ensemble in dieser Anlage.

Das Staatsbad Norderney hat mit Dr. Friedhart Raschke auch einen ausgewiesenen Thalasso-Experten, der seit mehreren Jahren auf der Insel zu diesem Thema forscht. Neu ist dabei, so Friedhart Raschke, die Erkenntnis des dualen Thalasso-Prinzips. Früher hatte man nur das Reizklima der Nordsee im Fokus, heute betrachtet man auch die Wirkung der »Schonfaktoren«, die die Nordsee bietet: Fehlende schwüle Tage oder geringe Temperaturgegensätze führen genauso zu körperlichen Entlastungen wie die schadstoffarme Luft und die geringe Pollenbelastung. Wichtig ist, dass man sich viel im Freien aufhält, etwa bei einem ausgiebigen Spaziergang am Meeressaum. Norderney – das sind eben 26 Quadratkilometer Thalasso-Therapie.

4 Baltrum
Dornröschen der Nordsee

Die Baltrumer nennen ihre Insel gern das »Dornröschen der Nordsee«. Sie scheint sich geradezu zu räkeln. Zwar wirkt die kleinste der sieben Inseln noch immer recht verschlafen, aber in Restaurants und Speisekarten haben neue Ideen Einzug gehalten, sportlich folgt man jungen Trends. Die Natur ist ohnehin zeitlos schön – und die Baltrumer sind Gastgeber, die sich sehr stark für ihre Urlauber engagieren.

Baltrum ist sehr überschaubar. Deswegen haben die Straßen im völlig autofreien Ort auch keine Namen. Die Hausnummern gehen wirr durcheinander, denn sie werden chronologisch nach dem Erbauungsjahr und -monat vergeben. Da liegt dann schon einmal die Hausnummer 53 direkt neben der Hausnummer 242. Wen irritiert's? Die Baltrumer garantiert nicht, denn die gerade einmal 475 Insulaner kennen sich natürlich alle untereinander. Dem Fremden bleibt als Orientierungshilfe nur die Unterteilung des Inselorts in drei Teile: das Westdorf, das Ostdorf und das Alte Ostdorf. Sie gehen fast nahtlos ineinander über.

Zusammenhalt wird hier großgeschrieben. Viele Baltrumer sind musisch aktiv. Da gibt es das Amateurtheater »Inselbühne«, den Shantychor »Balt'mer Korben«, das Flötenensemble »Fleitjes van Baltrum«, die Baltrumer Gitarrengruppe, die Band »Eiländer«, eine Line-Dance- und sogar eine Bauchtanzgruppe. Bei Inselabenden treten sie oft alle zusammen auf, sonst zeigen sie ihr Können im Haus des Gastes, auf dem Dorfplatz, in den Inselkneipen, in den Dünen und am Strand. Beim Dünen- und Strandsingen sind alle Kurgäste in

Mitte: Das Baltrumer Wahrzeichen, die alte Inselkirche
Unten: Bei geführten Ausritten lässt sich die Natur der Insel besonders intensiv kennenlernen.

Schiffsankünfte sind immer eine Attraktion.

Einfach gut!

den Sommerferien an jedem Werktag-
morgen herzlich eingeladen, in die fröhlichen Weisen mit einzustimmen.

Stets leicht bewegt

Vom Fährhafen Neßmersiel kommt man nach circa
30 Minuten auf die Insel. Hier, auf dem kurzen
Weg zu Fuß vom Fährhafen ins Ortszentrum,
passiert der Besucher zunächst das winzige Nationalpark-Informationszentrum mit ein paar grund-
legenden Infos zum Nationalpark Wattenmeer.
Danach geht es links ab direkt auf Baltrums Wahrzeichen zu, den hölzernen Glockenträger der alten
Inselkirche. Die Glocke stammt von einem holländischen Segelschiff, das hier im 19. Jahrhundert
strandete. Die Kirche selbst wurde 1839 erbaut,
die alte Inselschule gleich nebenan stammt von
1888. Mehr aus der Inselgeschichte ist im Museum
Altes Zollhaus zu erfahren. Mit dem Audioguide
kann man sich hier durch vier Räume und über
zwei Galerien leiten lassen und dabei einiges über
Schifffahrt und Strandgut, Geburt, Alltag und Tod
in früheren Zeiten hören.

KULTLADEN
Schon seit über
30 Jahren kümmert sich
Baltrum intensiv um die
Jugend. Für sie wurde von
der Gemeinde am östlichsten der
Strandübergänge der Jugendclub
eröffnet. Wer älter als 14 ist, kann
sich hier bei guter Musik – oft
auch live – mit Gleichaltrigen
treffen und Snacks, Cocktails und
andere Getränke zu günstigen
Preisen kaufen. An schönen Tagen
spielt sich vieles auch draußen mit
Blick auf die offene Nordsee ab,
denn der Standort ist weit genug
von allen Hotels und den Lokalen
der Erwachsenen entfernt. Diese
sind aber im Jugendclub willkommen, um sich die dort angeschlos-
sene Galerie für Komische Kunst
anzuschauen. Da werden Cartoons
gezeigt, die Karikaturisten jedes
Jahr auf Baltrum zeichnen.

Jugendclub. Sommerferien
Mo–Sa 19–24 Uhr, Westdorf 160.

Die Inseln

Beim Gang durch das Westdorf fällt sicherlich ein Charakteristikum der Insel auf: Es steht auf leicht unebenem Grund, die meisten Häuser sind in flache Dünensenken hineingebaut. Das ergibt ein angenehm bewegtes Ortsbild, zumal die meisten Gassen und Wege selten länger geradeaus verlaufen. Eine Dünensenke markiert auch das Ortszentrum mit dem Rathaus. In die Senke hinein hat man neuerdings zwei Reetdachhütten gestellt, die Küche und Tresen eines trendigen Fischimbisses Schutz bieten. Davor lassen sich auf Lounge-Möbeln und in Strandkörben vorzüglich Fischbratwurst und lebende Austern genießen.

St. Nikolaus und Dünental

Für alle Freunde moderner sakraler Kunst hat Baltrum die im Jahr 1956 erbaute, mit Reet gedeckte katholische Inselkirche St. Nikolaus zu bieten. Der heilige Nikolaus gilt ja als Beschützer der Seefahrer, der marmorne Kirchenaltar weist darum die Form einer schützenden Muschel auf. Die 14 Glasfenster aus der Hand der Gelsenkirchener Künstlerin Margarete Franke (1909–2011), geschaffen im Jahr 1957, erzählen in kräftigen Farben Legenden aus dem Leben des Heiligen.

Durch das schon ganz still wirkende Ostdorf kann man von hier weitergehen bis ins Alte Ostdorf, wo die meisten Häuser niedrige Hausnummern tragen, also schon älter sind. 500 Meter sind es dann noch bis zum Bibelkreis-Heim, von dem ein markierter, gepflasterter Weg quer durch ein 1000 Meter langes und bis zu 300 Meter breites Dünental zum Strand führt. Meist sieht der Spaziergänger dabei Hasen, Kaninchen, Rehe und Fasane nahe des Wegs und hört im Frühjahr auch die Konzerte der »Baltrumer Nachtigallen«, das sind die auf der Insel in großer Zahl heimischen Kreuzkröten. Baltrums Natur wird hier hautnah erlebt.

Oben: Im Baltrumer Westdorf sind noch alte Häuser erhalten.
Mitte: Besonders originell ist das Lokal »Mittendrin Fisch«.
Unten: Für die Kleinen gleicht Baltrums Strand einer riesigen Sandkiste.

Infos und Adressen

SEHENSWÜRDIGKEITEN

Museum Altes Zollhaus. Oster- bis Herbstferien Mo–Sa 10–12 und 15–18 Uhr, Westdorf 18, Tel.04939/91 06 30, www.baltrum.org

Nationalpark-Informationszentrum. Im Gezei-
tenhaus Baltrum informiert die Nationalpark-
verwaltung über das Wattenmeer. Oster- bis
Herbstferien Di–Fr 9.30–13 und 15–18 Uhr,
Sa, So 15–19 Uhr, Eintritt frei, Westdorf 177,
Tel. 04939/469.

St. Nikolaus. Katholische Inselkirche.
Tagsüber geöffnet, Westdorf 34.

ESSEN UND TRINKEN

Mittendrin Fisch. Zwei Reetdachhütten in einer
Dünensenke. Tgl. 11–19 Uhr, Westdorf 141.

Sealords. Internationale Küche, Flair eines alten Segelschiffs. Tgl. 11–21 Uhr. Ostdorf 122,
www.sealords-baltrum.de

ÜBERNACHTEN

Hotel Dünenschlößchen. Mit Hallenbad, Sauna
und Solarium. Nur März–Okt., Ostdorf 48,
Tel. 04939/912 30,
www.duenenschloesschen.de

Naturhotel Baltrum. Fast fernseh- und ra-
diofreies Haus mit Bibliothek und kleinem

Romantisch möbliert: das »Naturhotel Baltrum«

Das Gepäck muss man nicht selbst tragen.

Programmkino, Yoga- und Meditationsraum.
Ostdorf 171, Tel. 04939/27 39 80,
www.naturhotel-baltrum.de

VERANSTALTUNGEN

Klassikfestival. Konzerte berühmter Klassiker,
im August.

Niedersächsische Amateurtheatertage. Alle
zwei Jahre, nächstes Event Sommer 2019.

AKTIVITÄTEN

Cobigolf. Mehrfacher Austragungsort
deutscher Meisterschaften. Haus 22, Westdorf 1009, www.baltrum.de/cobigolf

Kite- und Surfschule Ulli Mammen. Altes Ostdorf 192, Tel. 04939/433, www.wattenblick-
baltrum.de

Kajakclub Baltrum. Bei Uwe Wietjes am
Strand, Tel. 04939/553, www.kajak-baltrum.de

Ponte Rosa. Tolle Reiterlebnisse, fast wie auf
der Fernseh-Ranch Ponderosa. Ostdorf 114,
Tel. 04939/91 05 35.

SindBad. Meerwasser-Hallenbad, Sauna und
Fitness. 15. März–30. Juni und 16. Sept.–
2. Nov. Mo–Sa 10–18 Uhr, 1. Juli–15. Sept.
12–19 Uhr, sonst Mi–Sa 14–18 Uhr,
Tel. 04939/80 61.

INFORMATION

Kurverwaltung. Haus 130 (Rathaus),
Tel. 04939/800, www.baltrum.de

5 Langeoog
Jede Menge Natur

Wenn man das neue und moderne Abfertigungsgebäude am Bensersieler Hafen durchschreitet, stellt sich bereits das Urlaubsgefühl ein. Eine frische salzige Brise weht einem entgegen, die schneeweiße »Langeoog III«, das Fährschiff, strahlt in der Sonne. Oben auf dem Sonnendeck sieht man auch schon schemenhaft das Ziel, die Insel Langeoog. Der Dampfer lässt sein Horn drei Mal laut zum Abschied erklingen und legt ab.

Langsam schiebt sich die »Langeoog III« durch das schmale Fahrwasser der Insel entgegen. Allerdings lassen die Begebenheiten des Wattenmeers und die Wassertiefe hier zu, dass die Insel tideunabhängig angefahren werden kann. Von daher hat Langeoog einen festen Fahrplan, so dass diese Insel auch von vielen Wochenendurlaubern gern besucht wird. Links liegt die kleine Insel Baltrum, rechts erstreckt sich Langeoog in voller Länge. Unschwer ist der friesische Name Langeoog abzuleiten, was ins Hochdeutsche übersetzt eben »lange Insel« heißt.

Die Fähre kommt dem Hafen näher, schon lange und weit sichtbar leuchtet einem das Wahrzeichen der Insel, der Wasserturm, entgegen. Im Hafen heißt es Umsteigen in die Inselbahn, die mit ihren farbenfrohen und knallbunten Waggons auch schon bereitsteht. Mit ihren Holzsitzen wirken die Wagen irgendwie nostalgisch. Auf der knapp zehn Minuten währenden Fahrt vom Hafen zum Inselbahnhof erhält man erste Eindrücke von der Insel. Rechts und links befinden sich Polderwiesen, auf denen Pferde grasen. Wir passieren den Golfplatz

Mitte: Der alte Wasserturm ist das weithin sichtbare Wahrzeichen der Insel Langeoog.
Unten: Von der Höhenpromenade aus erhält man einen vortrefflichen Eindruck vom Strand und von der Nordsee.

und den kleinen Flugplatz der Insel. Im Westen liegt das kleine Inselwäldchen. Am Bahnhof herrscht reges Treiben, besonders bei der An- und Abfahrt der kleinen Inselbahn. Doch es war nicht immer so.

Langeoogs Weg zum modernen Seebad

Das Eiland war schon im 14. Jahrhundert besiedelt, doch lebten damals nur eine Handvoll Menschen auf der Insel. Wie andere ostfriesische Inseln hatte auch Langeoog einen Inselvogt. Der wurde natürlich nicht von den Landesherren eingesetzt, weil denen die kargen Inseln und ihre Bewohner so nahestanden, sondern weil der Landesherr bei jeder Strandung eines Schiffs auch seinen Anteil vom Strandgut bekam. Und über die Nordsee wurden schon erlesene Güter transportiert, die in Ostfriesland rar waren, wie Gewürze, Wein oder edle Hölzer. Für die ärmlichen Inselbewohner waren das lohnenswerte Schnäppchen, bei denen es darum ging, schneller als der Inselvogt an den Strand zu gelangen.

Den Insulanern ging es trotzdem schlecht, große Sturmfluten wie die Weihnachtsflut von 1717, die die Insel in zwei Teile zerbrach und den Großen

Geheimtipp

NATURERLEBNIS-PFAD FLINTHÖRN
Ausgangspunkt der drei Kilometer langen Wanderung ist die Infotafel direkt hinter dem Deich. Festes Schuhwerk und ein Fernglas im Handgepäck sind die Ausrüstung. Der Pfad führt zunächst am Dünensaum entlang, auf der linken Seite liegen ausgedehnte Salzwiesen. Anhand von bebilderten Schautafeln wird viel Wissenswertes über das Ökosystem und die heimische Flora und Fauna vermittelt. Etwa auf der Hälfte des Pfads befindet sich eine Aussichtsplattform mit Fernrohr. Mit etwas Glück entdeckt man Seehunde. Weiter geht es entlang der Pfahl- und Bojenreihe bis zur Wasserkante. Bitte den Weg nicht verlassen, hier brüten vom Aussterben bedrohte Seevögel. Am Wassersaum angekommen, läuft man einen Kilometer am Strand in nördlicher Richtung bis zum nächsten Dünenübergang. Nun sind es noch rund 300 Meter bis zum Ausgangspunkt.

Schlopp hinterließ, setzten ihnen zu. Nur noch eine Handvoll Menschen lebten auf der Insel. 1721 führte eine weitere schwere Sturmflut dann dazu, dass auch die letzten Insulaner die Insel verließen.

Mitte des 19. Jahrhunderts setzte so langsam wieder der Besucherstrom ein. Die neue Fährverbindung von Bensersiel nach Langeoog erleichterte nun die Anreise. Aber mehr als 365 Badegäste zählte man 1876 auch nicht. Da das Hospiz des Klosters Loccum die meisten Gäste hatte, übernahm es 1884 den Badebetrieb von der Gemeinde und stellte auch den Badekommissar ab. Die hohe Gästezahl des Hospizes resultierte daraus, dass es für Geistliche, Offiziere und Beamte mit ihren Familien eingerichtet war. Eine Pferdebahn vom Anleger zum Bahnhof am Hospiz wurde eingerichtet, die dann 1936 durch die dieselbetriebene Inselbahn ersetzt wurde. 1927 ging der gesamte Kurbetrieb wieder in die Hand der Kurverwaltung über. Der touristische Aufschwung führte zu Einnahmen. Diese wurden investiert, um die Insel am Großen und Kleinen Schlopp, der 1825 nach einer Sturmflut entstanden war, zu sichern und vor weiteren Fluten zu schützen.

Seit 1949 ist die fast 20 Quadratkilometer große Insel staatlich anerkanntes Nordseeheilbad mit annähernd 2100 Einwohnern. Mittlerweile hat die Insel knapp über 200 000 Badegäste mit rund 1,5 Millionen Übernachtungen.

Rund um den Wasserturm

Oben: Wer bis zum Wasserturm hinauf gekommen ist, genießt einen schönen Blick in die Hauptstraße.
Unten: Das kleine »Kunstmuseum« Giftbude liegt an der Höhenpromenade.

Der Wasserturm ist das alles überragende Wahrzeichen der Insel, ein sehr markantes Bauwerk am nordwestlichen Rand des Inseldorfs, nicht zu übersehen. Der Turm steht auf den Kaapdünen, dann führen nochmals über 80 Stufen einer Wendeltreppe zur Aussichtsplattform hinauf. Von

Wanderung über die Insel

Langeoog ist schon aufgrund seiner Länge geradezu prädestiniert für Radtouren und längere Spaziergänge. Die Wege sind zwar überwiegend gepflastert, aber es kann streckenweise auch mal sandig oder matschig werden, besonders im Großen Schlopp.

Ⓐ Strandhalle – Der Startpunkt liegt an der Höhenpromenade. Beim Wasserturm geht es links ab in den Ort auf die Hauptstraße bis zum Rathaus. Dort geht es rechts ab in die Kirchstraße. Beim Wäldchen angekommen, geht es rechts weiter auf der Straße »Am Wald«.

Ⓑ Infotafel Naturschutzgebiet Flinthörn – Hier bietet sich ein Abstecher in das Naturschutzgebiet an. Weiter geht die Strecke über die Betonplatten des alten Inselflugplatzes zum Hafen.

Ⓒ Hafen – Von hier geht es auf der Hafendeichstraße in Richtung Nordwesten. Man passiert einige kleine Restaurants und geht hinter dem Deich weiter.

Ⓓ Am Großen Schlopp – Hier war die Insel in der Vergangenheit in zwei Teile durchbrochen. Die hohen Dünen im Norden bieten heute Schutz vor der See.

Ⓔ Stopp beim Schloppteich – Hier bietet sich ein Halt an, es gibt einen Dünenübergang. Ein Weg durch die sonst geschützten Stranddünen führt nach einigen hundert Metern zum Strand.

Ⓕ Melkhörndüne – Zu einer Rast lädt die Melkhörndüne ein, die höchste Erhebung Langeoogs und mit fast 20 Metern Höhe ein beliebter Aussichtspunkt auf der Insel.

Ⓖ Meierei – Ein idealer Halt für eine Rast, besonders schön ist die große Sonnenterasse. Der Sanddornsaft wirkt nach der Radtour gleich doppelt erfrischend.

Ⓗ Beobachtungsplattform – Am Endpunkt der Fahrradstrecke geht es nur noch zu Fuß weiter. Nach einigen hundert Metern ist eine Beobachtungsplattform erreicht, von dort kann man sogar bis nach Spiekeroog hinüberblicken. Und mit etwas Glück aalen sich hier auch gerade einige Seehunde in der Sonne.

Man nimmt den gleichen Weg zurück bis zum großen Schlopp, von dort geht es auf der Willrath-Dreesen-Straße Richtung Inselort. Beim Kavalierspfad biegt man rechts ab und erreicht nach 700 Metern wieder die Strandhalle.

Viele Geschäfte liegen an der Barkhausenstraße.

NORDIC WALKING PARK

Der Nordic Walking Park Langeoog wurde von der Kurverwaltung, dem Deutschen Skiverband und der Deutschen Sportschule Köln entwickelt. Der Nordic Walker kann zwischen fünf verschiedenen Routen wählen, die eine Länge von 5,2 bis zu 21,3 Kilometern und unterschiedliche Schwierigkeitsgrade haben. Die kürzeste Strecke ist die gepflasterte Route 5 und startet an der Störtebekerstraße. Sie führt am Flinthörndeich entlang. Kurz vor dem Hafen geht es zurück durch das Inselwäldchen. Diese Route ist ideal für Anfänger bzw. wenn Hochwasser und starker Wind andere Touren nicht zulassen. Die Strecken 2 und 3 sind wegen ihrer Länge – sie führen bis zum Ostland der Insel – und wegen der Bodenbeschaffenheit als schwierig zu bezeichnen.

Nordic Walking Park. Infos über die Kurverwaltung. Hauptstr. 28, Tel. 04972/69 30.

Nicht verpassen

hier aus hat man in 33 Metern über Normalnull eine grandiose Aussicht über Langeoog. Bei guter Sicht kann man gen Westen und Osten sogar Norderney und Wangerooge erkennen. Im Norden sieht man die Großschiffe der Hauptschifffahrtslinie, im Süden die »Skyline« des ostfriesischen Festlands mit Benserschiel und dem Kirchturm von Esens.

Der 1909 errichtete Wasserturm diente natürlich ursprünglich nicht touristischen Zwecken, sondern war für die Insel existenziell. Bis zum Bau des Wasserturms stand der Insel als natürliches Wasserreservoir nur Regenwasser zur Verfügung oder es wurde aus einfachen Brunnen gewonnen, die in höher oder tiefer gelegenen Dünen lagen. 1905 und 1906 überschwemmten schwere Sturmfluten die tiefer gelegenen Brunnen, das Wasser verdarb durch Versalzung und wurde ungenießbar. Die Sommermonate führten zu Wasserknappheit, ohne Wasser geriet die Badesaison und damit wichtige Einnahmen in Gefahr. Der Bau eines Wasserturms und eines Maschinenhauses wurde beschlossen. Die vier am Maschinenhaus gebohrten Brunnen konnten nun ausreichend Trinkwasser für die Inselversorgung in die Behälter des Wasserturms pumpen.

Langeoog

Einfach gut!

Am Rande der Kaapdünen liegt auch ein weißgetünchtes Haus, das sich nach seinem letzten Eigentümer nun »Seemannshus« nennt. Hier können zahlreiche Gegenstände aus dem Alltag der Inselbewohner bestaunt werden. Viele Hochzeitsfotos zieren die Wände, denn jedes Paar, das hier heiratet, wird abgelichtet. Historie anderer Art ist im Schifffahrtsmuseum zu besichtigen. 1981 gegründet sind viele der Exponate einem langjährigen Langeoog-Urlauber und Sammler von Nautiquitäten zu verdanken, da er seine schon bestehende Sammlung zur Verfügung stellte. Ein Großteil der Ausstellung, die historische Schiffe, Buddelschiffe, Werbeplakate und Logbücher umfasst, wurde auf Auktionen oder in Antiquitätengeschäften erstanden. Abgebildet wird die Blütezeit der Segelschifffahrt, die Dampfschifffahrt zur Zeit der Kaiserlichen Marine sowie die Geschichte der Langeooger Schifffahrt, die auch mit einer Reihe alter Fotografien dokumentiert wird. Dem Schifffahrtsmuseum angeschlossen ist das Aquarium, das besonders kleine Besucher mit einer Vielzahl von Fischen aus der Nordsee begeistert.

Was wäre ein Langeoog-Besuch ohne Lale Andersen. Die Sängerin, die in die Musikgeschichte als Interpretin des Soldatenlieds *Lili Marleen* einging, lebte zeitweise im Sonnenhof auf Langeoog, in dem sich ein Café befindet. Unweit davon liegt sie auf dem Inselfriedhof begraben. An die Sängerin erinnert eine Bronzestatue mit Laterne unweit des Wasserturms. Von Lale Andersens Sonnenhof führt auch der Pfad *Gerk-sin-Spoor* direkt auf die Langeooger Höhenpromenade. Auf der rund anderthalb Kilometer langen Promenade läuft man in 15 bis 20 Metern Höhe über der Wasserlinie mit Blick auf die Strände oder in das Inselinnere. Am höchsten Punkt liegt die Strandhalle. Beim Kirchpfad geht es wieder zurück in den Ort.

DIE MEIEREI

Sie ist die sieben Kilometer lange Anreise wert, ob zu Fuß, per Rad oder mit der Kutsche! 1741 wurde hier eine Wohnstätte vom Langeooger Inselvogt Taaken erbaut und hieß damals Domäne Ostende. »Domäne« besagt, dass es sich hier um landwirtschaftlich genutztes Pachtland handelte. Ende des 19. Jahrhunderts gehörte die Meierei zum Kloster Loccum. Seit 1929 in Familienpacht, entwickelte sich die Meierei immer mehr zu einem beliebten Ausflugslokal. Seit 2002 darf man in der EU jedoch Rohmilch nur unter bestimmten Voraussetzungen an Verbraucher weitergeben. Da die Weiterbehandlung der Rohmilch sehr kostenintensiv ist, wurden die Kühe auf das Festland verkauft. Ihre Milch wird als Vorzugsmilch verwendet und die Dickmilch daraus täglich frisch hergestellt.

Die Meierei. Familie Falke, Mitte März–Anf. Nov. Mi–Mo 10.30–17 Uhr, Ostende, Tel. 04972/248, www.falke-meierei.de

Der alte Seenotrettungskreuzer Langeoog – jetzt ein Museum

Infos und Adressen

SEHENSWÜRDIGKEITEN

Schifffahrtsmuseum. Dem Museum angeschlossen ist ein Aquarium mit vielen Nordseefischen. Oster- bis Herbstferien Mo, Di, Do, Fr 10–12 und 15–17 Uhr, Mi, Sa 10–13 Uhr, Erw. 3 €, Kinder 1,50 €. Haus der Insel, Kurstr. 1, Tel. 04972/69 32 11, www.langeoog.de

Seemannshus. Heimatmuseum. Mittelstr., Tel. 04972/264 54.

Wasserturm Langeoog. Turmbesteigung Mo–Sa 10–12 Uhr. An der Kaapdüne, Tel. 04972/69 30.

Das Hotel »Logierhus Langeoog«

ESSEN UND TRINKEN

Café Leiß. Im Café Leiß wird Geschichte erzählt. Die Sanddorntorte muss man gekostet haben! Legendär ist zudem der Eisberg-Cocktail. Barkhausenstr. 13, Tel. 04972/65 14.

Ostfriesische Teestube. Hausgemachte Torten und deftiger Pfannkuchen stehen auf der Karte. Große Auswahl an Teespezialitäten. Hafendeichstr. 11, Tel. 04972/990 97 70, www.langeoog-teestube.de

Panorama-Restaurant Seekrug. Überraschend sind die ostfriesischen Tapas mit Sherryspezialitäten. Wer es fleischlos liebt, bekommt ein vegetarisches Gemüse-Überraschungsmenü. Höhenpromenade 1, Tel. 04972/383, www.seekrug.de

Strandhalle. Traumhafte Lage mit Blick auf die Dünen und gemütlicher Cocktailbar. Höhenpromenade 5, Tel. 04972/99 07 76, www.strandhalle.info

Langeooger Kaffeerösterei. Kaffee und Gin. Hauptstr. 21, 049729902130, www.langeooger.com

ÜBERNACHTEN

Haus Kloster Loccum. Evangelische Familienferienstätte. Ferienwohnungen, einfach gehalten, für Familien und Allergiker geeignet. Am Hospizplatz 8–14, Tel. 04972/805, www.loccumerhaus.de

Kröger Insel-Hotel. Im Ortskern am Fuße des Wasserturms liegt das familiär geführte Hotel an der Langeooger Einkaufsstraße. Barkhausenstr. 2, Tel. 04972/969 70, www.inselhotel-kroeger.de

Logierhus Langeoog. 2011 eröffnetes Hotel, nur 5 Min. vom Inselbahnhof entfernt. Individuell eingerichtete Zimmer mit ökologischem Anspruch, das Haus unterliegt einem regenerativen Energiekonzept. Mittelstr. 10, Tel. 04972/911 90, www.logierhus-langeoog.de

Retro Design Hotel. Verrücktes Hotel mitten in Langeoog. Der Retro-Look der 1970er-Jahre wird kombiniert mit den Standards des 21. Jahrhunderts. Abke-Jansen-Weg 6, Tel. 04972/682 99 90.

AUSGEHEN

Düne 13. Wohl der einzige Ort auf Langeoog, an dem man die Nächte durchfeiern kann. Oldies, Softrock, manchmal Livemusik. Höhenpromenade 3, Tel. 0178/828 53 33, www.duene13.de

In der gemütlichen Kaffeerösterei auf Langeoog gibt es nicht nur Espresso und Cappuccino.

Kino Windlicht. Hospizplatz 7, Tel. 04972/922 50, www.windlicht-langeoog.de

EINKAUFEN

Buchhandlung Krebs. Stöbern erlaubt, so das Motto der Buchhandlung unweit des Wasserturms. Kinderbücher, Belletristik, Kalender und Inselliteratur. Am Wasserturm 14, Tel. 04972/347, www.buchhandlung-krebs.de

Confiserie Süße Brise. Bonbons, Schokolade und feine Pralinen gehören ebenso zum Angebot wie Deko- und Geschenkartikel. Barkhausenstr. 5, Tel. 04972/61 62, www.suesse-brise.de

De Grönhöker. Naturkostgeschäft, in dem man sich sein Müsli selbst zusammenstellen kann. Große Obst- und Gemüseauswahl, Käsespezialitäten. Barkhausenstr. 8, Tel. 04972/66 53, www.agenas.de

Stöberecke. Silvia Degeners Wollgeschäft ist das einzige auf der Insel, in dem die Kollektion noch selbst gestrickt wird. Auch Schaffellartikel sind im Sortiment. Kirchstr. 16, Tel. 04972/63 34.

VERANSTALTUNGEN

De Flinthörners. Shantys, Sea Songs und Irish Folk. Ende März–Ende Okt. Mo (14-tägig) Auftritte im Haus der Insel, Kurstr. 1.

De Likedeeler. Langeoog-Chor. Auftritte Mai–Ende Okt., 14-tägig im Haus der Insel.

Langeooger Dörpfest. Spiele für die Kinder und Livemusik für die Erwachsenen. Am letzten Wochenende im Juli.

Langeooger Silvesterlauf. Wahlweise über 10 oder 20 km führt der Lauf durch die wunderschöne Langeooger Dünenlandschaft. Gegen eine geringe Teilnahmegebühr kann jedermann mitlaufen, www.langeoognews.de

AKTIVITÄTEN

Infohaus Altes Wasserwerk. In dem alten Betriebsgebäude des Wasserwerks erfährt man viel über die Wasserversorgung und Entsorgung auf der Insel. Mittelstr. 37.

Malkurse. Der gebürtige Bayer Anselm Prester hat sein Atelier am Meer gleich hinter den Dünen. Seine »PopPos« sind vielerorts auf der Insel zu sehen. Höhenpromenade. Tel. 04972/63 71, www.inselmaler.de

INFORMATION

Anflug. Von Harle kann man in ca. 15 Min. per Kleinflugzeug die Insel erreichen. www.inselflieger.de

Anreise. Bei der Anreise mit dem PKW stehen in Bensersiel gebührenpflichtige Parkplätze zur Verfügung. Man kann auch Bensersiel mit der Bahn erreichen: bis Esens und dort in den Bus nach Bensersiel umsteigen.

Fähre. Von Bensersiel aus besteht eine feste und tideunabhängige Fährverbindung nach Langeoog, die sich nur saisonbedingt ändert. Infos zu den Fährverbindungen unter www.schiffahrt-langeoog.de

Inselveranstaltungen. Viele Veranstaltungshighlights finden besonders in der Hauptsaison statt. Tagesaktuelle Informationen unter www.langeoognews.de

Kurverwaltung. Hauptstr. 28, Tel. 04972/693, kurverwaltung@langeoog.de, www.langeoog.de

6 Spiekeroog
Die ruhigste Insel von allen

Als einzige unter den Ostfriesischen Inseln verzichtet Spiekeroog auf einen Flugplatz und geht sogar noch weiter: Nicht einmal Fahrräder dürfen Gäste mitbringen – oder ausleihen –, selbst Pferdegetrappel ist unerwünscht. Ruhe ist also das oberste Gebot im Inselort, der seinen historischen Dorfcharakter rund um die alte Inselkirche sorgfältig hegt und pflegt. Ein besonders breiter Dünengürtel sorgt dafür, dass jeder Strandtag mit einem Spaziergang beginnt.

Spiekeroog setzt ganz auf Entschleunigung. Zu Anfang dieses Jahrzehnts versuchte zwar ein Bremer Großreeder, das Eiland umzuformen, schuf edle Unterkünfte, ein modernes Restaurant und ein großzügiges Künstlerhaus für Ausstellungen und Workshops – doch er ging mit seiner Reederei in Konkurs und musste die Insulaner wieder sich selbst überlassen. Die meisten von ihnen sind froh darüber, dass diese »Mini-Revolution« vorüber ist.

Am Hafen warten weder Busse noch Kutschen auf die Ankömmlinge, eine Inselbahn zwischen Fähranleger und Ort gibt es schon lange nicht mehr. Nur ein paar Elektrokarren und viele Bollerwagen stehen bereit, damit Übernachtungsgäste ihr Gepäck zur Unterkunft transportieren können. Der Weg in den Ort ist auch nur 500 Meter weit. Gleich zu Beginn stehen rechter Hand einige Holzskulpturen des Berliner Künstlers Bernd Finkenwirth, der sie 2011/12 aus Dalben fertigte, an denen früher Fischerboote im Hafen festmachten.

Ein Sträßlein namens Wüppspoor führt schnurstracks in das dörfliche Idyll des Ortszentrums,

Mitte: Der Noorderloog – hier mit »Café Klönstuv« und »Hotel zur Linde« – ist eine der Hauptstraßen von Spiekeroog.
Unten: Ein alter Seemann sitzt schmökend vor der »Spiekerooger Teestube« und denkt über alte Zeiten nach.

in dem Noorder- und Süderloog als Parallelgassen die alte Inselkirche umschließen. Sie ist das älteste erhaltene Gotteshaus aller sieben ostfriesischen Inseln, wurde schon 1696 erbaut. Da sie nur 100 Gläubigen Platz bietet, wird sie jetzt fast nur noch im Winter für Gottesdienste genutzt. Im kleinen Vorbau hat eine alte Renaissancekanzel aus dem 16. Jahrhundert Platz gefunden. An der rechten Seitenwand des Kirchenschiffs gibt eine farbige Pietà aus dem 16. Jahrhundert Rätsel auf. Die Insulaner konnten sich ihren Kauf sicherlich nie leisten. Wahrscheinlich fanden sie das Kunstwerk am Strand. Man vermutet, dass es von einem 1588 gesunkenen Schiff der spanischen Armada stammt. Bestätigt wurde diese Annahme 1861, als man hier vor dem Altar ein Grab freilegte, in dem neben den Gebeinen des Toten ein spanischer Degen lag. Tote ruhen auch auf dem Kirchhof. Da stehen unter hohen Bäumen auch noch zwei Grabsteine aus dem 18./19. Jahrhundert, die mit Segelschiffreliefs verziert sind. Von den Lebenden jener Jahrhunderte berichtet das kleine, liebenswert altmodische Inselmuseum bei der Kirche.

Auf dem Weg zum Strand

Vom Noorderloog führt der Noorderpad in wenigen Minuten zum Kurzentrum mit Hallenbad und

Nicht verpassen

DIE MUSEUMS-PFERDEBAHN

Deutschlands erste und bis 2007 einzige Museumspferdebahn ist seit 1981 auf Spiekeroog unterwegs. Brav zieht ein Pferd den offenen Waggon vom Bahnhof bis in den Westen der Insel und wieder zurück. Schon 1885 wurde die Pferdebahn in Betrieb genommen, brachte männliche Badegäste zum speziell ausgewiesenen Herrenbadestrand. 1892 verlängerte man die Strecke dann bis zum damals gerade neu errichteten Schiffsanleger. 1949 stellte man auf Diesellokbetrieb um. Mit der Eröffnung des heutigen Fährhafens 1981 kam der Bahnbetrieb ganz zum Erliegen. Noch im selben Jahr wurde jedoch dank der Initiative eines Pforzheimer Lehrers die alte Pferdebahn reaktiviert. Die Fahrzeit in der nostalgischen Bahn beträgt heute etwa 12 Minuten.

Museumspferdebahn. Oster- bis Herbstferien Mo–Fr 3–4x tgl., So 1x, Infos im Bahnhof, Tel. 0160/770 22 26.

Sporthalle, Kurmittelhaus und Gästeinformation. In deren Haus hat auf der Galerie im Obergeschoss die umfangreiche Muschelsammlung eines festländischen Ehepaars Platz gefunden, die die etwa 4000 Gehäuse von Muscheln und Meeresschnecken auf Reisen rund um die Welt gesammelt, humorvoll arrangiert und beschriftet haben.

Gleich hinter dem Kurzentrum beginnt der 1500 Meter lange Weg durch Spiekeroogs Dünen bis zur Strandkorbvermietung. Die Dünen sind hier bis zu 25 Meter hoch und gehören damit zu den höchsten Erhebungen ganz Ostfrieslands. Auf einer der Dünen steht Spiekeroogs Lesepavillon. In dem kleinen, sechseckigen Bau können sich Urlauber an vielen Abenden Gedichte und literarische Texte bei Wein und Kerzenschein vorlesen lassen. Kultur tragen die Spiekerooger sogar bis an den Strand: Dreimal im Jahr werden jeweils zwei Wochen lang im Mai und Oktober sowie sogar vier Wochen lang im Juli/August beim traditionellen Dünensingen Lieder in einem Dünental gleich bei der Strandhalle angestimmt.

Oben: Ein besonders breiter Dünengürtel trennt auf Spiekeroog das Dorf vom Strand.
Unten: Der Düsseldorfer Künstler Hannes Helmke schuf die 3,5 Meter hohe Bronzeskulptur *De Utkieker* auf einer der Aussichtsdünen.

Spiekeroog

Vom Kurpark zum Nationalpark-Haus

Einfach gut!

Musik erklingt von Ende Juni bis September an jedem zweiten Samstag im Monat auch im Konzertpavillon im Kurpark am Westrand des Inseldorfs. Der Park, in seiner heutigen Form 1985 angelegt, ist eine grüne Oase mit vielen Bäumchen und kleinen Wasserläufen, auf denen Enten auf Futter warten. Schräg gegenüber vom Kurpark steht der Bahnhof der einstigen Inselbahn, von der aus jetzt die Museumspferdebahn zu ihrer Fahrt in den Inselwesten startet.

Vom östlichen Ortsrand aus sind es dann noch anderthalb Kilometer bis zum Nationalpark-Haus Wittbülten auf dem Gelände der Hermann-Lietz-Schule. Dieses schon 1928 gegründete private Internat basiert auf den Ideen des Reformpädagogen Hermann Lietz (1868–1919) und zählt heute 96 Schüler und Schülerinnen der Klassen 5 bis 13. Sein berühmtester Schüler war der Raketenforscher Wernher von Braun (1912–1977).

Das Nationalpark-Haus, dem ein Café und ein Museumsladen angeschlossen sind, hat den Lebensraum Wattenmeer zum Thema und bemüht sich besonders, auch Kinder unterhaltsam und interaktiv mit der Natur auf der Insel und um sie herum bekannt zu machen. Unter der Decke der Ausstellungshalle hängt das 15 Meter lange, zwei Tonnen schwere Skelett eines Pottwals, der im November 2003 bei Norderney tot an den Strand gespült wurde. Im Aquarium schwimmen und krabbeln die Bewohner von Wattenmeer und der Nordsee in insgesamt etwa 10 000 Litern Meerwasser. Seehunde, Kegelrobben und Schweinswale haben darin keinen Platz, aber über sie informieren Fotos und Texte ausgiebig. Vor allem während der Schulferien werden mehrmals wöchentlich

ANREISE-ALTERNATIVEN

Für alle, denen die drei normalen Inselfähren zu gewöhnlich sind, bietet Spiekeroog zwei alternative Anreisemöglichkeiten. Da ist einmal die Kombifähre »Spiekeroog IV«: Das 45,5 Meter lange und 10,4 Meter breite Schiff lief schon 1979 in Husum vom Stapel und verkehrte zuvor erst zwischen Nordstrand und Pellworm und dann zwischen Altwarp in Vorpommern und Nowe Warpno in Polen. Sie transportiert vor allem Fracht auf die Insel. Die Passagiere – maximal 300 im Sommer und 178 im Winter – nehmen in einem altmodischen Salon im Unterdeck Platz, wo die Nordsee gegen die Bullaugen schlägt. Sehr viel schneller ist das kleine Wassertaxi »Spiekeroog Express«, das maximal acht Passagiere befördern kann und nur zwei Mann Besatzung hat. Die kleine, 2003 gebaute Motorjacht, die es auf 35 km/h bringt, benötigt für die Überfahrt nur 15 statt der sonst üblichen 50 Minuten und fährt auf Wunsch auch nachts.

Schifffahrtsflotte. Nordseebad Spiekeroog GmbH, www.spiekeroog.de

Die Inseln

Vorträge und Führungen angeboten, die nicht nur durch das Museumsgebäude, sondern auch durch das angrenzende Dünengelände geleiten. Zwischen August und März, also außerhalb der Hauptbrutzeit der Vögel, bieten Mitarbeiter des Nationalparks auch geführte Wanderungen durchs Kerngebiet des Nationalparks in der Leegde und auf der Ostplate an, über die exakten Termine informieren die Kurverwaltung und die Webseite des Nationalpark-Hauses.

Natur pur

Die Hermann-Lietz-Schule liegt am Rande der Leegde, einem ehemaligen Meeresdurchbruch. Auf seinem feuchten Untergrund gedeihen vor allem Salzwiesenpflanzen wie der Queller. Während der Vogelzugzeit im Frühjahr und Herbst rasten hier oft große Schwärme von Alpenstrandläufern, Sanderlingen und Sandregenpfeifern. Im Winter kann man mit etwas Glück Berghänflinge, Ohrenlerchen und Schneeammern beobachten. An die Leegde schließt sich die sandige Ostplate an, wo zwischen April und Juli zahlreiche Möwen, Gänse, Enten, Austernfischer und Brachvögel brüten. In dieser Zeit sind viele Wege gesperrt – und das ganze Jahr über ist es strikt verboten, die gut markierten Wanderpfade zu verlassen.

Wer der Natur Tag und Nacht ganz nahe sein will, ist auf Spiekeroogs Campingplatz drei Kilometer außerhalb des Ortes ganz im Südwesten der Insel gut aufgehoben. Die Zelte stehen hier direkt am Rande der Dünen in noch leicht welligem Gelände. Eine frühzeitige Buchung ist dringend notwendig. Zum nächsten bewachten Badestrand geht man etwa 20 Minuten. Der Zeltplatz ist auch für Nichtcamper ein schönes Ausflugsziel – vor allem, wenn man ihn immer am Meer entlang zu Fuß oder mit der Museumspferdebahn ansteuert.

Oben: Die Hermann-Lietz-Schule liegt am Rand der Ostplate.
Mitte: Der Wind und die Wellen schaffen am Strand immer wieder neue Formen.
Unten: Naturkundliche Führungen gehören auf der Insel zum Standardprogramm.

Infos und Adressen

SEHENSWÜRDIGKEITEN

Alte Inselkirche. Tgl. nur stundenweise, Zugang von Süder- und Noorderloog.

Inselmuseum. Oster- bis Herbstferien Di–So 15–17.30 Uhr, Noorderloog 1.

Muschelmuseum. Mo–Fr 9–12.30 und 14–18 Uhr, Sa, So 9–12.30 Uhr, Noorderpad 25.

Nationalpark-Haus Wittbülten. Oster- bis Herbstferien Di–So 11–17 Uhr, sonst Di, Sa 11–17 Uhr. Hellerpad 2, www.nationalpark-haus-wittbuelten.de

ESSEN UND TRINKEN

Spiekerooger Leidenschaft. Hier sitzt man in einem Szene-Restaurant, modern und edel. Tgl. ab 9 Uhr, Noorderpad 6, Tel. 04976/706 00, www.spiekerooger-leidenschaft.de

Spiekerooger Teestube. Restaurant in einem über 200 Jahre alten Inselhaus. Außerhalb der Schulferien Mo geschl., sonst tgl. ab 17 Uhr, Noorderpad 1, Tel. 04976/204.

ÜBERNACHTEN

Campingplatz Palisadendiek. Weitgehend naturbelassener Zeltplatz in schönem Dünengelände, Westend 7.

Hotel Inselfriede. Zentral im Ortskern gelegen, mit Innenpool und Wellness-Landschaft. Sü-

Im Kaffeegarten vom »Historischen Alten Inselhaus«

Mitten im Inseldorf liegt die alte Inselkirche von Spiekeroog.

derloog 12, Tel. 04076/919 20, www.inselfriede.de

Hotel Zur Linde. Ältestes Inselhotel, sehr zentral, Liegewiese hinterm Haus. Noorderloog 5, Tel. 04976/919 49, www.linde-spiekeroog.de

AUSGEHEN

Blanker Hans. Die Insel-Kneipe. Bundesliga live, mit Raucherraum. So ab 11 Uhr, sonst ab 17 Uhr, Wüppspoor 2.

EINKAUFEN

Galerie Goos. Moderne Kunst, edles Leder, ein wenig Schmuck. Noorderloog 6.

VERANSTALTUNGEN

Jazzfestival. Vier Tage im April.

AKTIVITÄTEN

Kitersclub. Kiten und Surfen. Tel. 059 76/313, www.kitersclub-spiekeroog.de

Islandhof. Reitkurse und Ausritte. Tel. 04976/219, www.islandhof-spiekeroog.de

Spiekerooger Segelschule. Törns und Kurse. Tel.04976/680, www.spiekerooger-segelschule.de

INFORMATION

Kurverwaltung. Noorderpad 25, Tel. 04976/919 31 01, www.spiekeroog.de

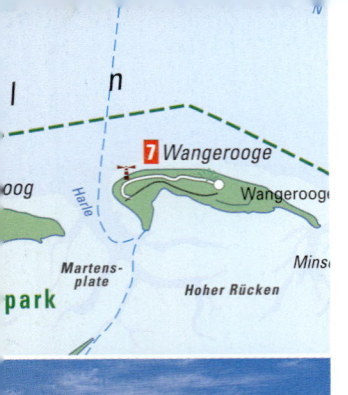

7 Wangerooge
Altmodische Insel mit deutscher Vergangenheit

Geografisch gesehen ist Wangerooge die östlichste der ostfriesischen Inseln. Aus historischer Perspektive gehört das Eiland jedoch nicht zu Ostfriesland, sondern zum Großherzogtum Oldenburg. Auf ihre Art ist die Insel liebenswert altmodisch. Man hat hier schlicht moderne Trends verschlafen und beginnt erst jetzt, sich der durch die deutsche Wiedervereinigung erwachsenen Konkurrenz zu stellen.

Von allen sieben Inseln liegt Wangerooge am dichtesten an der Weltschifffahrtsstraße vom Ärmelkanal in die deutschen Nordseehäfen. Hier kommen auch die ganz großen Pötte ganz dicht vorbei, die Wilhelmshaven, Bremerhaven, Bremen, Cuxhaven und Hamburg anlaufen wollen. Meist liegen auch viele Containerriesen draußen vor Wangerooge auf Reede. Sie haben Anker geworfen, um auf freie Liegeplätze, Ladung oder die auflaufende Flut zu warten, die ihnen auch auf Elbe und Weser genug Wasser unterm Kiel garantiert, um die Flusshäfen sicher erreichen zu können. Besonders dicht fahren die Megaschiffe vorbei, die den neuen Tiefwasserhafen Jade-Weser-Port in Wilhelmshaven ansteuern. Bei einem Spaziergang über die Strandpromenade sollte daher das Fernglas nie fehlen. Und wenn es draußen zu stark regnet, ist das rundherum verglaste »Café Pudding« direkt im Zentrum der Strandpromenade ein idealer Aussichtsplatz. Bei Dunkelheit ist bei halbwegs klarer Sicht hinter den Schiffen oft der Lichtstrahl zu erkennen, den der südliche Leuchtturm Helgolands aussendet, das immerhin noch über 42 Kilometer entfernt ist. Ausflugsdampfer

Mitte: Vom 39 Meter hohen Leuchtturm aus ist der gesamte Ort Wangerooge gut zu überblicken.
Unten: Ein Inselwahrzeichen: das »Café Pudding«

Die Inselbahn verbindet den Hafen mit dem Ort und führt am markanten Westturm vorbei.

fahren von Wangerooge leider nicht dorthin. Wer Deutschlands einzige echte Hochseeinsel kennenlernen will, muss den Umweg über Wilhelmshaven machen.

Bahnfahrt ins Dorf

Die Fähren vom Festlandshafen Harlesiel laufen wie gewohnt den Inselhafen auf der Wattseite an. Dort wartet schon die Inselbahn auf die Ankömmlinge. Heute verbindet sie nur noch den aktuellen Hafen mit dem Ort. Vier 1990 und 1999 erbaute Dieselloks kommen auf den Gleisen zum Einsatz, die Waggons sind etwa 20 Jahre alt. Anders als auf den übrigen Inseln gehört die Inselbahn nicht der Inselgemeinde, sondern der Deutschen Bahn AG. Sie ist die einzige noch von der DB betriebene Schmalspurbahn in ganz Deutschland. Ihr Gleisnetz war bis etwa zum Jahr 1960 sehr viel größer als heute, führte unter Dampf über die ganze Insel bis nahe dem Westturm und zwischen 1904 und 1958 sogar bis an die äußerste südöstliche Spitze der Insel. Das Militär maß ihm große Bedeutung zu. Vom Bahnhof, dem gegenüber Tagesausflügler auch gleich Fahrräder und Bollerwagen mieten können, führt die Zedeliusstraße leicht gewunden 650 Meter weit durch den ganzen Ort bis an den

Nicht verpassen

AUSFLUG ZUM KRABBENFANG

Wer wissen will, wie ganz frische Krabben eigentlich schmecken und auch gerne mal beim Fang dabei wäre, kann mit dem Wangerooger Fischkutter »Jens Albrecht II« vom Westanleger aus für zweieinhalb Stunden hinaus aufs Wattenmeer fahren. Dort wird dann das Grundschleppnetz ausgeworfen. Ist das Netz wieder eingeholt, werden die Krabben, die der Ostfriese *Granat* nennt, direkt an Bord in siedend heißem Wasser gekocht. Dabei nehmen die eigentlich grauen Tierchen ihre ansehnliche rötliche Farbe an. Frisch und eigenhändig gepult schmecken sie dann besser als jede Krabbe an Land. Während des Ausflugs sind fast immer auch ein paar Seehunde aus der Nähe zu sehen. Eine rechtzeitige Anmeldung für die Kutterfahrten ist unbedingt erforderlich, da der Platz an Bord beschränkt ist.

Fahrradverleih Beier. Kapitän-Wittenberg-Str. 11, Tel.04469/ 81 94, www.siw-wangerooge.de

Strand. An ihr liegen die meisten Geschäfte und gleich zu Beginn Wangerooges bedeutendste Sehenswürdigkeit, der Alte Leuchtturm.

Ein Leuchtturm als Museum

Wangerooges Alter Leuchtturm wurde 1856 erbaut und ist heute das älteste erhaltene Bauwerk der Insel. Überwiegend rot und weiß gestrichen, gibt er sich äußerst fotogen. Schon der grüne Vorgarten weist auf seine museale Funktion hin. Die ausgestellte Henschel-Dampflok stammt aus dem Jahr 1929 und versah schnaubend bis im Jahr 1960 ihren Dienst. Dabei legte sie fast unglaubliche 353 025 Kilometer zurück – fuhr also auf dem kleinen Wangerooge fast neun Mal auf dem Äquator rund um die Erde. Immer am gleichen Platz blieb dagegen die ebenfalls im Garten ausgestellte Helmstange des alten Westturms, des ältesten Seezeichens der Insel.

Im Erdgeschoss des 39 Meter hohen Turms kann der Besucher Dokumente zur bewegten Inselgeschichte studieren. Auch kleine Sammlungen von Vogelpräparaten und Muschelschalen sind zu sehen. 161 Stufen führen hinauf zum Leuchtfeuer, das seit 1969 nicht mehr in Betrieb ist. Der neue, vollelektronische Leuchtturm im Inselwesten übernahm seine Funktion. Bis 1896 hielt ein Leuchtturmwärter hier oben ein Petroleumfeuer in Gang. Dann wurde es auf elektrische Bogenlampen umgestellt. Die ehemalige Wachtstube des Leuchtturmwärters hat jetzt eine andere Funktion. Wer von Eros' Pfeil erfasst wurde, kann sich hier standesamtlich trauen lassen.

Mehr als rote Rosen

Hochzeitsfotos lassen sich anschließend gut im schon 1928 angelegten Rosengarten ganz in der

Oben: Er überragt das Inseldorf: der Alte Leuchtturm.
Mitte: Romantische Pferdekutschen sind auf Wangerooge ein begehrtes Verkehrsmittel.
Unten: Auf der Strandpromenade sorgen Getränke und Wind gleichermaßen für Erfrischung.

Nähe schießen. Zwischen Rosenbeeten und Rasen spielt hier in einem Musikpavillon gelegentlich ein kleines Orchester zu Kurkonzerten auf. Regelmäßige Kurkonzerte wie auf Norderney gibt es freilich nicht.

Am Ostende des Rosengartens informiert das Nationalpark-Haus Rosenhaus über den Nationalpark Niedersächsisches Wattenmeer. Weitaus interessanter als die Ausstellung sind die Veranstaltungen des Nationalpark-Hauses. Da gibt es regelmäßig Führungen durchs Watt, durch die Dünen, die Salz- und die Strandwiesen, spezielle Kindernachmittage und zahlreiche Vorträge.

Farbige Kirchenfenster

Biegt man von der Zedeliusstraße nach rechts in die Elisabeth-Anna-Straße ein, kommt man nach knapp 200 Metern zur römisch-katholischen Kirche St. Willehad. Die 1964 geweihte Saalkirche aus hellem Beton und rotem Backstein zieren Buntglasfenster in der Nord- und Südwand des fast quadratischen Baus. Geschaffen hat sie Rudolf Krüger-Ohrbeck (1930–2000). Die Fenster auf der Nordseite zeigen sieben Stationen des Kreuzwegs von der Verurteilung durch Pontius Pilatus bis zu Jesu Tod am Kreuz. Auf der Südseite erkennt der Betrachter im großen Fenster elf alt- und neutestamentarische Motive wie Adam und Eva, Noah in der Arche, Jonas im Maul des Walfisches oder Jesu Taufe im Jordan.

Kriegserinnerungen

Schon beim bisherigen Gang durch das Dorf fiel auf, dass die meisten Häuser auf der Insel erst nach dem Zweiten Weltkrieg entstanden sind. Ältere Bausubstanz ist kaum vorhanden. Schuld daran ist der schwerste Bombenangriff, den

Einfach gut!

WANDERN IM WATT

Ohne offiziellen Führer sollte sich niemand bei Ebbe weit ins Watt hinauswagen. Aber wie auf allen Inseln und von den meisten Küstenorten aus werden auch auf Wangerooge Wattwanderungen angeboten. Die erfahrene Wattführerin hier ist Petra Lösch. Zwei verschiedene Wattwanderungen hat sie im Programm: Die große Wanderung für alle ab 8 Jahren und die kleine Wanderung, an der auch Gehbehinderte und Kinder unter sieben Jahren teilnehmen können. Bei der großen Tour werden drei bis vier Kilometer in etwa zweieinhalb Stunden zurückgelegt, die kleine dauert etwa eineinhalb Stunden. Gummistiefel können beim Ticketkauf ausgeliehen werden, sind jedoch nur in der kühleren Jahreszeit empfehlenswert. Ratsam ist es, zum Wattwandern Röcke oder Kleider, Shorts oder Hosen, die sich gut hochkrempeln lassen, zu tragen.

Wattführerin Petra Lösch. Haus Dünenschlößchen, Strandpromenade 35, Tel. 0171/327 27 97, www.wattwandern-wangerooge.de

Von der Promenade aus geht der Blick weit über Strand und Meer.

Nicht verpassen

SEEMANNSLIEDER

Shantys gehören zur Küste wie Matjes und *Granat*. Die alten Lieder aus der Zeit der Segelschifffahrt werden überall eifrig gepflegt. Auf Wangerooge widmen sich ihnen gleich zwei Männerchöre. Die etwa zwölf Mann von »Schipp Ratz« pflegen eher die traditionelle Shantymusik und reichern ihr Programm mit Volksliedern anderer Küstenregionen an. Der schon vor über 30 Jahren gegründete Shantychor »De Wangeroogers« mit seinen etwa 16 Sängern singt auf Englisch, Deutsch und Niederländisch. Er hat sogar ein Shantymusical im Programm. Mitsingen und -schunkeln ist natürlich bei beiden Chören erlaubt.

Schipp Ratz. www.schippratz.de

De Wangeroogers. www.de-wangeroogers.de

die Ostfriesischen Inseln je erlebten. Am 25. April 1945 – also ganz kurz vor Kriegsende – fielen über 5000 Bomben auf das Eiland, etwa 300 Menschen starben. Wangerooge war nämlich während des Kriegs durchaus keine friedliche Insel. Über 5000 Soldaten waren hier stationiert, die Dünen mit größtenteils von Zwangsarbeitern und Kriegsgefangenen errichteten Geschützstellungen gepflastert. Sie sollten die Einfahrt in den wichtigen Kriegshafen von Wilhelmshaven schützen. Viele durch Bomben verletzte Wangerooger und Soldaten fanden nach der Bombennacht Aufnahme im 1944 erbauten Lazarettbunker in der Jadestraße, der nur im Rahmen von Führungen besichtigt werden kann.

Viele weitere, grauenvolle Erinnerungen an den Faschismus und Zweiten Weltkrieg findet man am Weststrand des Dorfs. Am besten geht man von der Jadestraße aus über die Strandpromenade dorthin. Dabei passiert man den Rundbau des »Café Pudding« – auch dieser heute so angenehme Ort wurde auf einer ehemaligen Geschützstellung errichtet. Hinter dem Meerwasser-Erlebnisbad

»Oase« und seinen Anbauten kommt man dann zum Ehrenmal »Hartmannstand«, einem dunklen Holzkreuz auf einer Düne. In der Bombennacht vom 25. April 1945 starben hier 14 Soldaten und sechs Wehrmachtshelferinnen. Da sie bis zur Unkenntlichkeit zerfetzt waren, beließ man ihre sterblichen Reste im Bunker und versiegelte ihn. Am Fußweg zum Westen liegt dann noch im Kiefernwäldchen eines Dünentals der kreisrunde Ehrenfriedhof. Hier sind nicht nur viele der deutschen Opfer der Bombennacht beigesetzt, sondern auch etwa 60 Zwangsarbeiter. Ihre Heimatländer waren Belgien, Frankreich, Holland, Polen, die Sowjetunion und sogar das ferne Marokko.

Im Inselwesten

Der Inselwesten ist erreicht, wenn man am Neuen Leuchtturm steht. Der Lichtstrahl des 67,2 Meter hohen, 1969 erbauten Turms kann bei guter Sicht noch in 56 Kilometer Entfernung wahrgenommen werden. Eine Turmbesteigung ist nicht gestattet. Schließlich ist der markante Westturm erreicht, das Wahrzeichen Wangerooges. Sehr alt ist er nicht. Erst 1933 errichtete man den 56 Meter hohen, sehr massiven Bau aus etwa einer halben Millionen Klinkersteinen, die alle vom Festland herübergebracht werden mussten. Er ist im Wesentlichen eine Kopie des wirklich alten Westturms aus der Zeit um 1600, der etwa 300 Meter weiter nordwestlich stand und zu Weihnachten 1914 vom deutschen Militär gesprengt wurde, um feindlichen Schiffen keine Orientierungshilfe zu sein. Der alte Turm mit seinen 2,2 Meter dicken Mauern hatte freilich keine Fenster. Die im neuen sind ein Zugeständnis an seine Funktion: Der Turm dient heute als Jugendherberge. Von da sind es nur wenige Schritte zum Strand, an dem entlang man in etwa 90 Minuten im Anblick der Nordsee und vieler großer Schiffe zurück in den Ort gelangt.

Oben: Der 1969 erbaute Neue Leuchtturm im Inselwesten führt die Schiffe sicher in den Jadebusen.
Unten: Die spärliche Pflanzenwelt auf der Ostplate von Wangerooge lernt man am besten bei einer naturkundlichen Führung kennen.

Infos und Adressen

SEHENSWÜRDIGKEITEN

Alter Leuchtturm. Öffnungszeiten häufig wechselnd, Bahnhofstr., Tel. 04469/83 24, www.leuchtturm-wangerooge.de

Katholische Kirche. Tagsüber geöffnet, Kirche St. Willehad, Westingstr. 7

Lazarettbunker. Nur im Rahmen von Führungen zu besichtigen, Jadestr., Kontakt über www.teestube-wangerooge.de

Nationalparkhaus Rosenhaus. 15. März–Okt. Mo–Fr 9–13 und 14–18 Uhr, Sa, So 10–12 und 14–17 Uhr, Nov.–14. März Di–Fr 10–13 und 15–17 Uhr, Sa, So 14–17 Uhr, Friedrich-August-Str. 18, Tel. 04469/83 97, www.nationalparkhaus-wangerooge.de

Auch Ferienhäuser werden vermietet.

ESSEN UND TRINKEN

Café Pudding. Das Café und Restaurant mit der besten Aussicht der Insel. Juli/Aug. tgl., sonst Mi–Mo ab 10 Uhr, Zedeliusstr. 49, Tel. 04469/220, www.cafe-pudding.de

Fischrestaurant Kruse. Traditionslokal mit ganz altmodisch-gutem Service, Fischgerichte nach Hausmannsart, üppige Portionen. Sommerferien tgl., sonst Di–So 11.30–14 und 17.30–21 Uhr, Elisabeth-Anna-Str. 17, Tel. 04469/14 14, www.fischrestaurant-kruse.de

Metzgerei Drees. Selbstbedienungs-Imbiss mit beheizbarer Terrasse, große Auswahl zum günstigen Preis. Mo–Sa 10–21 Uhr, Zedeliusstr. 41, Tel. 04469/208.

Schnigge. Kreative und regionale Küche mit Meerblick. Tgl. 12–21.30 Uhr, Strandpromenade Ost 27, Tel. 04469/94 68 40, www.restaurant-schnigge.de

ÜBERNACHTEN

Der Mühlenhof. Ferienwohnungen in einem Fachwerkhaus neben einer kleinen, dekorativen Windmühle, Liegewiese, 5 Minuten vom Strand. Richthofenstr. 13, Tel. 04469/312.

Gästehaus Germania. Gästezimmer und Ferienwohnungen in direkter Strandlage, nur 50 m von den Strandkörben entfernt. Betrieben vom Caritasverband Dortmund e.V. Obere Strandpromenade 33, Tel. 04469/94980, www.caritas-dortmund.de

Hotel Hanken. In zweiter Reihe, also in einer Parallelstraße zur Strandpromenade. Familiär geführt, sehr für die Insel engagierter Gastgeber. Zedeliusstr. 38, Tel. 04469/87 70, www.hotel-hanken.de

Jugendherberge. Zimmer im historischen Westturm und in einem modernen Anbau. 200 m vom Badestrand. Tel. 04469/439, www.jugendherberge.de

Upstalsboom Strandhotel Gerken. Einziges Inselhotel mit Hallenbad und Wellnessbereich. Badestrand vor der Haustür. Strandpromenade 21, Tel. 04469/87 60, www.upstalsboom.de

AUSGEHEN

Giftbude. Gute Cocktails und eine große Auswahl an Bieren. Und Großleinwand! Di–So ab 17 Uhr, Strandpromenade (Ost) 27, www.restaurant-schnigge.de

Kino. Verzehr-Kino im Hotel Hanken, 3 bis 5 verschiedene Filme pro Tag, auch 3-D-Produktionen. April–Okt. tgl., Zedeliusstr. 38, Tel. 04469/87 70.

Treibsand. Tagsüber rauchfreies Café, abends raucherfreundliche Kneipe, in der Hauptsaison auch Livemusik. Tgl. ab 10 Uhr, So Ruhetag, Zedeliusstr. 32, www.cafe-treibsand.co.de

EINKAUFEN
Galerie Collage. Aquarelle, Leporellos, Porzellan, Schmuck und anderes mehr aus den Händen der vielseitigen Künstlerin Monika Ploghöft. Charlottenstr. 25, www.ploghoeft.de

Inselstudio. Auf der Insel gefertigter Gold- und Silberschmuck. Mo–Sa 10-12.30 und 15–18 Uhr, So 10–12.30 Uhr. Mi und Sa nachmittags geschl., Zedeliusstr. 34, Tel. 04469/1400.

VERANSTALTUNGEN
Bridge-Woche. Turnier, findet seit 1998 statt. Ca. 80 Teilnehmer. 6 Tage im Mai, im Hotel Hanken.

Gospel-Workshop. Veranstaltet von der evangelischen Kirchengemeinde der Insel, mit Konzert in der Inselkirche. 3 Tage (Fr–So) im Okt.

Schachturnier. Gespielt wird nach dem Schweizer System, auch Kinder sind willkommen. 6 Tage im Juli, im Seminarraum Nord der Kurverwaltung, Strandpromenade, Uwe Osterloh, Tel. 04469/14 73, uwe.osterloh. wangerooge@t-online.de

Wangerooger Musiktage. 180 Schüler der Musikschule Lohne proben und konzertieren an mehreren Orten auf der Insel. Eine Woche im Oktober.

AKTIVITÄTEN
Bungee-Trampolin-Anlage. Eher für Kinder als für Erwachsene geeignet und ein Riesenspaß für die Kleinen. April–Ende Sept. 11–18 Uhr,

Am westlichen Ende der unteren Strandpromenade, Tel. 0171/641 64 98.

Digger's Sup Point. Wellenreiten mit Stand-Up-Paddle, Surfboards. Obere Strandpromenade (West), Tel. 0177/746 22 95.

Golfclub. 6-Loch-Kurzplatz mit Übungsanlage und Golflehrer. Siedlerstr., Tel. 0152/56 20 22 69, www.golf-wangerooge.de

Inselhof. Möglichkeiten für Ausritte und Kutschfahrten. Am Alten Deich 14, Tel. 04469/945 97 82, www.inselhof-wangerooge.de

Meerwasser-Erlebnisbad Oase. Groß und Klein können sich hier in verschiedenen Wasserbecken, Whirlpools, Saunen und auf Rutschen nach Herzenslust austoben. Mo–Do, Sa 14–18 Uhr, Fr 14–20 Uhr, Strandpromenade 3, Tel. 04469/991 46 (Gesundheitszentrum) oder 04469/990 (Kurverwaltung).

Surfschule Wangerooge. Windsurfen, Kitesurfen, Katamaransegeln. Untere Strandpromenade (West), Tel. 04469/94 22 22, www.windsurfing-wangerooge.de

INFORMATION
Kurverwaltung. Obere Strandpromenade 3, Tel. 04469/446 99 90, www.wangerooge.de

Mit der Bahn zum Schiff – das ist umweltfreundlich.

LEER UND UMZU

8 Leer
Das Tor zu Ostfriesland

Die 34 000 Einwohner zählende Kreisstadt hat sich herausgeputzt. Der Altstadtkern mit prachtvollen Backsteinfassaden im Stil des niederländischen Frühbarock wurde liebevoll restauriert. Kleine Galerien, Geschäfte und Cafés beleben das Altstadtbild. Als Stadt am Wasser zieht Leer Freizeitskipper und Wassersportler an. Und im Sommer liegen viele Museumsschiffe an der Uferpromenade am alten Hafenbecken.

Die Kleinstadt liegt am Schnittpunkt von zwei Autobahnen und zwei Eisenbahnlinien und ist damit sehr gut von allen Seiten erreichbar. Man kann die Stadt auch über die Ems mit einem Boot ansteuern, denn Leer liegt im sogenannten »Zweistromland«, also am Zusammenfluss von Leda und Ems.

Stadtgeschichte

1508 erhielt Leer vom Grafen von Ostfriesland das Marktrecht, um ein Gegengewicht zum benachbarten niederländischen Groningen zu schaffen. Der Markt fand immer am St. Gallustag statt und hat sich bis heute erhalten: mit dem Gallimarkt im Oktober. Religiös verfolgte Niederländer waren es auch, denen der weitere Wohlstand zu verdanken war: Sie brachten das Leinengewerbe und Kapital in die Stadt, zudem verfügten sie über gute Handelsbeziehungen zu den Niederlanden.

Eine große Bedeutung für Leer hat auch der für Ostfriesen lebenswichtige Tee. Im Durchschnitt trinkt jeder Ostfriese fast 300 Liter Tee im Jahr, zehn Mal mehr als im restlichen Deutschland

S. 82/83: Die Alte Waage von Leer liegt direkt an der Leda. **Mitte:** Bummeln in den kleinen Gassen der Leeraner Altstadt **Unten:** Unzählige Teekessel baumeln von der Decke des Teemuseums.

konsumiert wird. 1806 gründete Johann Bünting sein Teehandelshaus, es ist das älteste in Ostfriesland. Neben Bünting gibt es noch die Teehandelshäuser Thiele in Emden und Onno Behrens in Norden. Im Leeraner Teemuseum kann der Besucher sich über die Teekunst informieren: vom Anbau in den Ursprungsländern über die Herstellungs- und Verarbeitungsverfahren bis hin zum Prüfen, Mischen und Verkosten. Der echte Ostfriesentee wird jedes Jahr aus der neuen Teeernte zusammengesetzt und besteht dabei aus rund 20 Teesorten. Die Teeverkoster von Bünting brauchen hochsensible Geschmacksnerven, um den Geschmack jeder Teemarke zu treffen. Und die ostfriesische Teezeremonie existiert wirklich, nicht nur im Museum, ein *Koppke* Tee ist eben der Inbegriff ostfriesischer Gastfreundschaft. Zum Gedenken an die ostfriesische Teekultur steht unweit des Teemuseums die Bronzestatue »Teelke« mit Teetasse und Teekessel.

Schloss Evenburg

Nicht so zentral wie das Teemuseum und mehr am östlichen Rand von Leer liegt die Evenburg, ein Ensemble aus Schloss, Park und Vorburg. Die

Nicht verpassen

GALLIVIEHMARKT

Um einen außergewöhnlichen Viehmarkt mit Auktion zu erleben, muss man früh aufstehen. Um sechs Uhr morgens beginnt die Viehauktion in der Ostfrieslandhalle. Dieser Markt ist einzigartig und zählt zu den größten Europas. Das Brüllen der Kühe ist unüberhörbar, die Landwirte und Viehhändler mit ihren knorrigen Gesichtern unübersehbar. Wie in alten Zeiten wird hier noch der Kauf besiegelt – per Handschlag. Durch die *Klopperei*, das gegenseitige Abklatschen der Hände, wird der Preis ausgehandelt. Der über 500 Jahre alte Markt präsentiert nun auch Kleintiere, alte Landmaschinen und historisches Handwerk. Am Vortag kann man zwischen 15 und 20 Uhr den Viehauftrieb beobachten.

Gallimarkt. 2. Mi im Okt. bis So ab 11.30 Uhr, Viehmarkt: 2. Mi im Okt. ab 6 Uhr, Nessestr. 1.

Evenburg ist neben der Haneburg, in der heute die Volkshochschule untergebracht ist, und der Phillipsburg, die sich in Privatbesitz befindet, eine der drei Burgen der Stadt Leer. Die Evenburg war im ursprünglichen Sinne nie eine Wehrburg gewesen, sondern ein Wohnschloss, das im 19. Jahrhundert entsprechend dem damaligen Zeitgeist neugotisch umgebaut wurde. Sie ist das einzige neugotische Schloss in Norddeutschland. Besonders ist auch der sie umgebende Park, der nach dem Vorbild eines englischen Landschaftsparks gestaltet wurde und mit Teichen, Brücken, Wegen und Büschen wieder so hergerichtet wurde, wie er ursprünglich 1860 ausgesehen hat. Eine imposante Doppelallee führt vom Park aus Richtung Innenstadt. In der Vorburg kann man sich dann im Schlosscafé bei Tee und Kuchen stärken, manchmal begleitet von den Klängen aus der Musikschule, die hier untergebracht ist. Im Sommer geben Lehrer und Schüler kleine Konzerte.

Die Altstadt von Leer

Zwischen Leda und Ems liegt mit dem Rathausturm das Wahrzeichen der Stadt, der aufgrund seiner Höhe die Dächer der Stadt überragt und schon von weitem sichtbar ist. Vom Rathausturm hat man einen wunderschönen Blick über die Stadt bis weit ins Umland hinein und auf die direkt beim Rathaus liegende Altstadt mit über 300 denkmalgeschützten Häusern. Direkt vor dem Rathaus am Leeraner Museumshafen liegt die Waage, eines der imposantesten Gebäude von Leer, das heute ein gutes Restaurant beherbergt. Vor knapp 300 Jahren wurde die heutige Waage im Stil des norddeutschen Barock am Ledaufer gebaut. Die Schiffe konnten hier ihre Waren wie Vieh, Butter, Talg und Speck entladen, die danach gewogen wurden, bevor sie auf den Märkten in den Handel kamen. Heute liegt an diesem ge-

Oben: Das im deutsch-niederländischen Renaissancestil erbaute Rathaus ist das Wahrzeichen der Stadt Leer.
Unten: Blick vom Rathausturm in die Rathausstraße mit dem Haus Samson

Stadtrundgang

Was für die meisten Städte gilt, ist auch für Leer zutreffend. Eine Stadt muss man sich erlaufen. Viele Straßen in der Leeraner Altstadt sind zudem für Autos gesperrt, sind Fußgängerzonen. Bei einem Spaziergang am Ledahafen und durch die Altstadt gibt es viel zu sehen und zu entdecken.

Ⓐ Bahnhofsvorplatz – Start des Stadtrundgangs. Schräg gegenüber ist ein Parkhaus für Anreisende mit dem PKW.

Ⓑ Nessebrücke – Die Fußgängerbrücke verbindet die Altstadt und die Fußgängerzone mit dem neuen Quartier auf der Halbinsel Nesse.

Ⓒ Amtsgericht – Wurde als Herrensitz der Familie von Rheden gebaut. Das danebenliegende Schatthaus war ehemals Wohngebäude des Amtsrichters.

Ⓓ Wilhelm-Klopp-Promenade – Schöner Blick auf die Altstadt und die architektonisch ansprechenden Bauten auf der Halbinsel Nesse.

Ⓔ Waage – Eines der schönsten Häuser Leers direkt am alten Museumshafen. Restaurant mit großer Terrasse am Ledaufer.

Ⓕ Heimatmuseum – Schwerpunkt ist die Geschichte der Stadt Leer. Ein alter Kramladen sowie ein Torfschiff können besichtigt werden.

Ⓖ Rathaus – Ende des 19. Jahrhunderts im deutsch-niederländischen Renaissancestil gebaut ist es das bekannteste Leeraner Bauwerk und Wahrzeichen der Stadt.

Ⓗ Haus Samson – Seit 1643 in Familienbesitz. Im Erdgeschoss eine gut sortierte Weinhandlung. Im Obergeschoss erhält man in einer kleinen Ausstellung Einblicke in die Wohnkultur des 18. und 19. Jahrhunderts.

Ⓘ Bünting Teemuseum – Vormals das Stammhaus des Leeraner Teehandelshauses Bünting mit einem alten Teeladen und einer Tee-Akademie. Viele Informationen zum Thema Teesorten und Anbau. Große Teekesselsammlung.

Ⓙ Mühlenstraße – Die Einkaufsstraße in Leer mit einer bunten Mischung und Vielfalt an Geschäften.

Die Promenade entlang der Leda

Geheimtipp

Im Miniaturland ist alles verdichtet im Maßstab 1:87, und so finden in der 1200 Quadratmeter großen Halle ganz Ostfriesland und das Umland Platz. 5000 Gebäude, Schiffe, Autos und Waggons kann man bei Tag und Nacht beobachten, denn das Licht wechselt. Über 200 000 Stunden steckte der Betreiber bisher in die Anlage, die viele Szenen aus den Dörfern und Städten abbildet. Per Knopfdruck lassen sich viele Modelle durch den Besucher steuern: Das Riesenrad auf dem Gallimarkt dreht sich, der Zug fährt in den Emder Bahnhof ein, bei VW wird gearbeitet.

Leeraner Miniaturland, März–Okt. 10–18, Nov.–Feb. 11–16 Uhr, Konrad-Zuse-Str. 1, Tel. 0491/454 15 40, www.leeraner-miniaturland.de

schichtsträchtigen Platz der Museumshafen »An't Över bi de Waag«, in dem etliche Museumsschiffe vertäut sind.

Unweit der Waage steht das schmucke Haus Samson mit einem Prachtstück von einer Tür aus dem 18. Jahrhundert. Das Haus befindet sich seit 1643 in Familienbesitz und beherbergt eine renommierte Weinhandlung, im ersten und zweiten Stock ein Privatmuseum, das ostfriesische Wohnkultur abbildet und das man zu den Geschäftsöffnungszeiten besichtigen kann. In den vielen ehemaligen Handwerkerhäusern der Altstadt haben sich nun kleine Galerien, Kunstgewerbegeschäfte und Goldschmieden angesiedelt. Restaurants und Cafés ergänzen das Angebot in dem idyllischen Ambiente.

In der Altstadt nahe dem Teemuseum trifft man auf das Coloniale-Haus. Die bunte Fassade erzählt mit vielen Szenen und historischen Motiven einiges über die Stadtgeschichte. Hier zweigt auch die Mühlenstraße ab, die Einkaufsstraße der Leeraner Innenstadt, in der man ohne Autoverkehr bis zum Hauptbahnhof bummeln und einkaufen kann.

Infos und Adressen

SEHENSWÜRDIGKEITEN

Bünting Teemuseum. Mo–Sa 10–18 Uhr,
April–Okt. auch So 14–17 Uhr, Erw. 2,50 €,
Kinder bis 12 Jahre frei. Teezeremonie: 45 Min.
6 €/Pers. Teeseminar: 90 Min. 9,50 €/Pers.
Brunnenstr. 33, Tel. 0491/992 20 44,
www.buenting-teemuseum.de

Haus Samson. Mit Privatmuseum ostfriesischer Wohnkultur und Weinhandlung. Mo–Fr
9–12.30 und 15–17.30 Uhr. Rathausstr. 18,
Tel. 0491/92 52 30.

Heimatmuseum. Di–So 11–17 Uhr,
Neue Str. 12–14, Tel. 0491/20 19.

Rathaus. Mit Turmbesteigung. Rathausstr. 1.

ESSEN UND TRINKEN

Café Schloss Evenburg. Kleines Café, von
der Terrasse hat man einen schönen Blick
in den Schlosspark. Am Schlosspark 25,
Tel. 0491/987 95 01.

Zur Waage. Gehobene Küche mit veredelten
ostfriesischen Gerichten. Mo–So 12–14.30 und
18–23 Uhr, Di Ruhetag. Große Terrasse zur
Leda. Neue Str. 1, Tel. 0491/62 24,
www.restaurant-zur-waage.de

Goldschmiedegeschäft in der Mühlenstraße

Die Weinhandlung im Haus Samson
ist wundervoll.

ÜBERNACHTEN

Villa Leda. Ambitionierte Bed-and-Breakfast-
Unterkunft in einer alten Villa. In rund 10 Minuten ist man im Stadtkern. Bremerstr. 57,
Tel. 0491/919 62 58,
www.bedandbreakfast-leer.de

EINKAUFEN

Coloniale-Haus. Tee in allen Variationen und alles, was man rund um den Tee
braucht. Mo–Sa 8–18 Uhr. Brunnenstr. 39,
Tel. 0491/925 00 60,
www.buenting-coloniale.de

Herrenhaus Leer. Erlesene Auswahl an Mode-
artikeln nur für den Herrn. Mo–Fr. 9.30–18 Uhr,
Sa 9.30–16 Uhr. Mühlenstr. 122–124,
Tel. 0491/992 28 58.

De Goey Käse. Große Auswahl an Käsesorten.
Mo–Fr 9–18 Uhr, Sa 9–16 Uhr. Mühlenstr. 64,
Tel. 0491/992 33 62.

INFORMATION

Tourist-Information Leer. Mai–Sept. Mo–Fr
9–18 Uhr, Sa 10–13 und 14–18 Uhr, So
11–15 Uhr; Okt.–März Mo–Fr 9–17 Uhr,
Sa 10–13 Uhr, So geschl. Ledastr. 10,
Tel. 0491/91 96 96 70, www.leer.de

Eine Tasse Tee – und alles in Ordnung! So einfach und auf den Punkt gebracht ist das Verhältnis der Ostfriesen zu ihrem geliebten Tee. Und dabei bleibt es nie nur bei einer Tasse, denn drei Tassen sind des Ostfriesen Pflicht, und das fast zu jeder Tageszeit – was natürlich auch für die Urlauber gilt. So ist es denn auch nachvollziehbar, dass 2016 in Ostfriesland pro Kopf 300 Liter des schwarzen Getränks konsumiert wurden, mehr als das Elffache des Bundesdurchschnitts.

Ostfrieslands wohl bedeutendste Spezialität ist weit gereist: der Ostfriesentee. Natürlich wächst zwischen Jade und Ems kein Tee. Die Rohware kommt überwiegend aus der nordostindischen Bergprovinz Assam. In Ostfriesland wird sie nach ganz speziellen Rezepturen gemischt. Je nach Sorte können verschiedenen Assam-Tees auch Teeblätter aus Sri Lanka, anderen Regionen Asiens und sogar Afrika hinzugefügt werden. So entsteht die typische ostfriesische Mischung, die vor allem von drei großen Teehäusern auf den Markt gebracht wird: Bünting aus Leer, Thiele aus Emden und Onno Behrends aus Norden. Eine besondere

Stilvoll zelebriert, ist die hiesige Teezeremonie ein echtes Urlaubserlebnis.

Mischung, die ursprünglich nur sonntags nach dem Kirchgang ausgeschenkt wurde, ist der Ostfriesische Sonntagstee. Er hat ein leichtes Vanillearoma, das ihm echte Bourbon-Vanille verleiht.

Die klassische Teezeremonie

Tee wird in Ostfriesland schon seit dem 18. Jahrhundert getrunken. 1753 lief der erste deutsche Teeklipper in den Emder Hafen ein. Für viele ärmere Familien wurde Tee zum Bierersatz, denn ganz dünn aufgegossen war er billiger als der bis dahin übliche Gerstensaft. Im frühen 19. Jahrhundert kam eine Landarbeiterfamilie trotz täglichen Teekonsums mit einem Kilo Tee pro Jahr aus. Nur wenn Besuch kam, wurde er stärker aufgegossen. Aus diesem »Besuchstee« entwickelte sich im späteren 19. Jahrhundert der kräftige Ostfriesentee. Weil er sich

aus dem Besonderen herausbildete, wurde er auch mit einem feierlichen Ritual verknüpft, das zur heute kultivierten ostfriesischen Teezeremonie führte.

Der Tee muss mindestens fünf Minuten lang in einer vorgewärmten Kanne auf einem Stövchen ziehen. Zunächst nimmt sich jeder mit der *Kluntjezange* einige Stücke Kandiszucker, eben *Kluntjes*, aus dem *Kluntjepott*. Darauf wird vorsichtig so viel Tee gegossen, dass zumindest ein Kluntje noch mit einer Spitze herausschaut. Die Kluntjes müssen knacken, wenn der Tee mit ihnen in Berührung kommt – nur dann ist der Tee heiß genug. Um die Spitze des Kluntjes wird mit dem *Rohmlepel* (Rahmlöffel) vorsichtig Sahne gehoben, die sich wie eine Wolke zum Tassenrand ausbreiten soll. Umgerührt wird nicht: Der bereitliegende Teelöffel tritt erst nach dem Leeren der dritten Tasse in Aktion, denn

Eine Wissenschaft für sich: die Ostfriesische Mischung

Das »Coloniale-Haus« – ein Eldorado für Teeliebhaber

dann stellt der Gast ihn in die Tasse, um zu signalisieren, dass er nun genug Tee zu sich genommen hat.

Schöne Erinnerungen

Natürlich wird auch den Feriengästen in Ostfriesland der Tee und das Drumherum näher gebracht. Teestuben sind in Ostfriesland sehr beliebt, und viele Ferienorte bieten regelmäßig Teezeremonien an. In zahlreichen Geschäften wird Tee in hübschen Dosen und Verpackungen verkauft, ebenso das typische Geschirr, oft in Blau-Weiß oder mit der stilisierten roten »Ostfriesenrose«. Wer sich intensiver mit dem Thema befassen möchte, sollte das Teemuseen in Norden besuchen. Hier gibt es eine Dauerausstellung zu den Anbaugebieten, der Verarbeitung und Herstellung des Ostfriesentees sowie über das Dekor des Geschirrs. Zudem ist

die Teilnahme an einer klassischen ostfriesischen Teezeremonie möglich.

Das Teemuseum in Leer nimmt die Besucher mit auf eine Reise von den Ursprüngen der Teepflanze bis hin zum heißen Genuss in der Tasse. Neben der Teekultur Ostfrieslands werden auch weitere Facetten des Tees und der Teekulturen gezeigt, und auch hier ist eine traditionelle Teezeremonie möglich.

Im Ostfriesischen Landesmuseum

9 Rheiderland
Zwischen Dollart und Ems

Das Rheiderland ist die Region, die zwischen Ems und den Niederlanden liegt. Die flache Marsch scheint hier noch platter zu sein, es gibt nur wenige Bäume und man kann fast bis zum Horizont blicken. Das Rheiderland, das sind viele kleine Dörfer, die wie an einer Perlenkette entlang des Emsdeichs liegen.

Sturmfluten führten am Dollart zu großen Wassereinbrüchen, die weit in das Rheiderland hineinreichten. Stück für Stück gewann man dem Meer durch Einpolderung wieder das Land ab. Wie in ganz Ostfriesland galt und gilt immer noch der überlebenswichtige Grundsatz: *Well neet will dieken, de mutt wieken.* Das heißt, wer nicht deichen will, muss weichen. Im 20. Jahrhundert wurde die weitere Eindeichung nicht weiter fortgesetzt, um so die Schlickwatten des Dollarts, die von großer ökologischer Bedeutung für das Wattenmeer sind, zu schützen.

Weener, die grüne Stadt

In der Vergangenheit war das Rheiderland durch die Ems von Ostfriesland abgeschnitten. Über die A 31 und den Emstunnel ist heute das Rheiderland gut zu erreichen. Atmosphärischer ist die Fahrt ins Rheiderland über die alte Jann-Berghaus-Brücke bei Leer. Das ist die längste Klappbrücke Europas. Bei guter Sicht kann man bis weit in das Rheiderland blicken. Der erste Ort, auf den man trifft, ist Bingum, er gehört noch zu Leer und hat eine große Ems-Marina. Immer der Ems Richtung Südwesten entlang erreicht man Weener. Den Mittelpunkt von Weener bildet der Hafen, der schon 1570 erwähnt wurde und von alten Gebäu-

Mitte: Im Hafen von Weener kann man zahlreiche Museumsschiffe bestaunen.
Unten: Ein gelungenes Ensemble bildet der 1756 erbaute Galerieholländer mit dem Friesenhaus in Jemgum.

den eingerahmt wird. Er ragt weit in die Altstadt hinein, in ihm ankern viele historische Schiffe. Früher war Weener Anlaufpunkt vieler Torfschiffe, die den Brennstoff hier abluden und mit Steinen aus den Rheiderländer Ziegeleien den Hafen wieder verließen. Da die Männer auswärts arbeiteten, mussten die Frauen die Schiffe entladen, eine schwere körperliche Arbeit. Ihnen zu Ehren setzte die Stadt das Denkmal »Törfwiefken« am Kopfende des Hafens.

Von hier aus bietet es sich an, durch die Altstadt zu schlendern. Im Heimatmuseum, einem ehemaligen Armenhaus aus dem Jahr 1791, kann man viel über die Rheiderland-Landwirtschaft und das Ziegeleiwesen in der Region erfahren. Berühmt über die Grenzen Ostfrieslands hinaus ist das Organeum. In der neugotischen Stadtvilla hat die Orgelakademie Ostfriesland ihren Platz gefunden. Unweit davon in der St.-Georgs-Kirche steht auch eine 1710 von Arp Schnittger erschaffene Orgel.

Einfach gut!

ORGELN

Nirgends gibt es so viele Orgeltypen aus den letzten 500 Jahren auf so engem Raum: Mehr als 90 historisch wertvolle Orgeln sind über Ostfriesland verstreut, viele zwischen Emden und Greetsiel. In Rysum steht die älteste bespielbare Orgel Deutschlands von 1457. Kirchen und Orgeln bezeugten Wohlstand und Frömmigkeit der Gemeinden. Wenn man noch mehr über den Orgelbau und die Orgellandschaft Ostfriesland wissen möchte, ist man im Organeum in Weener genau richtig. Dort werden Konzerte, Exkursionen und Führungen angeboten.

Organeum. Di–Fr 10–12, Di–Do 15–17 Uhr, Norderstr. 18, Weener, Tel. 04951/91 22 05, www.organeum-orgelakademie.de

Urlaubsvergnügen in Bunde

Schon von weitem zeichnet sich der hohe Turm der Kirche ab und ist neben der stattlichen Holländerwindmühle, die zu den höchsten Ostfrieslands zählt, das Wahrzeichen der Kleinstadt. Wenn man Richtung Dollart spaziert, entdeckt man das imposante Steinhaus von Bunderhee, das im 9./10. Jahrhundert erbaut wurde. Das Haus zählt zu den ältesten erhaltenen Burgen in Ostfriesland. Heute dient es als Kulisse für Kulturveranstaltungen. Dass hier einmal ein Zugang zum Meer bestand, bezeugen Ankerringe, die auf der Nordseite noch sichtbar sind. Weiter Richtung Dollart erreicht man den Wynhamster Kolk, der 2,5 Meter unter dem Meeresspiegel liegt. Die Wasserschöpfmühle sorgte früher mit Windkraft für die Entwässerung des Landes, heute übernehmen das Elektropumpen.

Entlang der Ems zum Dollart

Viele kleine sehenswerte Orte liegen entlang der Straße neben der Ems Richtung Ditzum. In Jemgum überragt den Ort eine schöne Holländerwindmühle mit Café und *Melkhuske*. Im benachbarten Midlum lohnt sich ein Halt, um sich im Ziegeleimuseum über die Vielzahl der Ziegeleien, die es einmal hier gab, zu informieren. Critzum ist ein kreisrundes Warftendorf mit einer ehemaligen Wehrkirche. Im alten Fischerdorf Ditzum scharen sich rund um den Hafen einige gemütliche Fischrestaurants. Über das Sieltief führt eine malerische Holzbrücke direkt auf die romanische Kirche zu, deren Turm ein wenig an einen Leuchtturm erinnert. Im Einklang mit dem Kirchturm steht in der Nähe eine Holländerwindmühle. Von Ditzum aus setzt eine kleine Autofähre nach Petkum über die Ems über. Fährt man jedoch noch weiter Richtung Pogum direkt am Dollart, dann hat man das *Endje van de Wereld* (das Ende der Welt) erreicht.

Oben: Idyllisch liegt das kleine Dorf Jemgum nahe der Ems im Rheiderland.
Mitte: Deichabwärts macht die Fahrradtour so richtig Spaß.
Unten: Im kleinen Fischerdorf Ditzum stehen noch alte Bauernhäuser.

Infos und Adressen

SEHENSWÜRDIGKEITEN
Heimatmuseum Rheiderland. Neue Str. 26, Weener, Tel. 04951/18 28.

Holländerwindmühle Jemgum. Mit Melkhuske. Kreuzstr. 2.

St.-Georgs-Kirche. Kirchplatz 2, Weener.

Steinhaus von Bunderhee. Führungen Juli–Sept. jeden Do 15 Uhr oder nach Vereinbarung, Eintritt 3 €/Pers. Steinhausstr. 64, Bunde, Tel. 04953/809 47.

Ziegeleimuseum Midlum. Führungen nach Vereinbarung. Tel. 04958/91 81 16.

Dintje am Ditzumer Hafen

ESSEN UND TRINKEN
Mühlencafé Jemgum. Kreuzstr. 2, Tel. 04958/336.

Schifferbörse am Hafen. Fisch und ostfriesische Gerichte mit Teestube. Mo–So 11–21 Uhr, Mi Ruhetag. Kirchstr. 6–8, Ditzum, Tel. 04902/915 99 44.

ÜBERNACHTEN
Haus Brandaris. Das Haus ist seit über 200 Jahren in Familienbesitz. Brandaris war der Schutzpatron der Seefahrer. Sielstr. 3, Ditzum, Tel. 04902/929 10, www.haus-brandaris.de

Hotel Knotenpunkt. Preiswertes Hotel nahe der A 31, Abfahrt Weener. Rezeption tgl. 11.30–14 und ab 17.30 Uhr, Do Ruhetag. Weenerstr. 104 Weener/Möhlenwarf, Tel. 04953/61 90, www.hotel-knotenpunkt.de

VERANSTALTUNGEN
Ditzum Hafenfest. Am malerischen Hafen findet schon über 20 Jahre das Fest mit Kunsthandwerk und Bauernmarkt statt. 18.–19. Juli 2015, Ditzum, Am Hafen.

Jemgumer Müggenmarkt. Traditionsreicher Jahrmarkt mit Landmaschinenausstellung und Flohmarkt. Schnelligkeitswettbewerbe der Feuerwehren. Am 2. Wochenende im August.

INFORMATION
Tourist-Information Weener. Osterstr. 1, Tel. 04951/305 10, www.weener.de

Verkehrsbüro Bunde. Kirchring 2, Tel. 04953/809 47, www.gemeinde-bunde.de

Verkehrsverein Ems-Dollart. Am Hafen 1, Jemgum-Ditzum, Tel. 04902/91 20 00, www.ditzum-touristik.de

Die Emsfähre zwischen Ditzum und Petkum

10 Moormerland
An Ostfrieslands Emsmündung

Das Moormerland liegt zwischen Leer und Emden auf der östlichen Seite der Ems. Der Hauptort des Moormerlands ist Warsingsfehn. Ihn durchziehen viele kleine und große Kanäle, die zur Entwässerung und dem Torftransport dienten. Mit etwas Glück kommt auch ein Traumschiff vorbei.

Die Meyer-Werft in Papenburg, südlich von Ostfriesland, hat sich auf den Bau von Kreuzfahrtschiffen spezialisiert. Dadurch, dass diese immer größer wurden, nahm ihr Tiefgang zu. Die Ems war dafür nicht ausgelegt. Da eine Vertiefung der Ems durch Ausbaggerungen jedoch nicht erfolgen sollte, gab es nur die Möglichkeit, das Gewässer für kurze Zeit aufzustauen. Der Sperrwerkbau ab 1998 war durchaus umstritten. In einem Vergleich einigten sich die Prozessparteien, dass das Land Niedersachsen neun Millionen Euro für ökologische Ausgleichsmaßnahmen zur Verfügung stellt. Durch das Sperrwerk können nun bis zu 38 Meter breite und 300 Meter lange Schiffe die aufgestaute Ems passieren. Neben dem Aufstauen der Ems hat das 476 Meter lange Sperrwerk auch eine Küstenschutzfunktion: Bei großen Sturmfluten schließen die Sperrwerkstore und können so Überschwemmungen verhindern. Beim Emssperrwerk Gandersum gibt es ein Informationszentrum.

Mitte: Die Marina von Oldersum an der Ems
Unten: Idylle pur bietet das kleine Dorf Petkum.

Warsingsfehn, ehemalige Moorkolonie

Viele Ortsnamen im Binnenland Ostfrieslands enden auf *-fehn*. Der Name kommt aus den Niederlanden, schreibt sich dort *Veen* und bedeutet

Moormerland

»Moor«. Im 17. Jahrhundert wurden in Ostfriesland die ersten Moorflächen urbar gemacht, im 18. Jahrhundert setzte dann die Kolonialisierung des Moors ein. So auch in Warsingsfehn.

Im Jahr 1736 ließ der Gutsbesitzer Dr. Gerhard Warsing von seinem Gut aus einen Kanal in das von ihm gepachtete Hochmoor treiben, um das Land zu entwässern und den dort verborgenen Torf abzubauen. Der Schwarztorf, der unter dem oberen Weißtorf liegt, war in den benachbarten Städten Leer und Emden als Brennmaterial besonders begehrt. Dieses war rar, da Ostfriesland nur spärlich bewaldet war. Die Entwässerungskanäle werden auch *Fehne* genannt. Zahlreiche alte Kanäle und Flüsse, die noch immer das Moormerland und Warsingsfehn durchziehen, werden heutzutage touristisch genutzt: Wassersportler kommen hier voll auf ihre Kosten, und da die Gewässer sehr fischreich sind, können auch Angler Erfolge verzeichnen. Gastangelkarten bekommt man in der Tourist-Information.

Natürlich gibt es auch hier eine Mühle zu besichtigen: die Mühle der Familie Bohlen an der Hauptwieke in Warsingfehn. Im gegenüberliegenden Fehnhaus kann man am Dienstagnachmittag einiges über die Geschichte der *Fehntjer* erfahren.

Radfahren gehört im Moormerland fest zum touristischen Programm. Die Deutsche Fehnroute beispielsweise führt durch das Moormerland und Warsingsfehn, der Kreuzfahrtweg von Emden durch das Moormerland über Leer nach Papenburg. Hier passiert man das kleine Dorf Petkum, von dem die Fähre nach Ditzum ins Rheiderland über die Ems fährt. Oldersum, der nächste Ort Richtung Süden, hat ein Seilereimuseum mit einer Reeperbahn. Am besten erkundigt man sich vorab, wann das Museum zu besichtigen ist.

11 Westoverledingen
Wallfahrten zwischen Ems und Leda

Westoverledingen ist mit Rhauderfehn und Ostrhauderfehn ein Teil des Overledinger Landes, was so viel bedeutet wie »Land über der Leda«. Die Leda begrenzt auch im Norden diese Gemeinde, im Süden grenzt sie an das emsländische Papenburg, das schon nicht mehr zu Ostfriesland gehört.

Durch Westoverledingen am Emsdeich entlang verläuft der Kreuzfahrtweg. Er ist 140 Kilometer lang, startet in Emden und passiert bei Petkum die Ems. Weiter geht es an Ditzum vorbei durch das Rheiderland bis zur Jann-Berghaus-Brücke bei Leer. Hier überquert man wieder die Ems, durch die Altstadt von Leer geht es weiter über die Leda ins Westoverledinger Land. Bei Weener benutzt man die Friesenbrücke, eine für die damalige Zeit technische Meisterleistung. Die komplett genietete Stahlbrücke ist mit 335 Metern eine der längsten Eisenbahnklappbrücken in Deutschland. Neben der Bahnstrecke Leer-Groningen verläuft auch ein Rad- und Fußweg über die Brücke. Die Ems weiter flussaufwärts gelangt man nach einigen Kilometern nach Papenburg. Hier endet der Kreuzfahrtweg nahe der Meyer-Werft in der Dockschleuse.

Mitling-Mark und das Schulmuseum Folmhusen

Südlich der Eisenbahnbrücke bei Weener liegt das Mühlenensemble Mitling-Mark, das aus Mühle, Müllerhaus und der Sammlung »Omas Küche« besteht. Der Standort der Mühle ist schon sehr alt, nach einem Brand wurde sie neu aufgebaut. Hier wird traditionell Brot gebacken, und »Omas Küche«

Mitte: Im Schulmuseum Folmhusen kann man noch lernen wie zu Kaisers Zeiten.
Unten: Die vielen Tiere auf den ostfriesischen Weiden sind bei Kindern sehr beliebt.

Westoverledingen

zeigt über 800 Exponate aus der Küchen- und Mühlengeschichte.

Das Schulmuseum Folmhusen nördlich von Ihrhove sieht mit dem kleinen Glockenturm auf den ersten Blick nicht wie ein Schulgebäude aus. Innen wird die ehemalige Schule aber sichtbar. Die beiden Klassenräume von 1904 sind so ausgestattet, dass hier Unterricht wie vor 100 Jahren stattfindet. »Gerade sitzen, Ohren spitzen«, heißt es, was auch das Motto einer Dauerausstellung ist. Eine Unterrichtsstunde aus der Nachkriegszeit, eine Schulspeisung und Sonderveranstaltungen ergänzen das Museumsangebot. Nebenan im Gulfhaus ist ein Klassenraum aus der Zeit um 1800 zu besichtigen. Von hier aus geht es direkt in die Lehrerwohnung mit *Updrögt Bohnen* an der Decke, zum Trocknen aufgereiht auf einer Schnur, ein traditionelles ostfriesisches Wintergericht. Mit dem Schulmuseum will man nicht nur die Erinnerung an die eigene Schulzeit wecken, sondern sich auch kritisch mit der Schule von gestern auseinandersetzen.

Südostfriesische Wallfahrten

Es lässt sich schnell aufklären, was hinter dem zunächst etwas klerikal erscheinenden Begriff steht. Wallhecken heißen in Ostfriesland kurz »Wall« und durchziehen die Region mit einem dichten Netz. Die Wälle sind künstlich aufgeworfene Erdwälle, die mit Hecken bepflanzt wurden. Das freilaufende Vieh wurde so von den Ackerflächen fern gehalten, die Wallhecken markierten außerdem Grenzen, lieferten Holz und schützten vor Wind. Sie sind ökologisch wertvoll, sind sie doch Lebensraum für viele Kleinsäuger, Vögel und Wildblumen. In Westoverledingen gibt es eine ausgezeichnete Wallheckenroute, die Tourist-Information hat dazu die genaue Beschreibung.

Infos und Adressen

SEHENSWÜRDIGKEITEN
Mühle Mitling-Mark. April–Okt. Fr, So 14.30–17.30 Uhr, Gruppen- und Mühlenführung nach Vereinbarung. Erw. 1,50 €, Kinder 0,50 €. Marker Mühlenweg 2, Tel. 04951/88 72.

Schulmuseum Folmhusen. Mi, Fr, So 15–17 Uhr, 22. Juni–31 Aug. auch Mo–Fr 10–12 Uhr, Dez.–Feb. So 15–17 Uhr, Gruppen nach Vereinbarung, Erw. 2 €, Kinder bis 16 Jahre frei. Leerer Str. 7–9, Tel 04955/49 89, www.ostfriesisches-schulmuseum.de

ESSEN UND TRINKEN
Landgaststätte zur Jümme-Fähre. Deichterrasse. 1. Mai–30. Sept. Di–So 11–22, Okt.–April Di–Fr 18–22, Sa, So 11–22 Uhr. Amdorferstr. 101, Wiltshausen, Tel. 0491/718 66, www.puente-leer.de

ÜBERNACHTEN
Hotel Jacobsbrunnen. Ruhig gelegen. Bahnhofstr. 10, Westoverledingen, Tel 04955/45 45, www.hotel-jacobsbrunnen.de

Hotel Rotbuche. Einfaches Hotel beim Schulmuseum. Leererstr. 10, Folmhusen, Tel. 04955/12 25, www.hotel-rotbuche.de

INFORMATION
Gemeinde Westoverledingen. Mo–Do 8.30–12.30 und 14–17 Uhr, Fr 8.30–12.30 Uhr. Bahnhofstr. 18, Westoverledingen, Tel. 04955/93 30, www.westoverledingen.de

Pünte-Fähre. Mai–Okt. Mi–So, PKW 3 €, Fahrrad 1 €, Erw. 0,50 €.

12 Rhauderfehn
Kanäle und Klappbrücken

Rhauderfehn war vor 250 Jahren noch eine Moorlandschaft. Unter enormer Anstrengung wurden Fehne angelegt, die das morastige und unfruchtbare Ödland entwässerten. Heute liegen hier typische Dörfer eines ostfriesischen Fehngebiets. Lange Kanäle führen schnurstracks in das Land hinein, daneben parallel verlaufende Straßen mit schmucken Häusern – ein ideales Revier für Paddler und Radfahrer.

Das Konzept der Gründer von Rhauderfehn, fünf Kaufleuten, war genial: Es wurden Stichkanäle gegraben, die zum einen das Moor entwässerten und das Land nutzbar machten, zum anderen wurde mit den Stichkanälen eine Verbindung zu den schiffbaren Wasserstraßen geschaffen. Dadurch hatten die Rhauderfehner eine Verbindung zum Meer hergestellt. Während die ersten Fehntjer noch in erbärmlicher Armut lebten, begann im 19. Jahrhundert der Handel mit Torf, der an die ostfriesische Küste per Tjalk transportiert wurde. Die Schiffe kamen mit Baustoffen und dem wichtigen Dünger für die kargen Moorböden zurück. Die Kanäle, oder Wieken, wie die großen Kanäle auch heißen, waren damit zu wichtigen Lebensadern für die langgezogenen Fehndörfer geworden.

Heute ist nur schwer vorstellbar, dass hier im südlichen Ostfriesland einmal viele Kapitäne wohnten, die mit ihren eigenen Schiffen gen Nordsee fuhren. Die Schifffahrt war jedoch für viele Moorkolonialisten lebensnotwendig, da die kleinen Siedlungsflächen im Moor landwirtschaftlich meistens nicht viel Ertrag brachten und eine Familie kaum ernährten.

Mitte: Eine Ziehbrücke überspannt die Leda in der Nähe von Potshausen.
Unten: In Rhauderfehn kann man auf dem Idasee Wasserski fahren.

Mühlen, Schiffe und Museen

Nahe der imposanten Kirche von Rhauderfehn, deren 52 Meter hoher Turm weithin sichtbar ist, liegt das Fehn- und Schiffahrtsmuseum. In der alten Jugendstilvilla »Graepel« ist vieles aus der Vergangenheit der Fehnkultur, der Schifffahrt und des Handels untergebracht. Am Steuerrad eines Großseglers kann man nacherleben, wie aus den Moorkolonisten Seeleute und Schiffseigner wurden. Im hinteren Teil ist eine alte Schmiede untergebracht, an Aktionstagen wird dort noch wie früher mit Amboss und Hammer gearbeitet.

Vor dem Museum ruht in einer Wieke die schöne Tjalk »Engelina«. Diese holländischen Schiffstypen waren speziell für die Kanäle und das Wattenmeer konstruiert, da sie einen sehr geringen Tiefgang haben. Auffällig sind die großen Seitenschwerter, die Takelung bestand aus mehreren Segeln. Wer einmal an Bord einer Tjalk mitsegeln möchte, ist auf der »Ebenhaezer« willkommen. Hier darf man selbst die Segel hissen, steuern, navigieren oder auch einfach entspannen. Die Gemeinde Rhauderfehn hat mit der »Einigkeit« eine Barkasse erworben, auf der man die Kühe vom Wasser aus beobachten kann. Sie schippert über die Leda, Jümme und Ems bis nach Emden, Ditzum oder Weener. Infos dazu gibt die Tourist-Information.

Drei emsige Mühlenvereine sorgen in Rhauderfehn dafür, dass die stattlichen Holländerwindmühlen erhalten und in Betrieb bleiben. Die Mühlen in Rhaude, Burlage und Hahnentange waren teilweise durch Brände stark beschädigt oder fielen dem allgemeinen Mühlensterben Mitte des letzten Jahrhunderts zum Opfer. Heute sind sie richtige Schmuckstücke Rhauderfehns und auch touristisch von Bedeutung. An Aktionstagen kann man hier Mehl mahlen oder sein eigenes Brot backen.

Infos und Adressen

SEHENSWÜRDIGKEITEN
Fehn- und Schiffahrtsmuseum. März–Dez. Mi–So 10–17 Uhr, ab Mai–Sept. auch Di, Jan. und Feb. geschl. Teestube So 14.30–17 Uhr. Rajen 5, Tel. 04952/90 32 80, www.fehn-schiffahrtsmuseum.de

ESSEN UND TRINKEN
Verlaatshus. Hier wird saisonale Küche serviert, im Winter kommt Deftiges auf den Tisch. Mo, Mi–Sa 11–14 und 18–22 Uhr, So 12–14 und 18–22 Uhr. Am Deich 1, Tel. 04952/12 66, www.verlaatshus-rhauderfehn.de

ÜBERNACHTEN
Holter Storkenhus. Radwanderer finden in den Ferienwohnungen einen modernen Standard vor, ein abschließbarer Fahrradraum ist vorhanden. Potshauserstr. 13 B, Tel. 04952/89 52 15, www.storkenhus.de

Hotel Wester Fehn. Zimmer teilweise mit Blick auf den Fehnkanal. Im Restaurant stehen neben dem Fehntjer Grillteller auch Tapas auf der Speisekarte. Untenende 44, Tel. 04952/95 23 20, www.wester-fehn.de

INFORMATION
Rhauderfehn-Information. Mo, Di, Mi 8–17 Uhr, Do 8–18 Uhr, Fr 8–13 Uhr, Sa 10–12 Uhr, 1. Südwieke 2a, Tel. 04952/90 32 30, www.rhauderfehn-tourismus.de

Tourist-Information Ostrhauderfehn. Mo–Fr 8–12 Uhr, Mo 14–17 Uhr, Di 14–16 Uhr, Do 14–16 Uhr. Hauptstr. 117, Tel. 04952/80 50, www.ostrhauderfehn.de

Vor dem Fehn- und Schifffahrtsmuseum hat das alte Plattbodenschiff »Engelina« seinen endgültigen Ankerplatz gefunden.

13 Uplengen und Saterland
Ruhe und Abgeschiedenheit

Wer von Osten über die A 28 nach Ostfriesland kommt, der erreicht als erstes die Gemeinde Uplengen, hinter der sich Hesel und das Jümme-Gebiet erstrecken. Eine typisch ostfriesische Landschaft mit Wasser, Moor, Wallhecken und Wald. Nicht weit davon entfernt befindet sich das Saterland. Aufgrund der abgeschiedenen Lage war es lange isoliert und nur per Schiff erreichbar. Dadurch hat sich hier eine eigene Sprache entwickelt.

Beim ostfriesischen Platt lassen sich manchmal noch einige Brocken verstehen, beim Saterfriesischen kann man nur passen. Ableitungen zu anderen Sprachen sind, ähnlich dem Nordfriesischen, kaum möglich. Gut sichtbar sind die Ortsschilder hier zweisprachig in hochdeutsch und saterfriesisch gehalten. Doch nur noch wenige Saterländer beherrschen diese Sprache. Das Saterland zählt zu den kleinsten Sprachinseln in Europa. Mittlerweile wird die saterfriesische Sprache als Minderheitensprache wieder gefördert, ist sogar als Amtssprache zugelassen und die Schulkinder können Saterfriesisch in der Schule lernen.

Jümme und Hesel

Nördlich vom Saterland liegt das Jümme-Gebiet, genauer gesagt der Jümmiger Hammrich. In dem sogenannten Zweistromland, es ist das Gebiet zwischen den Flüssen Leda und Jümme, kann man die schmalste Autobrücke Europas bei Amdorf passieren. Sie ist nur 2,5 Meter breit, die Fahrspur nur 1,85 Meter, d.h. man muss seinen Pkw schon

Mitte: Das Stapeler Moor in Uplengen scheint sich endlos dem Horizont entgegenzustrecken.
Unten: Der alte Burgturm in Stickhausen an der Jümme ragt zwischen den Bäumen hervor.

Uplengen und Saterland

sehr zielgerichtet über die Brücke lenken. Nördlich vom Jümme-Gebiet schließt sich die Gemeinde Hesel an. Zentral in Ostfriesland gelegen, treffen hier viele Straßen zusammen. Und um Hesel liegen Waldgebiete, die es sonst in Ostfriesland doch seltener gibt. Im Heseler Wald stehen die Reste des Klosters Barthe nahe dem Silbersee, die Mühle Holtland als prachtvoller dreistöckiger Galeriehol-länder und eine Kurbelpünt über das Holtlander Ehetief. Der Ausruf *Fuhrmann hol röver!* bringt hier nichts, man muss schon mit eigener Muskelkraft die Fähre bewegen.

Uplengen im Osten Ostfrieslands

Wer von Bremen nach Ostfriesland fährt, passiert zunächst die Gemeinde Uplengen, die von Mooren und Kanälen geprägt ist. Hauptort von Uplengen ist Remels, eine Kleinstadt, deren Mittelpunkt die St.-Martins-Kirche (12. Jh.) bildet. Findlinge im Mauerwerk zeugen auf das Alter der Kirche, in der auch regelmäßig der Musikalische Sommer, eine Konzertreise durch Ostfriesland, stattfindet. Ganz im Nordosten Uplengens liegt das Stapeler Moor mit dem Lengener Meer, einem der größten Hochmoorseen Deutschlands. Auf einem 1,6 Kilometer langen Rundweg, eine Nachbildung eines uralten Bohlenwegs, wie er schon vor tausend Jahren durch das Moor führte, erhält der Besucher einen Eindruck davon, wie damals das unwegsame Moor durchquert wurde. Auf dem Moorerlebnispfad erläutern viele Infotafeln die Stationen und Besonderheiten des Naturschutzgebiets. Am Nordrand des Meeres steht ein Aussichtsturm, von dem man einen ausgezeichneten Rundblick über das Naturschutzgebiet hat. Der Moorerlebnispfad liegt an mehreren Radrouten, von daher empfiehlt es sich, hier eine Pause zu machen. Geführte Moortouren und Fotoexkursionen werden über die Tourist-Information Uplengen angeboten.

Infos und Adressen

SEHENSWÜRDIGKEITEN

Mühle Holtland. Mühlenbesichtigung Mai–Sept. So. 14–17 Uhr. Mühlenstr. 15, Holtland, Tel. 04950/37 97.

ESSEN UND TRINKEN

Ostfriesischer Fehnhof. Alter Landgasthof mit ostfriesischer Küche. Die Menüangebote hängen von den Jahreszeiten ab. Mi, Do, Fr ab 17.30 Uhr, Sa, So ab 11 Uhr, Mo und Di nur für Gruppen. Südgeorgsfehner Str. 85, Uplengen-Südgeorgsfehn, Tel. 04489/27 79, www.fehnhof.de

ÜBERNACHTEN

Uplengener Hof. Familiär geführtes Hotel im Herzen von Remels an der Fehnroute. Ostertorstr. 57, Remels, Tel. 04956/12 25, www.uplengener-hof.de

VERANSTALTUNGEN

Sommerfest auf Gut Stikelkamp. Auf einer Waldlichtung bei Gut Stikelkamp feiern mehrere Gemeinden ihr Sommerfest mit Musik und einer Kindervolkstanzgruppe. Eintritt frei. Gut Stikelkamp, Gutsweg 1, Neukamperfehn, Tel. 04950/93 70 80.

INFORMATION

Tourist Information Uplengen. Mo–Fr 8.30–12.30 Uhr, Mo–Mi 14–16 Uhr, Do 14–17.30 Uhr, Alter Postweg 109, Uplengen-Remels, Tel. 04956/91 21 77, www.uplengen.de

Tourist-Information Barßel-Saterland. Hauptstr. 507, Saterland-Ramsloh, Tel. 04498/94 01 15, www.barssel-saterland.de

EMDEN UND UMZU

14 Emden
Lebendige Seehafenstadt

Rund um den Ratsdelft, den historischen Hafen, gibt sich Emden maritim. Sonst punktet Ostfrieslands Wirtschaftsmetropole vor allem mit interessanten Museen wie dem Ostfriesischen Landesmuseum und der Kunsthalle mit bedeutenden Werken der Moderne. Auch Außergewöhnliches ist zu finden: ein Museum in einem Bunker und eine der größten deutschen Sammlungen von Ritterrüstungen.

Die größte Stadt im eigentlichen Ostfriesland hat 51 500 Einwohner und ist zugleich Deutschlands westlichste Hafenstadt. Sie liegt am Nordrand der Dollart genannten Bucht, am Ufer der Emsmündung, nur noch wenige Kilometer von den Niederlanden entfernt. Schon um 800 gegründet wird der Ort 1224 erstmals als Herkunftsort eines Handelsschiffs im Hafen von London erwähnt. Der Hanse, dem großen Handelsbündnis des Mittelalters, gehörte Emden nie an. Stattdessen bot man hier Seeräubern Unterschlupf und zog so den Zorn der Hanse auf sich, deren Truppen die Stadt mehrfach besetzten. Die Nähe zu den Niederlanden machte sich im späten 16. Jahrhundert bezahlt, als viele Niederländer von den Spaniern vertrieben wurden, sich in Emden niederließen und von hier aus ihre guten Geschäfte weiter betrieben. Die Stadt blühte auf. Sie brachten auch ihre Konfession mit, den Calvinismus, der Emden jahrzehntelang den Ruf eines »Genf des Nordens« eintrug.

Landesgeschichte gut präsentiert

Im Ostfriesischen Landesmuseum am Ratsdelft, dem historischen Rathaus der Stadt, wird Em-

S. 108/109: Die Zwillingsmühlen bilden das unumstrittene Wahrzeichen von Greetsiel.
Mitte: Die Häfen sind Emdens höchstes Wirtschaftsgut.
Unten: Seit 1913 steht der kleine Leuchtturm auf der Westmole des Emder Außenhafens.

Überwiegend Museumshafen: der Ratsdelft

dens bewegte Geschichte anschaulich und mit modernen Mitteln dargestellt. In der zweiten Etage zeigt ein Modell das Erscheinungsbild der Stadt um 1650. Ein Deichdiorama illustriert die Entwicklung des Deichbaus vom frühen Mittelalter bis heute, auch die Anlage von Wurten wird verständlich erklärt. Spektakulärer Höhepunkt in der Abteilung »Frühes Leben an der Küste« in der ersten Etage ist eine Moorleiche aus dem 8. Jahrhundert. Neben Skelett und Haaren blieben auch Kleidungsreste, ein Lederriemen und eine lederne Messerscheide erhalten. Im Münzkabinett sind die Objekte, darunter auch in Emden geprägte Münzen, von allen Seiten zu betrachten. Die Silberkammer präsentiert Meisterwerke Emder Gold- und Silberschmiedekunst aus vergangenen Zeiten. Vom Reichtum Emder Bürger im 16. und 17. Jahrhundert zeugen aus den Niederlanden importierte, bemalte Kacheln und chinesisches Porzellan. Schöne Beispiele mittelalterlicher Kunst in Ostfriesland sind romanische Taufbecken. Die Kunst der Gegenwart ist in Wechselausstellungen im dritten Obergeschoss präsent. Schon seit 1582 befindet sich die Emder Rüstkammer unter dem Dach des Gebäudes. Zahlreiche Rüstungen und Waffen des 16. und 17. Jahrhun-

Nicht verpassen

KINO TOTAL

Beim Internationalen Filmfest Emden, das 2017 zum 28. Mal ausgetragen und wie immer von der Volkshochschule Emden veranstaltet wurde, stehen im Mai oder Juni acht Tage lang über 100 Kurz- und Langfilme aus aller Welt auf dem Programm. Schwerpunkte sind der deutsche, der britische und der irische Film. Auch für Kinder wird hier Kino gemacht. Die Streifen laufen auf sieben verschiedenen Leinwänden, manche auch auf der Insel Norderney. Wer einen Preis gewinnt, bestimmt das Publikum. Auch ein Schauspielpreis wird vergeben, 2017 erhielt ihn Ulrich Tukur. Publikumsnähe ist ein Erfolgsrezept des Festivals. Filmemacher und Stars kann man im »Grand Café« am Stadtgarten und im Ostfriesischen Landesmuseum hautnah erleben.

Filmfest Emden. Büro: Tel. 074921/915 50, www.filmfest-emden.de

Die Matjestage sind ein alljährliches Großereignis.

Einfach gut !

MATJES IN VIELEN VARIATIONEN

Matjes gibt es in Emden überall. Der *Maatjesharing* (jungfräulicher Hering) ist eine holländische Erfindung. Verwendet werden nur zwischen Mai und Juli gefangene Fische, die noch keine Rogen oder Milch ausgebildet haben. Fünf bis sieben Tage ruhen sie in einer milden Salzlake und werden seit den 1970er-Jahren zusätzlich bei etwa -45°C schockgefroren, um Nematoden, eine Fadenwurmart, abzutöten. Matjes gilt als gesund, weil er trotz hohem Fettgehalt von 12 bis 28 Prozent vor allem ungesättigte Fettsäuren bietet. Es gibt ihn pur, aber auch mit Schmandsauce oder Speckstippe, mit Zwiebeln, Kräutern, Curry, Rotwein, Sherry oder Senf und Honig, leicht geräuchert oder als »Graved Matjes« nach skandinavischer Art.

Fisch-Feinkost Klaassen. Mo–Fr 8–18, Sa 8–13 Uhr, Auricher Str. 38a, Tel. 04921/422 92, www.emder-fisch-feinkost.de

derts sind hier zu sehen. Abschließend sollte man von der Rüstkammer aus noch auf den Turm hinaufsteigen, von dem aus ein weiter Blick über die Stadt mit ihren Häfen, der Dollart, Emsmündung sowie Krummhörn möglich ist.

Rund um den Ratsdelft

Vom Rathausturm erklingt seit dem Jahr 2000 tagsüber alle zwei Stunden das Emder Glockenspiel, das man am besten vernimmt, wenn man vor dem Ostfriesischen Landesmuseum auf dem Kai des Ratsdelfts steht. Auf dem Wasser schaukeln die Emder Museumsschiffe (s. S. 120) vor sich hin und am inneren Ende des Hafenbeckens warten im Sommerhalbjahr Boote und Schiffe für Kanal- und Hafenrundfahrten auf Gäste. Dahinter bildet der kleine Stadtgarten, der kaum mehr als eine bescheidene Grünanlage ist, mit seinen Cafés den sozialen Mittelpunkt der Emder.

Am Ratsdelft steht auch das Otto Huus, mit dem sich der in Emden geborene Komiker Otto Waalkes (*1948) selbst ein Denkmal gesetzt hat. Sein ebenfalls aus Emden stammender Kollege Karl Dall (*1941) hat das versäumt. Neben Ottifanten in allerlei Variationen, Requisiten und Standfotos

Die Highlights

Viele Sehenswürdigkeiten lassen sich in Emden gut per pedes erkunden. Für diesen Rundgang mit all seinen Museen sollte man einen ganzen Nachmittag einplanen.

Ⓐ Ratsdelft – Rund um den historischen Hafen der Stadt mit seinen Museumsschiffen ist Emden am schönsten.

Ⓑ Ostfriesisches Landesmuseum und Emder Rüstkammer – Von der Moorleiche bis zu Ritterrüstungen reicht das Spektrum der Sammlung, die sich mit Kunst und Geschichte Ostfrieslands befasst.

Ⓒ Glockenspiel – Am Rathausturm erklingen seit dem Jahr 2000 tagsüber alle zwei Stunden 23 Glocken, gestimmt in G-Dur.

Ⓓ Dat Otto Huus – Mit der amüsanten Ausstellung hat sich der ostfriesische Blödelbarde selbst ein Denkmal gesetzt.

Ⓔ Bunkermuseum – Das einzigartige Museum erinnert an die nationalsozialistische Zeit, die Kriegsjahre und den Wiederaufbau in Emden.

Ⓕ Pelzerhäuser – In den beiden einzigen Emder Häusern aus der Zeit der Renaissance finden heute Ausstellungen zeitgenössischer Kunst statt.

Ⓖ Johannes a Lasco Bibliothek – Die insgesamt 150 000 Bände umfassende Bibliothek, die schon seit 1559 besteht und nach dem wichtigen Reformator benannt wurde, ist heute in den Ruinen der 1943 durch Bomben zerstörten Großen Kirche untergebracht.

Ⓗ Emder Kunsthalle – Nordwestdeutschlands bedeutendstes Kunstmuseum präsentiert die Kunst der Moderne.

Die Kirche im Stadtteil Larrelt stammt aus dem 15. Jahrhundert.

aus seinen Filmen sind hier auch Jugendfotos des ostfriesischen Stars zu sehen; im Museumsladen kann man alles rund um Otto kaufen.

Vom Bunker zur Bibliothek

Keineswegs lustig ist die Besichtigung des Emder Bunkermuseums. Man verlässt ihn eher betroffen. In dem 1942 von ausländischen Zwangsarbeitern und Kriegsgefangenen erbauten Bunker mit sieben Innengeschossen fanden mehrere hundert Emder bei Luftalarm Platz. Der Bau ist auf 10 Meter lange Holzpfähle gegründet, die Außenwände sind 1,10 Meter, die Decken 1,40 Meter dick. Im Bunker, der seit 1995 als Museum dient, sind noch die Gasschleuse, das Dienstzimmer des Bunkerwarts und das Arzt- und Krankenzimmer im Kellergeschoss sowie die Küche zu sehen. Ausstellungsthemen sind außer den Luftangriffen und ihren Folgen auch Verfolgung und Widerstand in der NS-Zeit sowie Vertreibung und Suchdienst des DRK in der Nachkriegszeit. Besonders beeindruckend ist eine Ton-Bild-Schau mit mehr als 360 Bildern.

Wieder erfreulicher ist ein anschließender Besuch der nahen Pelzerhäuser. Sie stehen in der Pelzerstraße, benannt nach den im 16. und 17. Jahrhundert hier ansässigen Pelzhändlern. Beide vermitteln mit ihren Fassaden im flämisch-niederländischen Stil einen Eindruck der bei Luftangriffen im Zweiten Weltkrieg nahezu vollständig zerstörten Emder Altstadt, sind aber keine wirklichen Originale mehr. Vom Haus Nr. 12 stammt nur die Fassade aus der Zeit um 1585, dahinter liegt ein Neubau. Haus Nr. 11, ursprünglich um 1570 errichtet, wurde bereits 1909 aus Originalteilen wieder aufgebaut. In beiden Häusern finden heute wechselnde Kunstausstellungen statt, außerdem gibt es hier ein Kulturcafé und ein Trauzimmer.

Oben: Die Pelzerhäuser wurden im 16. und 17. Jahrhundert von Emder Pelzhändlern erbaut.
Mitte: Im Bunkermuseum herrscht eine bedrückende Atmosphäre.
Unten: Graffiti zieren einen Bunker aus dem Zweiten Weltkrieg.

Erst Kirche, jetzt Johannes a Lasco Bibliothek

Bevor es zur Johannes a Lasco Bibliothek
weitergeht, sollte man noch einen kurzen
Abstecher an den Ratsdelft machen und
die Promenade entlang schlendern. Hier präsentiert sich Emdens neues Gesicht mit »Wohnen
am Wasser«. Vom Hafenhaus lässt sich gut das
Treiben auf dem Delft beobachten.

Im Krieg zerstört wurde auch die Große Kirche
in der Emder Altstadt. Nur die Außenmauern
des Chors aus dem 15. Jahrhundert blieben stehen. In ihn hinein erbaute man 1992 bis 1995
die Johannes a Lasco Bibliothek, eine internationale Forschungsinstitution für den reformierten Protestantismus. Im Buchbestand von
150 000 Bänden ging die schon 1559 begründete
Büchersammlung der reformierten Gemeinde
Emden auf, die der aus Polen stammende, zwischen 1540 und 1555 in Emden tätige Reformator
Johannes a Lasco anlegte.

Von der Bibliothek aus sind es dann nur noch
wenige Minuten zu Fuß zur Kunsthalle Emden,
dem international wohl bedeutendsten Museum
der Stadt (s. S. 120).

Nicht verpassen

HAFENRUNDFAHRT

Hafen und Schifffahrt
sind die traditionellen
Standbeine der Emder
Industrie. Wie viele Emder
sie heute ernähren, erfährt man
am besten bei einer Hafenrund-
fahrt. Seit 1964 sind bedeutende
Industriebetriebe hinzugekommen.
Zum Beispiel wird seit jenem Jahr
im VW-Werk im Norden der Stadt
der Passat produziert. Das Werk
darf besichtigt werden. Die für das
Ausland hergestellten Fahrzeuge
rollen im Emder Außenhafen im
Minutentakt in den Bauch riesiger
Transportschiffe; vom Anleger der
Borkum-Fähre kann man dem Betrieb zusehen. Im äußersten Norden des Stadtgebiets, der Knock,
einem Teil des Rysumer Nackens,
wird Erdgas aus Norwegen ange-
landet. Das weitläufige Gelände ist
über den Zaun gut einsehbar.

Tourist-Information. Bahnhofsplatz 11, Tel. 04921/974 00,
www.emden-touristik.de

Infos und Adressen

SEHENSWÜRDIGKEITEN

Bunkermuseum. Mai–Okt. Di–Fr 10–13 und 15–17 Uhr, Holzsägerstr. 6, Tel.04921/322 25, www.bunkermuseum.de

Dat Otto Huus. Oster- bis Weihnachtsferien Mo–Fr 9.30–18 Uhr, Sa 9.30–14 Uhr, Oster- bis Herbstferien auch So 10–16 Uhr, Große Str. 1, Tel. 04921/221 21, www.ottifant.de

Glockenspiel. Tgl. 9, 11, 13, 15, 17 und 19 Uhr, im Rathausturm am Ratsdelft – dem heutigen Museumshafen. Am Delft 8.

Johannes a Lasco Bibliothek. Mo–Fr 14–17 Uhr, April–Okt. auch So. Große Kirche Emden, Kirchstr. 22, Tel. 04921/915 00, www.jalb.de

Ostfriesisches Landesmuseum und Emder Rüstkammer. Di–So 10–18 Uhr, Brückstr. 1, Tel. 04921/87 20 58, www.landesmuseum-emden.de

Pelzerhäuser. Di–So 11–18 Uhr, Pelzerstr. 11 und 12, Tel. 04921/87 20 58, www.landesmuseum-emden.de

VW-Werksbesichtigung. Mo, Mi, Fr 9.45 Uhr, Mo–Fr 13.15 Uhr, Voranmeldung erforderlich, Tel.04921/86 23 90, besucherdienst.emden@volkswagen.de

ESSEN UND TRINKEN

Drei Kronen. Gutbürgerliche Küche, viele Fischgerichte. Do–Di 11–14.30 und ab 17.30 Uhr. Am Brauersgraben 6, Tel. 04921/234 34.

Grand Café Am Stadtgarten. Der Treffpunkt am Stadtgarten, auch für kleine Mahlzeiten. Tgl. ab 9 Uhr, Am Stadtgarten 7–13, Tel. 04921/288 11.

Hafenhaus. Modernes Haus direkt am Hafen, große Terrasse am Wasser. So–Do 9–2 Uhr, Fr, Sa 9–3 Uhr. Promenade am alten Binnenhafen 8, Tel. 04921/889 58 90, www.hafenhaus.com

Nordseewelle. Fischgeschäft mit Restauration, große Auswahl zu günstigen Preisen. Zwischen Beiden Märkten 1, Tel. 04921/290 60.

ÜBERNACHTEN

Delfthalle. Einfaches Traditionshaus im Zentrum zwischen Stadtgarten und Ratsdelft. Große Str. 2, Tel. 04921/972 20, www.hotel-delfthalle.de

Faldernpoort. Modernes Haus mit Spa und eigenem Fischrestaurant. Courbièrestr. 6, Tel. 04921/975 20, www.faldernpoort.de

Gazelle. Modernes, besonders gut auf Radwanderer eingestelltes Haus mit Fahrradverleih und -werkstatt. Courbièrestr. 9, Tel. 04921/975 20, www.faldernpoort.de

Die De-Vrouw-Johanna-Mühle

Goldener Adler. Zentrale Lage direkt am Ratsdelft. Neutorstr. 5, Tel. 04921/927 30,
www.goldener-adler-emden.de

Upstalsboom Parkhotel. Bestes Haus
am Platz. Friedrich-Ebert-Str. 73–75,
Tel. 04921/82 80, www.upstalsboom.de

AUSGEHEN
Neues Theater. Seit 40 Jahren ist das Theater
kulturelle Drehscheibe in und um Emden. Theaterstr. 5, Tel. 04921/87 12 64, www.emden.de

EINKAUFEN
Dollart Center. Größtes Einkaufszentrum Ost-
frieslands.Thüringer Str. 9, www.doc-emden.de

Info-Pavillon am Stadtgarten. Emder Souvenirs im Büro der Tourist-Information.

Kunstgalerie am Rathaus. Werke regionaler
und überregionaler Künstler. Große Str. 43,
Tel. 04921/261 64,
www.kunstgalerie-amrathaus.de

**Kunstladen im Ostfriesischen Landes-
museum.** Der Museumsshop bietet die beste
Auswahl an regionaltypischen Kulinaria und
ostfriesischem Kunsthandwerk.

Nordseewelle. Beste Adresse für den Einkauf
von Matjes in vielerlei Variationen. Zwischen
Beiden Märkten 1, Tel. 04921/290 60.

VERANSTALTUNGEN
Bluesnacht. An einem Abend treten mehr als
zehn Jazz-Bands in Lokalen in der Innenstadt
auf. Ende Okt./Anf. Nov.

Emden à la carte. Im Stadtgarten werden zahlreiche regionale und internationale Leckereien
zu günstigen Preisen angeboten. An einem
Wochenende im Aug.

Emder Matjestage. Hier dreht sich am Ratsdelft alles um den neuen Matjes, dazu gibt es
viel Musik, Shantychöre und auswärtige Traditi-
onsschiffe. Ende Mai/Anf. Juni.

Der Komiker Otto Waalkes ist längst Kult.

Maimarkt im Stadtgarten. Karussells und
Buden rund um den Maibaum. 27. April–1. Mai.

Schützenfest. Mit Schützenumzug, Jahrmarkt,
Umzug und Feuerwerk. Mitte Sept.

AKTIVITÄTEN
Bootsverleih am Wasserturm. Kanus, Kajaks
und Tretboote für Fahrten über die Kanäle.
Außer dem Beckhofstor, Tel. 0170/442 23 10,
www.bootsverleih-emden.de

Friesentherme. Sauna-, Wellness- und Bade-
paradies. Baden Mo 10–15, Di–So 10–21Uhr,
Theaterstr. 2, Tel. 04921/39 60 00,
www.friesentherme-emden.de

Paddel- & Pedal-Station. Verleih von Kanus,
Kajaks und Bikes. Am Marienwehrster Zwin-
ger 13, Tel. 0160/369 27 39, www.ag-ems.de

INFORMATION
Tourist-Information. Informationsbüro auch
zu Stadtführungen im Pavillon am Stadtgarten.
Bahnhofsplatz 11, Tel. 04921/974 00,
www.emden-touristik.de

Aktuelle Veranstaltungen.
www.kuckuck-emden.de

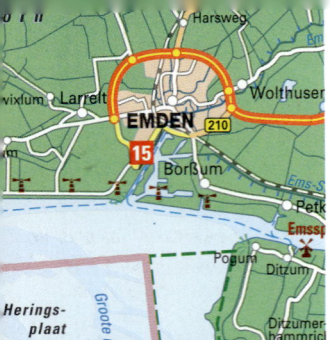

15 Emder Museumsschiffe
Ausgedient und neu eingesetzt

Nur die wenigsten Schiffe auf den Weltmeeren sind telegene Traumschiffe. Auf den meisten von ihnen prägt harte, oft monotone und manchmal gefährliche Arbeit den Alltag der Seeleute. Dieser Alltag steht im Vordergrund der Ausstellungen an Bord der drei Museumsschiffe, die so fotogen im Emder Ratsdelft liegen. Einst waren sie auf der Nordsee aktiv. Heute sorgen engagierte Bürger aus Emden und »umzu« für ihren kostspieligen Erhalt.

Blickfang im Ratsdelft ist das knallrote Feuerschiff »Amrumbank«. Landratten werfen die Begriffe Feuerschiff und Feuerlöschboot manchmal durcheinander. Zur Klarstellung: Feuerlöschboote kommen zum Einsatz, wenn das Unglück bereits eingetreten ist und es irgendwo an Bord brennt. Feuerschiffe hingegen sollen Unglücke verhindern und liegen als Seezeichen an den vielbefahrenen Wasserstraßen der Welt. Die »Amrumbank« hat diesen Dienst nach ihrer Fertigstellung 1917 auf verschiedenen Positionen ausgeübt: erst auf der Jade, dann vor der schleswig-holsteinischen Küste, schließlich bis 1983 vor der Elbmündung in der Deutschen Bucht. 1983 kam sie in Emden an und wurde zum Museumsschiff samt Restaurant umgestaltet. Während ihrer Dienstzeit als Feuerschiff hatte sie stets zwölf Mann Besatzung für jeweils mindestens 14 Tage an Bord. Wie unbequem das Leben auf dem Schiff war, zeigt ein Rundgang.

Die berühmten Museumsschiffe bilden mit dem Rathaus am Ratsdelft ein tolles Fotomotiv.

Warten auf das nächste SOS

Im Gegensatz zu Feuerschiffen waren und sind die Seenotrettungskreuzer der in Bremen ansässigen

Emder Museumsschiffe

Deutschen Gesellschaft zur Rettung Schiffbrüchiger (DGzRS) selten am gleichen Ort auf See. Von einem festen Heimathafen aus operieren sie und helfen Freizeitskippern und Surfern ebenso wie in Not geratenen Besatzungen von Containerriesen und Ölplattformen. Zwischen der Emsmündung und der Grenze zu Polen unterhält die DGzRS zurzeit 54 Stationen mit 60 modernen Seenotrettungskreuzern und kleineren Booten. 180 Mitarbeiter sind festangestellt, über 800 leisten freiwillig Dienst. Die DGzRS finanziert sich nur durch Spenden – ihre Sammelbüchsen in Bootsform stehen in Ostfriesland in fast jedem Café und Restaurant, in Kneipen, Hotels und Supermärkten.

Der jetzt im Ratsdelft liegende, fast 27 Meter lange und einst 19 Knoten schnelle Seenotrettungskreuzer »Georg Breusing« war von 1963 bis 1988 im Hafen von Borkum stationiert. In dieser Zeit rettete er über 1600 Menschen. Die Buchstaben SAR am Bug sind übrigens die Abkürzung für *Search and Rescue* (Suche und Rettung). Sie kennzeichnen international Fahr- und Flugzeuge, die in staatlichem Auftrag für Such- und Rettungsdienste in Notfällen zuständig sind.

Der Veteran im Ratsdelft

Sehr unauffällig dümpelt der einstige Heringslogger »AE 7« vor sich hin. Das älteste der Museumsschiffe, ganz aus Holz, wurde 1908 auf einer Werft im niederländischen Scheveningen erbaut und fuhr bis 1950 nur unter Segeln. Nach der Heringsfischerei wurde es als Frachtsegler in der norwegischen Küstenschifffahrt eingesetzt. 1977 wurde es stillgelegt. 1988/89 wurde »AE 7« von einem Emder Museumsverein außen und innen in seinen originalen Zustand zurückversetzt, um an die Hochzeiten der Emder Heringsfischerei zwischen dem Ersten Weltkrieg und 1972 zu erinnern.

Infos und Adressen

SEHENSWÜRDIGKEITEN

Heringslogger AE 7 der Stadt Emden. Tgl. 8–19 Uhr, www.emder-heringslogger.de

Museumsfeuerschiff Amrumbank. Oster- bis Herbstferien Mo–Fr 11–16 Uhr, Sa, So 11–13 Uhr, Juli/Aug. bis 17 bzw. 15 Uhr, Ratsdelft, Tel. 04921/23 285, www.amrumbank.de

Seenotrettungskreuzer »Georg Breusing«. April–Anfang Nov. tgl. 11–13 und 15–17 Uhr, im Juli/Aug. länger, Ratsdelft, Tel. 04921/205 41, www.georg-breusing.de

ESSEN UND TRINKEN

Feuerschiff. Maritimes Restaurant in der ehemaligen Schiffsmesse Tel. 04921/999 65 00, www.amrumbank.de

AKTIVITÄTEN

Hafenrundfahrten. Oster- bis Herbstferien tgl. 12, 13, 14, 15 und 16 Uhr, Dauer ca. 1 Std., ab Ratsdelft. Tickets am Info-Pavillon am Stadtgarten und direkt an Bord, Tel.04921/974 00, www.emden-touristik.de

Kanal- und Grachtenfahrten. Oster- bis Herbstferien Di, Do, Sa 12 und 14 Uhr, Fr und So 12 Uhr, Dauer ca. 105 Min., ab Ratsdelft. Tickets am Info-Pavillon am Stadtgarten und direkt an Bord, Tel. 04921/ 974 00.

INFORMATION

Spendenkonto. Deutsche Gesellschaft zur Rettung Schiffbrüchiger (DGzRS). Sparkasse Bremen, IBAN DE36 2905 0101 0001 0720 16.

16 Kunsthalle Emden
Ein Zuhause für moderne Kunst

Die Kunsthalle Emden ist eins der bedeutendsten deutschen Museen für moderne Kunst. Seine Gründung im Jahr 1986 verdankt Emden dem langjährigen Chefredakteur des »Stern«, dem in Emden geborenen Henri Nannen (1913–1996). Neben einer Auswahl von Werken aus der eigenen Sammlung zeigt es alljährlich mehrere Sonderausstellungen, die Kunstinteressierte aus ganz Europa anlocken.

Das Museum liegt am Rand der Innenstadt, fünf Minuten vom Delft entfernt. Alter Graben und Hinter Tief verleihen dem Ort typisch ostfriesisches Flair. Aus der Innenstadt kommend, betritt man das Museum durch eine kleine Gartenanlage, in der Bronzeskulpturen stehen, die (anders als die Werke im Museum) fotografiert werden dürfen. Besonders markant sind drei ganz unterschiedliche Frauenfiguren: *Maja* von Gerhard Marcks (1899–1981), *Myrra* von Gerhart Schreiter (1909–1974) und *Artistin* von Gustav Seitz (1906–1969).

Der unspektakuläre Museumsbau passt sich hervorragend in seine Umgebung ein. Die Kosten für den ursprünglichen Museumsbau trug Nannen mit Unterstützung zahlreicher kleinerer Spender und Förderer und mit tatkräftiger Unterstützung seiner ebenfalls aus Emden stammenden Ehefrau Eske Nannen (*1942). Architekten des Museums und der 2000 erfolgten Erweiterung waren Friedrich und Ingeborg Spengelin aus Hannover, die auch an der Modernisierung 2006 maßgeblich beteiligt waren. Neben der Kunsthalle steht die Malschule, die auch das Museums-Bistro beherbergt.

Mitte: An der Kunsthalle kann man auch mit dem Boot anlegen. Zu Fuß ist sie nur fünf Minuten vom Ratsdelft entfernt.
Unten: Die Kunsthalle beherbergt viele Sonderausstellungen. Auch die Dauerausstellung wird häufig leicht verändert.

Kunsthalle Emden

Vom Expressionismus bis zur Gegenwartskunst

Den Grundstock der ständigen Ausstellung bildet eine Sammlung der klassischen Moderne, die Henri Nannen einst erwarb. Die finanziellen Mittel dafür verschaffte dem Polizistensohn das von ihm 1948 gegründete Magazin Stern, dessen Chefredakteur er 33 Jahre lang blieb. Nannen sammelte nicht nur, was ihm gefiel, sondern auch, was ihn provozierte. 1997 wurde seine Sammlung durch eine großzügige Schenkung des in Witten an der Ruhr geborenen Galeristen Otto van de Loo (*1924) maßgeblich erweitert. Der Bestand ist so groß, dass nie alle Werke gleichzeitig zu sehen sind. Gezeigt werden kann immer nur eine sich stetig verändernde Auswahl. Viele Werke sind häufig auf Reisen, werden an Ausstellungen in aller Welt verliehen. Jeder Museumsbesucher erhält gleich neben der Kasse kostenlos einen Audioguide, über den man umfangreiche Informationen zu vielen der ausgestellten Exponate – auch der Sonderausstellungen – erhält.

Zu Nannens Sammelschwerpunkten gehörten die Künstlergemeinschaften »Die Brücke« (etwa Ernst Ludwig Kirchner, Max Hermann Pechstein) und »Der Blaue Reiter« (u. a. Wassily Kandinsky, Franz Marc). Die Stilrichtung der Neuen Sachlichkeit ist u.a. durch Werke von Otto Dix und Käthe Kollwitz vertreten, für die des Magischen Realismus stehen Werke von Franz Radziwill, für die der Neuen Wilden Georg Baselitz und Jörg Immendorf. Gut vertreten sind auch russische Künstler aus der Glasnost-Zeit. Otto van de Loo brachte vor allem Werke der 1948 in Paris gegründeten Künstlergruppe »CoBrA« und der 1957 in München ins Leben gerufenen Künstlergruppe »Spur« ein. Zu den Neuerwerbungen von Gegenwartskunst gehören Fotografien und Video-Installationen.

Infos und Adressen

SEHENSWÜRDIGKEITEN
Kunsthalle Emden. Neben der Sammlung Henri Nannen gibt es jährlich mehrmals wechselnde Ausstellungen in der Kunsthalle. Di–Fr 10–17 Uhr, Sa, So 11–17 Uhr, jeden 1. Di im Monat 10–21 Uhr. Hinter dem Rahmen 13, Tel. 04921/97 50 50, www.kunsthalle-emden.de

ESSEN UND TRINKEN
Café Henri's. Direkt an der Kunsthalle gelegen und ausgestattet mit Wintergarten und Sonnenterrasse am Emder Stadtgraben. Viele Frühstücksvarianten, Pannfisch aus Knurrhahn, ostfriesische Spezialitäten wie Himmel & Erde oder Steckrübenstampf, täglich wechselnder Eintopf. Tgl. ab 9 Uhr. Hinter dem Rahmen 5a, Tel.04921/ 45 00 41, www.henri-s.com

EINKAUFEN
Museumsshop. Kunstbücher, Spiele und Plüschtiere, vielerlei kleine, künstlerisch gestaltete Objekte auch für den täglichen Gebrauch. Gleich links hinter dem Eingang zur Kunsthalle.

AKTIVITÄTEN
Öffentliche Führungen. So 11 Uhr für Kinder, 11.30 Uhr für Erwachsene.

Öffentliche Workshops. Zu jeder Sonderausstellung gibt es einmal einen ganztägigen Workshop für alle, die selbst künstlerisch aktiv werden möchten. Voranmeldung erforderlich: Tel. 04921/97 50 70 (Mo–Fr 8–12 Uhr).

17 Krummhörn
Pure Ländlichkeit

Die Krummhörn ist eine weitläufige Gemeinde mit 19 Dörfern, zu denen als Hauptort auch das berühmte Greetsiel gehört. Ländlichkeit prägt das Bild der Region und macht Lust aufs Fahrradfahren. Leuchttürme weisen Schiffen auf der Emsmündung den Weg und bieten einen schönen Blick bis hinüber in die Niederlande. Uralte Kirchen laden zu Besichtigungen ein, auch zwei typisch ostfriesische Häuptlingsburgen blieben erhalten.

Neben dem berühmtem »Otto-Leuchtturm« von Pilsum (s. S. 131) hat die Krummhörn ein zweites Leuchtfeuer zu bieten, das über dreimal so hoch ist: den 65 Meter aufragenden Leuchtturm von Campen. 308 Stufen führen hinauf auf die rotweiße Stahlbeinkonstruktion aus dem Jahr 1892. Wegen seines Aussehens bezeichnet man ihn auch als »Eiffelturm der Nordsee«.

Uralte Burgen und Kirchen

Früher war fast jedes der Wurtendörfer dieser Region Häuptlingssitz und besaß seine eigene Burg. In Groothusen ist es die im Kern um 1490 erbaute und später um zwei Seitenflügel erweiterte Osterburg Groothusen, die sich heute in Privatbesitz befindet. Hinter der Burg erstreckt sich ein Park mit einer langen Lindenallee. In Pewsum hat der Heimatverein in der 1468 erbauten Manningaburg ein schönes Heimatmuseum eingerichtet, das die Entwicklung der ostfriesischen Burgen von einfachen Häusern zu festungsartigen Bauten aufzeigt. Außerdem widmet man sich dort der Geschichte des ostfriesischen Kirchenbaus.

Mitte: Die Osterburg in Groothusen ist ein alter Häuptlingssitz, im Kern stammt sie aus der Zeit um 1490.
Unten: Die Kanzel ist in den reformierten Kirchen Ostfrieslands wie hier in Uttum das bedeutendste Element.

Rundtour mit dem Fahrrad

Die Tour sollte man an möglichst trockenen und nicht zu windigen Tagen unternehmen. Sie führt überwiegend durch Wiesen und Weiden, teilweise auch am Deich entlang.

An- und Abfahrt: Start und Ziel ist Greetsiel.
Wegbeschaffenheit: Asphaltierte oder gepflasterte Radwege sowie kleine, nur wenig befahrene Straßen.
Verpflegung: Für die Mittagspause bietet sich insbesondere Campen an.
Länge: ca. 60 km

Ⓐ Groothusen – Eine mittelalterliche Häuptlingsburg bildet den Auftakt historischer Bauten.

Ⓑ Upleward – Hier erlebt man, was ein Trockenstrand ist, muss aber dennoch nicht auf Wasser verzichten.

Ⓒ Campener Leuchtturm – Auf Deutschlands höchsten Leuchtturm führen 308 Stufen hinauf. Man nennt ihn wegen seines Stahlgerüsts scherzhaft auch »Eiffelturm der Nordsee«.

Ⓓ Campen – Zwei typische Gutshöfe und ein Landarbeiterhaus stehen zur Besichtigung offen.

Ⓔ Pewsum – In der mittelalterlichen Wasserburg präsentiert ein Museum Heimatgeschichte. Burgen- und Kirchenbau sind die Hauptthemen. Das Mühlenmuseum widmet

sich der Darstellung des Müllerwesens und anderer Handwerksberufe in vergangenen Zeiten.

Ⓕ Freepsum – Deutschlands höchsten Punkt, die Zugspitze, kennt jeder. Deutschlands tiefster Punkt, bei Freepsum, ist nahezu unbekannt.

Ⓖ Uttum – In der ersten Murmel-Arena Deutschlands werden sogar Deutsche Meisterschaften ausgetragen.

Ⓗ Jennelt – Außen gotisch, innen romanisch: das reformierte Gotteshaus in Jennelt.

Weites, flaches Land – die Krummhörn

Riesenspaß: Schlickschlittenrennen

KURIOSITÄTEN

Es sind nicht allein kunsthistorische Sehenswürdigkeiten, die hier locken. In Campen etwa zeigt das landwirtschaftliche Museum Geräte und Maschinen der Bauern von früher. Im Mühlenmuseum von Pewsum widmet man sich nicht nur der Müllerei, sondern allgemein dem Handwerk im 19. Jahrhundert. Zum Ernsthaften tritt Kurioses. So kam man in Upleward auf die Idee, einen Strand mit Strandkörben und Sandflächen hinter dem Deich, also ohne Blick aufs Wasser, anzulegen, und nannte ihn »Trockenstrand«. Und in Uttum legte man Deutschlands erste Murmel-Arena an.

Touristik GmbH Krummhörn-Greetsiel. Zur Hauener Hooge 11, Tel. 04926/20 29, www.greetsiel.de

Nicht verpassen

Eine mittelalterliche Kirche besitzt fast jedes Dorf in der Krummhörn. Die in Jennelt wurde im 15. Jahrhundert als rechteckige Einraumkirche erbaut, der gotische Chor Anfang des 17. Jahrhunderts angefügt. Viel älter ist der schon um 1300 errichtete, freistehende Kirchturm. In der Gruft unter dem Chor steht der bemalte Kupferblechsarkophag des Dodo zu Innhausen und Knyphausen (1583–1636), der im 30-jährigen Krieg wie der berühmte Wallenstein als Feldherr dem schwedischen König diente. Die romanische Backsteinkirche von Eilsum entstand 1230 bis 1260. In der Apsis des Chors sind Reste von Wandmalereien aus der Erbauungszeit schwach erhalten. Die auf 1738 datierte Kanzel steht wie in den meisten reformierten Kirchen an der Mitte der Südwand, um so gegenüber dem Katholizismus die alleinige Bedeutung des Wort Gottes zu betonen. Sehenswert ist schließlich auch die Kirche aus dem 13. Jahrhundert in Campen, die die reichsten Gewölbemalereien aller nordwestdeutschen Kirchen besitzt.

Infos und Adressen

SEHENSWÜRDIGKEITEN

Landwirtschaftsmuseum Campen. Osterferien und Mai–Okt. Di–Fr 10–17 Uhr, Sa, So 10–13 Uhr, Krummhörner Str., Tel. 04927/93 95 23, www.olmc.de

Leuchtturm Campen. Oster-, Sommer- und Herbstferien tgl. 11–17 Uhr, So 11–17 Uhr, sonst April–Okt. Di–Do 11–16 Uhr, So 11–16 Uhr. Leuchtturmstr., Tel. 04926/918 80, www.greetsiel.de

Manningaburg und Mühlenmuseum Pewsum. Burg Oster- und Herbstferien, Mühle Mai–Okt. Di, Do 10–12.30 und 15–17 Uhr, Sa, So 15–17 Uhr, Manningastr. 13–14, Tel. 04923/74 32, www.heimatverein-krummhoern.de

ESSEN UND TRINKEN

Lüttje Hörn. Regionaltypisches auch im schönen Biergarten. Mi–Mo 12–21 Uhr, Ter-Becks-Lohne 2, Campen, Tel. 04921/18 75 13.

ÜBERNACHTEN

Ferienhof Roß & Reiter. Ferienwohnungen auf einem Bauernhof in Einzellage mit Pferden und schönem Garten. Miedelsumer Weg 1, Uttum, Tel. 04923/14 00.

Haaskehörn. Einfache, gemütliche Pension mit Gaststätte und Fahrradverleih. An't oll Dobke 2,

Erinnerung an einen Preußenkönig

Upleward, Tel. 03923/75 69, www.haaskehoern.de

VERANSTALTUNGEN

Canumer Sommerkonzerte. Mehrere Kammer- und Orgelkonzerte. Im Sommerhalbjahr in der Dorfkirche von Canum, Tel. 04923/13 30 (Pastorei Canum).

INFORMATION

Touristik GmbH Krummhörn-Greetsiel. Zur Hauener Hooge 11, Tel. 04926/20 29, www.greetsiel.de

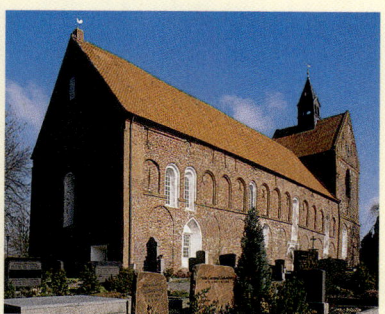

Eilsums Kirche ist schon fast 800 Jahre alt.

KIRCHENORGELN

Heel wat Besünners

Man erfährt und erlebt schon etwas ganz Besonderes in dieser Region mit Superlativen: Ostfriesland besitzt mit der Provinz Groningen die reichste Orgellandschaft der Welt, kann die älteste erhaltene und bespielbare Orgel Europas in Rysum aufweisen und besitzt mit der Kirche in Suurhusen den schiefsten Turm der Welt. Kulturgeschichtliche Zeugnisse, die man bei einem Ostfriesland-Urlaub nicht auslassen darf!

Mit einem Bestand von mehr als 300 historischen Orgeln und Orgelprospekten aus sechs Jahrhunderten ist die Ems Dollart Region, sie umfasst Ostfriesland und die Provinz Groningen, die an Orgeln reichste Gegend der Welt. Viele berühmte Orgelbauer wurden einst engagiert, um die Kirchen mit den großartigen musikalischen Klangwerken auszustatten. Arp Schnitger war sicher einer der berühmtesten Orgelbauer seiner Zeit, etwa 170 Instrumente baute er oder gestaltete er wesentlich um, erhalten sind unter anderem die in Groningen, Weener und Norden. Er sowie Gerhard von Holy machten Ostfriesland vom späten 17. Jahrhundert an zu einer Orgellandschaft von Weltruf.

Die Rysumer Orgel stammt aus der Mitte des 15. Jahrhunderts.

Kirchenorgeln – Heel wat Besünners

Das Zentrum der Erforschung und Förderung der ostfriesischen Orgelkultur ist das Organeum in Weener, in dem auch die Orgelakademie Ostfrieslands ihren Sitz hat. Das 1997 gegründete Organeum mit seiner Sammlung historischer Tasteninstrumente und seiner Forschungsbibliothek ist mittlerweile zu einer bedeutenden Anlaufstelle für Orgelforscher, Organisten und Orgelfans geworden. Liebhaber der Tasteninstrumente können bei vielfältigen Veranstaltungen Kompositionen aus verschiedenen Epochen auf Orgel, Cembalo, Clavichord, Tafelklavier und Harmonium genießen. Da man das Musizieren aus der Nähe verfolgen kann, sind diese Veranstaltungen auch für Kinder ein Erlebnis.

Unvergleichlich ist der Hörgenuss, wenn man den Orgelkonzerten auf einer dieser imposanten Instrumente in einer ostfriesischen Kirche lauschen kann. Schon die prachtvollen Orgelprospekte mit ihren prunkvollen und filigranen Verzierungen lassen die meisten Besucher staunen. Dazu noch der Raum: Die alten Kirchen mit gewaltigen, festungsartigen Mauern, Altären mit wertvollen Schnitzereien und Deckenleuchtern, die ein atmosphärisches Licht verstrahlen, geben jedem Orgelkonzert einen festlichen und würdigen Rahmen, noch bevor die erste Note erklingt. Wenn dann der Organist die ersten Takte angespielt hat, ist man sehr schnell von der Musik ganz eingefangen, zumal die mächtigen Orgeltöne nicht nur das Ohr, sondern auch den ganzen Körper erfassen.

Um diesen Musikgenuss zu erleben, empfiehlt es sich, im örtlichen Touris-

Ein »Gezeitenkonzert« des Knabenchors Hannover in Norden

Kirche und Orgel von Münkeboe-Moorhusen sind im neugotischen Stil gehalten.

tenbüro nach den Veranstaltungen in der jeweiligen Urlaubsregion zu fragen. Viele Kirchen bieten – zum Teil auch regelmäßig – ausgezeichnete Konzerte mit renommierten Musikern an. Zwei musikalische Veranstaltungsreihen sollen nicht unerwähnt bleiben: Die »Gezeitenkonzerte« und der »Musikalische Sommer in Ostfriesland«, die in der Regel von Mitte Juni bis Mitte August stattfinden. Spielstätten sind neben den Kirchen auch Burgen, Schlösser oder andere Bauten von besonderem Rang. Klassikkonzerte, aber auch Lesungen oder Jazz haben hier ihren Platz.

Was wären aber diese wunderbaren Orgeln ohne ihr »Haus«, die alten und geschichtsträchtigen Kirchen. Es ist schon erstaunlich, dass viele Dörfer sich mit einer Kirche und einer wertvollen Orgel schmücken, besonders häufig in der Re-

gion Krummhörn im westlichen Ostfriesland. Die sakralen Bauten dokumentieren sehr gut die Frömmigkeit, den Wohlstand und das Selbstbewusstsein der Landesgemeinden vor Hunderten von Jahren. Auffallend ist auch, dass viele Kirchen auf Warften liegen, um so vor Sturmfluten geschützt zu sein, aber auch, um gleichzeitig für die Dorfbewohner Schutzraum zu bieten. Da der weiche Marschenboden nun große Lasten wie Kirchen nur schwer tragen konnte und nachgab, hatte dies beispielsweise bei der Kirche von Suurhusen zur Folge, dass der Turm sich immer mehr neigte. Um ihn vor dem Einsturz zu bewahren, wurde er dank moderner Bautechnik stabilisiert und ist seitdem Weltrekordhalter: Gut sichtbar ist der Überhang des Turms von fast 2,50 Metern, womit er sogar den schiefen Turm von Pisa übertrifft.

18 Rysum und Pilsum
Die schönsten Dörfer Krummhörns

800 Meter hinter dem Außenems-Deich drängen sich die alten Häuser von Rysum auf einer großen Warft. Rysum ist eins der beiden schönsten Dörfer der Gemeinde Krummhörn. Das andere ist Pilsum – ein Stück weiter nördlich. Beide haben eine lange Geschichte, besitzen historische Baudenkmäler und laden zu beschaulichen Urlaubstagen oder auch ein paar Mußestunden fernab des trubeligen Massentourismus ein.

Als die Deiche noch niedriger und brüchiger waren, warf man in fast allen Dörfern, die von Sturmfluten gefährdet waren, für die wichtigsten Bauten wie Kirchen oder Burgen in mühevoller Gemeinschaftsarbeit Warfen, auch Wurten genannt, auf. Bei Hochwasser und in kriegerischen Zeiten boten diese Bauten zugleich auch sichere Zufluchtsorte für die Dorfbevölkerung. Manchmal errichtete man sogar das ganze Dorf auf einer künstlich aufgeschütteten Warf – wie Rysum. Hier hat sich der alte Warfendorfcharakter besser als irgendwo sonst in Ostfriesland erhalten. Man erkennt ihn gut, wenn man zunächst einmal auf der Äußeren Ringstraße rund um das Dorf herum fährt, dessen alter Kern einen Durchmesser von gerade einmal 400 Metern hat. Anschließend folgt man dem Wegweiser zum Parkplatz im Dorf.

Verträumtes Rysum

Die kleinen, aus Klinker errichteten Häuschen des Ortes stehen an schmalen Gassen, hier Lohnen genannt. In kleinen Vorgärten und an Hauswän-

Mitte: Im Leuchtturm von Pilsum können sich Paare das Jawort geben. Er diente auch schon in mehreren Filmen als Drehort.
Unten: Das idyllisch auf einer Warft erbaute Rysum gilt vielen Besuchern als schönstes Dorf in der Krummhörn.

den blühen Blumen, alles wirkt fast wie in einer Puppenstube. Im Zentrum steht die im 15. Jahrhundert errichtete, heute evangelisch-reformierte Kirche mit einem Glockenturm von 1585. Im Innern erklingt wieder die 1457 erstmals gespielte Orgel von Meister Harmannus aus Groningen, die älteste noch bespielbare Orgel ganz Nordeuropas. Neben der Kirche ist ein für Warfendörfer typischer Fething zu erkennen, ein historisches Regenwassersammelbecken, das einst der Trinkwasserversorgung diente. Die Flügel der 1895 erbauten, zweimal runderneuerten Windmühle vom Typ des Galerieholländers drehen sich auch heute noch manchmal, die Mühle ist voll funktionsfähig.

Pilsum–Türme

Berühmtestes Bauwerk von Pilsum ist ohne Zweifel der rot-gelb geringelte Leuchtturm, der durch Otto Waalkes' Film »Otto – der Außerfriesische« Popularität erlangte. Er steht seit 1891 auf dem Deich der Außenems, wurde aber schon 1919 stillgelegt. Heute kann man sich im Leuchtturm ganz ernsthaft standesamtlich trauen lassen.

Kunsthistorisch wertvoller als der Leuchtturm ist ohne Zweifel die heute evangelisch-reformierte Kreuzkirche St. Stephanus im Zentrum des noch sehr bäuerlich geprägten Warfendorfs Pilsum. Die dicken Backsteinmauern stammen aus dem dritten Viertel des 13. Jahrhunderts. Ihr mächtiger, mit weißen Blendarkaden verzierter, in Ostfriesland einzigartiger Vierungsturm diente einst auch als Seezeichen. Inzwischen hat er sich ein wenig zur Seite geneigt. Querschiff und Chor zieren Kreuzrippengewölbe, das zweigeschossige Langschiff ist flach eingedeckt. Die Reformation überstanden hat ein von Evangelistenfiguren getragenes Taufbecken aus dem Jahr 1469, während die einstigen Wandmalereien hingegen übertüncht wurden.

SEHENSWÜRDIGKEITEN
Käsehof Rozenburg. Hofladen und Käserei (Termine für Führungen s. Website). Tjücher Weg 1, Pilsum, Tel. 04926/23 25, www.kaesehofladen.de

Kreuzkirche St. Stephanus. Führungen Di, Do 11 Uhr, Pilsum.

Pilsener Leuchtturm. Oster-, Sommer- und Herbstferien So 14 und 14.45 Uhr, Tel. 04923/911 10, www.pilsumer-leuchtturm.de

ESSEN UND TRINKEN
Alte Brauerei. Restaurant mit feiner norddeutscher Küche. Ab 11 Uhr, Di Ruhetag. An der alten Brauerei 2, Pilsum, Tel. 04926/91 29 15, www.alte-brauerei-pilsum.de

ÜBERNACHTEN
Ferienhof Ohling-Uken. Ein Blockhaus, eine Ferienwohnung, kostenlose frische Milch für die Gäste. Landesstr. 2/2a, Rysum, Tel. 04949/272 02, www.ohling-uken.de

Hof am Turm. Ferienwohnungen, großer Garten. Zum Diekskiel 1, Pilsum, Tel. 04926/473, www.hof-am-turm.de

VERANSTALTUNGEN
Weltklassik am Klavier. An mehreren Nachmittagen im Sommerhalbjahr im Rysumer Fuhrmannshof, www.rysum.org

INFORMATION
Tourist-Info Krummhörn. Zur Hauener Hooge 11, Greetsiel, Tel. 04926/91 88 13, www.greetsiel.de

19 Greetsiel
Haupt- und Hafenort

**In Greetsiel, dem Hauptort der Krumm-
hörn, ist Ostfrieslands größte Kutterflotte
zu Hause. 25 Schiffe sind hier noch mit
dem Krabbenfang beschäftigt. Schon seit
über 600 Jahren ist Greetsiel ein Hafenort. Die Gebäude sind zwar bei weitem
noch nicht so alt, verströmen aber viel
historisches Flair. Das macht Greetsiel zusammen mit netten Geschäften und guter
Gastronomie zum meistbesuchten Ort der
Region.**

Am schönsten ist das schon 1388 erstmals urkundlich erwähnte Greetsiel mit seinen 1400 Einwohnern rund um den alten Hafen, an dem auch
der kleine, von Bäumen beschattete Marktplatz
liegt. Kurz vor dem Hafen haben sich das Alte und
das Neue Greetsieler Sieltief vereinigt. Ein über
200 Jahre altes Sieltor schirmt den alten vom
neuen Hafen ab, in dem heute die 25 Krabbenkutter, ein Hotelschiff und viele Freizeitboote an den

Mitte: Greetsiel lebt vom Tourismus und vom Krabbenfang.
25 Kutter haben hier ihren Heimathafen.
Unten: Frisch vom Kutter schmecken Krabben am besten.

GUT ZU WISSEN

BESSER NICHT AM WOCHENENDE
Greetsiel ist das bei den Menschen aus der Region
beliebteste Wochenendreiseziel. Vom Samstagmit-
tag bis Sonntagabend sind die gebührenpflichtigen
Park- und Wohnmobilstellplätze voll, viele Wagen
parken unvorschriftsmäßig am Straßenrand und
kassieren ein Knöllchen. Am Eisstand bilden sich
lange Schlangen, bei schönem Wetter sind fast alle
Boote vermietet. Wer in Ostfriesland seine Ferien
verbringt, kommt zumindest im Sommerhalbjahr
besser an einem Werktag.

Die Zwillingswindmühlen von Greetsiel

Kais und Stegen liegen. Außerdem hat hier der Museumskutter »Ems« seinen Liegeplatz, ein aufwändig restaurierter Holzkutter aus dem späten 19. Jahrhundert.

Die heutigen Krabbenkutter müssen auf ihrem Weg zur Nordsee die 1998 in Betrieb genommene Schleuse Leysiel passieren, die den Greetsieler Hafen von Ebbe und Flut unabhängig macht. Beim Kutterkorso im Sommer haben auch die Gäste einmal Gelegenheit, mit einem Kutter durch die Schleuse auf die offene See hinauszufahren, ansonsten können sie die Schleuse mit Ausflugsschiffen passieren oder sie wandernd oder auch mit dem Fahrrad erreichen.

Das stattlichste Haus am alten Hafen ist das heutige »Hotel Hohes Haus« aus dem 17. Jahrhundert, das einst als Rentmeisterhaus, also als eine Art Finanzamt, diente. Gleich links daneben steht die alte, 1401 geweihte Dorfkirche mit einer Wetterfahne auf dem Dach, die ein altes Segelschiff darstellt. Auf Höhe des Sieltors stehen meist lange Menschenschlangen vor einer exzellenten Eisdiele. Gleich daneben lädt »Poppinga's Alte Bäckerei« nicht nur zu Ostfriesentee und -torte ein, sondern auch zur Besichtigung: Hier sieht man, wie eine

Einfach gut!

KRABBEN PULEN

Die meisten Nordseekrabben – an der Küste *Granat* genannt – haben eine lange Reise in Kühltransportern nach Marokko oder Polen und wieder zurück hinter sich, bevor sie in Deutschland auf den Markt kommen. In diesen Ländern nämlich werden sie in Handarbeit zu Niedriglöhnen geschält. Das kommerzielle Krabbenschälen per Hand ist in Deutschland verboten. Privat freilich kann man die kleinen Tierchen selbst pulen. Man kauft einfach ungeschälten *Granat*, z.B. beim Krabbenhandel De Beer. Eine Hand hält den Kopf mit Daumen und Zeigefinger, mit Daumen und Zeigefinger der anderen Hand wird die Krabbe gedreht, bis der Kopf sich löst. Dann zieht man den Panzer mitsamt den zehn Beinchen ab und lässt sich das Krabbenfleisch schmecken. Wer Übung hat, kann sogar an Krabbenpulwettbewerben in den Urlaubsorten teilnehmen.

De Beer. Kalvarienweg 3, Tel. 04926/13 14, www.debeer.de

Bäckerfamilie im 18. und 19. Jahrhundert lebte und arbeitete.

Mühlen und Buddelschiffe

Am kurzen Weg vom alten Hafen zu den Zwillingsmühlen liegen an der Mühlenstraße mehrere Kunstgalerien und das Greetsieler Museumshaus. Ein fleißiger Sammler hat hier auf etwa 110 Quadratmetern Ausstellungsfläche über 800 Buddelschiffe aus aller Welt zusammengetragen. Die Kollision der Titanic mit einem Eisberg im Jahr 1912 hat hier ebenso Eingang in eine Flasche gefunden wie das Segelschulschiff der Bundesmarine, die Gorch Fock, eine Walfangszene oder die Eroberung Amerikas.

Das Wahrzeichen Greetsiels sind die Zwillingsmühlen am Alten Greetsieler Tief. Die eine der beiden zweistöckigen, etwa gleich hohen Galeriehölländer ist auffällig rot, die andere grün gestrichen. Die eine stammt aus der Mitte des 19. Jahrhunderts, die andere wurde im 18. Jahrhundert erstmals errichtet. Die rote Mühle kann besichtigt werden. Die im Oktober 2013 durch einen Orkan schwer beschädigte grüne Mühle wurde durch Spendengelder wieder aufgebaut.

Zwischen Greetsieler Museumshaus und Zwillingsmühlen werden am Alten Greetsieler Tief Boote, Kanus und Kajaks verliehen. Außerdem starten hier etwa einstündige Bootsfahrten nach Pilsum. Über das, was die Natur auf dieser Strecke und vor allem im Nationalpark Niedersächsisches Wattenmeer zu bieten hat, informiert eine kleine Ausstellung im Nationalpark-Haus, das auch Vorträge und Führungen anbietet. Auch ohne Führung ist ein kurzer Spaziergang auf dem »Schulweg« weiterbildend, denn Schautafeln informieren über die Wasserwirtschaft in Greetsiel und der Krummhörn.

Oben: So leer wie hier sind die romantischen Gassen in Greetsiel nur selten.
Mitte: Bunte Holzschuhe trug früher fast jeder Ostfriese.
Unten: Auch Spitzenklöpplerinnen zeigen bei den Greetsieler Handwerkstagen ihr Können.

Infos und Adressen

SEHENSWÜRDIGKEITEN

Greetsieler Museumshaus. Tgl. 10–18 Uhr, Zur Hauener Hooge 15, Tel. 0171/777 44 57.

Nationalpark-Haus Greetsiel. 15. März–31. Okt. Mo–Fr 10–18 Uhr, Sa, So 11–17 Uhr, Schatthauser Weg 6, Tel. 04926/20 41, www.nationalparkhaus-greetsiel.info

Poppinga's Alte Bäckerei. Oster- bis Herbstferien tgl. 11–19 Uhr, sonst Fr und So 11–19 Uhr, Sielstr. 21, Tel. 04926/13 93, www.poppingas-alte-backerei-greetsiel.de

Zwillingsmühlen. Oster- bis Herbstferien Mo–Sa 7–18 Uhr, So 7.30–18 Uhr, sonst Mo und Mi–Fr 7.30–17 Uhr, Sa 7.30–13 Uhr, Mühlenstr. 2, www.zwillingsmuehlen.de

ESSEN UND TRINKEN

Captain's Dinner Sielgatt. Regionale Spezialitäten direkt auf dem Marktplatz. Tgl. 11–18.30 Uhr, Nov.–März nur Sa, So 13–18 Uhr, Am Markt 4–6, Tel. 04926/369.

Schoof's Mühlencafé. April–Okt. tgl. 11–18.30 Uhr, Nov.–März Mo–Fr 7.30–17 Uhr, Sa 7.30–13 Uhr, So und Di Ruhetag. In der

Zwillingsmühle, Tel. 04926/21 54, www.zwillingsmuehlen.de

ÜBERNACHTEN

Hohes Haus. Moderne Zimmer mit historischem Flair. Hohe Str. 1, Tel. 04926/18 10, www.hoheshaus.de

Zum Alten Siel. Einfache Zimmer. Am Markt 1, Tel. 04926/339, www.zum-alten-siel.de

AUSGEHEN

Hafenkieker. Lecker, aber nichts für Kinder: die *Siehnbohnsopp* (Rum mit Rosinen und Kandis). Am Hafen 1, Tel. 04926/16 59, www.hafenkieker-greetsiel.de

AKTIVITÄTEN

Bootsverleih und Bootsfahrten. Mühlenstr./Am Zingel, Tel.04923/409, www.abenteuer-am-wasser.de

Oase. Hallenbad mit Saunalandschaft. Zur Hauener Hooge 11, Tel. 04926/91 880.

INFORMATION

Tourist-Info. Zur Hauener Hooge 11, Greetsiel, Tel. 04926/91 88 13, www.greetsiel.de

Die Gastronomie in Greetsiel ist bestens auf jeden Wochenendansturm eingestellt.

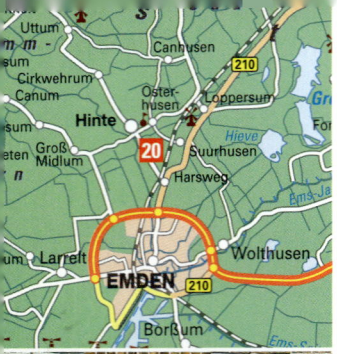

20 Hinte und Suurhusen
Viel sakrale Kunst

Der schiefste Turm der Welt steht nicht im italienischen Pisa, sondern im weithin unbekannten ostfriesischen Suurhusen. Das steht sogar im Guinness-Buch der Rekorde. Suurhusen liegt direkt an der B 72. Es ist einer von acht Ortsteilen der Gemeinde Hinte, die sich ansonsten unspektakulär gibt und vor allem als Wohngebiet stadtflüchtiger Emder beliebt ist.

Hinte ist schon über 1000 Jahre alt. Auch die Dörfer der heutigen Gemeinde waren alte ostfriesische Häuptlingssitze. In die Landesgeschichte ging das zu Hinte gehörende Osterhusen ein, wo 1611 die ostfriesische Magna Charta von Graf Enno III. (1563–1625) unterzeichnet wurde. Sie sicherte der Ritterschaft, den Ständen und den Bauern größere Unabhängigkeit von der Macht des Grafen zu.

Historisches Hinte

Mehrere Kanäle, die auch Wassersportler nutzen, durchziehen die Gemeinde und verbinden sie mit Emden, Greetsiel, der Nordsee und dem Großen Meer. An einem der Kanäle, dem Hinter Tief, steht die reetgedeckte Mühle von Hinte, ein dreistöckiger Galerieholländer von 1869. Viel älter ist die ehemalige Dorfkirche St. Martin, die in die Zeit um 1500 datiert wird, während ihr Turm bereits um 1270 errichtet wurde. Unter der Kanzel steht der älteste Grabstein in einer ostfriesischen Kirche, mit einem Relief von Petrus und Paulus sowie der Jahreszahl 1440. Mit der Kirche verbunden ist die vierflügelige Wasserburg Hinta, die schon seit dem 16. Jahrhundert der heutigen Besitzerfamilie gehört und nicht besichtigt werden kann.

Mitte: Typische Bauerngärten sind in dieser Gegend noch häufig zu sehen.
Unten: Der schiefe Turm der Kirche von Suurhusen ist der schiefste Turm der Welt. Das bestätigt sogar das Guinness-Buch der Rekorde.

Hinte und Suurhusen

Eine andere sehenswerte Kirche für Freunde der sakralen Kunst steht im Dorf Westerhusen. Der frei stehende Turm wurde im 13. Jahrhundert erbaut, die Kirche selbst weist gotische Elemente auf und stammt aus dem 15. Jahrhundert. An ihrer nördlichen Innenwand wurden schöne vorreformatorische Wandmalereien freigelegt. Sie zeigen den das Jesuskind tragenden hl. Christophorus und Christus als Weltenrichter beim Jüngsten Gericht. Die bei Sonntagsgottesdiensten erklingende Orgel ist bereits 370 Jahre alt. Sie ist ein Werk von Jost Sieburg (gest. 1686) aus Göttingen.

Ein schiefer Turm

Direkt an der vielbefahrenen Bundesstraße von Emden nach Aurich und Norden zieht der Kirchturm von Suurhusen die Blicke auf sich. Er ist der schiefste Turm der Welt. Während der von Pisa bei 57 Metern Höhe einen Überhang von 3,82 Meter zeigt, bringt es der Suurhusener Turm bei 27,37 Metern Höhe auf einen Überhang von 2,47 Meter. Das ergibt für Pisa eine Schiefstellung von nur 3,97 Grad, für Suurhusen aber 5,19 Grad – so haben es jedenfalls die Suurhusener errechnet.

Errichtet wurde der Turm um 1450. Schon 1926 musste man den Dachreiter abbauen, damit er nicht kippt. Trotzdem bekam er immer mehr Schieflage, so dass man sein Fundament 1982 mit elf bis zu 14 Meter tiefen Pfählen verstärkte. Dass der Turm in früheren Jahrhunderten auch mit Sturmfluten zu kämpfen hatte, zeigt eine Hochwassermarke von 1570. Nur wenige Schritte entfernt gewährt ein typisches Landarbeiterhaus Einblicke in das einfache Leben in der ersten Hälfte des letzten Jahrhunderts. In der Wohnküche boten Butzen (Wandbetten) warme Schlafplätze, das Plumpsklo stand im Stall. Ein Modell zeigt Suurhusen in der Zeit um 1750.

Infos und Adressen

SEHENSWÜRDIGKEITEN

Kirche in Hinte. Oster- bis Herbstferien tgl. 10–18 Uhr, Führung Mi 16 Uhr, Tel. 04925/343 30 98.

Kirche in Suurhusen. Oster- bis Herbstferien Di, Mi, Fr, Sa 10.30–13 und 15.30–18 Uhr, sonst nur So, Mo 10.30–13 und 15.30–18 Uhr, Tel.04925/525, www.kirche-suurhusen.de

Kirche in Westerhusen. Nur nach Voranmeldung, Tel.04925/939 64 83.

Mühle in Hinte. Sa, So 15–18 Uhr, Brückstr. 11, Tel. 04925/99 01 06.

Landarbeiterhaus in Suurhusen. Oster- und Herbstferien So 15–17 Uhr, Suurhuser Warf 4, Tel. 04925/100.

ESSEN UND TRINKEN

Café am Schiefen Turm. Schlicht, funktional und günstig. Tgl. 10–18 Uhr, Am Schiefen Turm 41, Suurhusen, Tel. 04925/93 85 47, www.cafe-am-schiefen-turm.de

Teestube Hinte. Im Maschinenhaus der alten Windmühle. April–Okt. Sa, So 15–18 Uhr, übriges Jahr nur So. Brückstr. 11, Hinte.

ÜBERNACHTEN

Feldkamp. Am Kanal. Brückstr. 12, Hinte, Tel. 04925/22 12.

VERANSTALTUNGEN

Mühlentag. An und in der Mühle von Hinte, mit Mühlenbetrieb, Kaffee und Kuchen. Pfingstmontag.

INFORMATION

Fremdenverkehrsverein. Brückstr. 11, Hinte, Tel. 04925/99 01 06, www.hinte.de

21 Großes Meer
Größter See Ostfrieslands

Was man anderswo Meer nennt, heißt in Ostfriesland See, siehe Nordsee. Und was sonst als See bezeichnet wird, kennt man hier als Meer, siehe Großes Meer. Immerhin ist das Binnengewässer Ostfrieslands größter See. Sein südlicher Teil ist ein Naturparadies, der nördliche ein Eldorado für Wassersportler. Kanäle und Radwege umlaufen den See und seine Umgebung lädt zu Rad- und Kanutouren ein.

Drei Inselchen bilden eine natürliche Barriere zwischen dem von motorlosen Wassersportlern genutzten nördlichen Teil und dem Südteil des 4,5 Kilometer langen Sees, in dem auf 495 Hektar der Naturschutz im Vordergrund steht. Erdgeschichtlich ist das Große Meer ein Flachmoorsee, der sich als Rest früherer Grundwasseransammlungen gebildet hat. Die Wassertiefe beträgt meist einen Meter, der mittlere Wasserstand des Sees liegt 1,4 Meter unter dem Meeresspiegel. Der See verschiebt sich wegen des vorherrschenden Westwinds Jahr für Jahr leicht nach Osten: das Westufer verlandet, das Ostufer bricht kaum merklich ab. Eine örtliche Sage spricht sogar von einem versunkenen Dorf im See, von dem freilich bisher keinerlei Spuren gefunden werden konnten.

In den dichten Schilfgürteln an den Ufern und den angrenzenden Feuchtgebieten brüten Wiesenvögel wie Uferschnepfen, Bekassinen, Blaukehlchen und Rohrdommeln. Weißstörche finden auf den Wiesen reichlich Nahrung, auch Austernfischer lassen es sich gut gehen. Während des Vogelzugs rasten am Großen Meer Grau- und Blässgänse auf dem Weg nach Afrika.

Mitte: Das Große Meer ist in Wahrheit nur ein Binnengewässer.
Unten: Mit der »Kurbelpünt« geht es über das Marscher Tief auf dem Drei-Meere-Weg.

Am nördlichen Teil des Sees ist man hingegen voll auf deutsche Urlauber und ostfriesische Wochenendgäste eingestellt. Zwei Segelclubs sind hier zu Hause, Regatten gehören zum Sommerprogramm. Am Sandstrand können Kinder gefahrlos plantschen, denn das Wasser ist extrem flach. Wer surfen kann oder lernen will, findet eine Windsurfstation. Spaß auf dem Wasser bieten nicht nur Tretboote, sondern auch Hydrobikes, die sich fast wie Räder fahren lassen. Nur das Befahren des Sees mit Motorbooten ist verboten. Geprüfte Angler dürfen mit Gastkarte ihre Ruten auswerfen und auf Zander und Hechte, Brassen, Rotaugen, Rotfedern, Spiegel- und Schuppenkarpfen hoffen.

Aktiv sein am See

Man muss kein erfahrener Wassersportler sein, um das Große Meer und die einmündenden Kanäle zu befahren. Für eine Kanutour genügt eine kurze Einweisung, dann geht es los – etwa auf der Wiegboldsburer Riede zur Windmühle in Wiegboldsbur. Der dreistöckige Galerieholländer von 1812 wurde liebevoll restauriert und ist heute wieder voll funktionsfähig. Jeden Freitagnachmittag wird im alten Steinofen leckeres Brot gebacken; in der angeschlossenen Teestube gibt es dann Ostfriesentee und Rosinenbrot.

Die Kanutour lässt sich gut mit einer Radtour verbinden. Mit dem Fahrrad kann man sich auf dem gut ausgeschilderten, 15 Kilometer langen 3-Meere-Weg auch die benachbarten Flachmoorseen erkunden wie die Hieve (Kleines Meer) und das Loppersumer Meer. Dabei muss zweimal das Marscher Tief überwunden werden. Von Mitte April bis Mitte Oktober liegt dazu tagsüber eine schwimmende Plattform, *Püntje* genannt, am Ufer. Mit einem Schwungrad setzt man sie in Bewegung. Ein Rettungsring hängt an der Reling ...

Infos und Adressen

ESSEN UND TRINKEN
Meerwartshaus Ubben. Regionale Küche. Am Meer 2, Bedekaspel, Tel. 04942/31 70.

ÜBERNACHTEN
Bootshaus. Modernes Hotel am Kanal. Außerdem ostfriesische Küche, Grill- und Räucherfischabende. Marscher Weg 18, Bedekaspel, Tel. 04942/65 67 70, www.bootshaus-ostfriesland.de

Großes Meer. Am Seeufer, Strandkörbe im Garten. Am Meer 1, Bedekaspel, Tel. 04942/627, www.hotel-landhaus-grossesmeer.de

VERANSTALTUNGEN
Musik am Meer. Jazz-Frühschoppen an Christi Himmelfahrt an der Paddel- und Pedalstation.

Sommerfest. Bühnenshows, Flohmarkt, Kanuregatta. Am 1. Wochenende im August.

Mühle Wiegoldsbur. März-Okt. jeden Fr. ab 16 Uhr Aktionstag.

AKTIVITÄTEN
Paddel- und Pedalstation. Verleih von Booten, Hydrobikes, Fahrrädern und E-Bikes. Langer Weg 25, Bedekaspel, Tel. 04942/57 68 38, www.grossesmeer.de

Surf- und Segelschule. Ausbildung und Verleih. Forlitzer Str. 213/215, Forlitz-Blaukirchen, Tel. 04942/50 96, www.surfschule-grosses-meer.de

INFORMATION
Tourist-Info. Am Meer 1, Südbrookmerland, Tel. 04922/56 66, www.grossesmeer.de

NORDEN UND UMZU

22 Norden
Das grüne Tor zum Meer

Mit diesem Slogan warb die nordwestlichste Stadt auf dem deutschen Festland schon vor über 50 Jahren. Seitdem hat sich viel verändert. Doch die Nähe zur Nordsee und die saftig grünen Marschwiesen östlich wie westlich der Stadt sind bis heute geblieben. Und die Küstenstadt hat viel zu bieten, etwa eine bedeutende Kirche mit einer noch berühmteren Orgel und einen der größten Marktplätze in Deutschland.

Norden, oder wie die Einheimischen sagen *Nörden*, ist eine der ältesten Städte Ostfrieslands. Im Jahr 2005 feierte sie ihren 750. Jahrestag. Sie ist der Hauptort und Namensgeber der historischen Landschaft Norderland und mit rund 25 000 Einwohnern die viertgrößte Stadt Ostfrieslands. Nach dem Beginn des Deichbaus in Ostfriesland im 11. Jahrhundert wird Norden erstmalig im 13. Jahrhundert urkundlich erwähnt.

Norden im Wandel der Geschichte

Dies geschah in einem mit der Stadt Bremen im Jahre 1255 besiegelten Vertrag zur Sicherung des Friedens und der Handelswege. Um diese Zeit war Norden bereits ein städtisch geprägter Ort. Und damals war schon einiges vorhanden, was heute auch noch sichtbar ist. Das Langhaus der Ludgerikirche war bereits erbaut worden, und zwar auf der höchsten Stelle von Norden, die, auf einem Geestrücken gelegen, fast zehn Meter über Normalnull bemisst. Dadurch bot die Kirche für die Bewohner bei großen Sturmfluten und Deichbrü-

S. 140/141: Unzählige Schafe weiden auf den Deichen rund um Norddeich.
Mitte: Das Alte Rathaus beherbergt heute das Heimatmuseum.
Unten: Beim Westgaster Mühlenfest wird alte Handwerkskunst präsentiert.

chen einen gewissen Schutz und war ein beliebter Zufluchtsort. Wer auf Norden zufährt, kann sehen, dass die Spitze des Kirchenschiffs sämtliche Dächer der Stadt überragt.

Zur Stadtgründung Nordens waren auch schon die Wester- und Osterstraße vorhanden, die, gemäß den Himmelrichtungen, in die westlich gelegene Westermarsch bzw. Ostermarsch verliefen. In der zweiten Jahrhunderthälfte des 13. Jahrhunderts wurde die Andreaskirche errichtet. Ihr 65 Meter hoher Westturm diente über viele Jahrhunderte den Seefahrern als Seezeichen. Im Rahmen kriegerischer Auseinandersetzungen wurde sie im 16. Jahrhundert stark zerstört, nie wieder aufgebaut und schließlich Mitte des 18. Jahrhunderts abgerissen. Die Andreaskirche lag nördlich der Ludgerikirche, dort, wo sich heute noch der alte Friedhof befindet.

Die verheerenden Sturmfluten von 1374 und 1376 verschlangen riesige Landmassen und rissen eine Bucht in das Land hinein, die bis nach Marienhafe und Norden reichte. Für Viele brachte die Flut Leid und Tod, Norden konnte in der Folgezeit jedoch

Nicht verpassen

DIE ORGEL DER LUDGERIKIRCHE

Die Ludgerikirche ist die größte und bedeutendste mittelalterliche Kirche in Ostfriesland. Sehenswert sind die Fresken, der Hochchor mit Umgang, der Taufstein aus der Zeit um 1260 bis 1280 und nicht zuletzt die berühmte Arp-Schnitger-Orgel, die größte Ostfrieslands. Arp Schnitger (1648–1719) schuf dieses monumentale Instrument 1686 bis 1692. es umfasst 46 Register (Pfeifenreihen) mit insgesamt 3110 Pfeifen. Der besonders edle und farbenreiche Klang mit der charakteristischen alten Stimmung macht die zweitgrößte in Deutschland erhaltene Schnitger-Orgel zu einem beliebten Anziehungspunkt.

Arp-Schnitger-Orgel in der Ludgerikirche. Gottesdienst So 10 Uhr. Orgelmusik zur Marktzeit Mai–Ende Sept. an (fast) jedem Sa 10.30 Uhr

davon profitieren und wurde durch den Zugang zum Meer ein Handelsort. So entstand im Südbereich von Norden ein Seehafen, der bis weit ins 19. Jahrhundert hinein Bedeutung hatte und der Stadt über einen langen Zeitraum eine wirtschaftliche Blüte bescherte, auch wenn sein Handel dem der Stadt Emden stets nachstand. Norden besaß eine eigene Handelsflagge, unter der Norder Schiffe Nord- und Ostsee befuhren. 1929 wurde dann der Zugang zum Meer durch die Errichtung des Leybuchtsiel geschlossen. Damit war der Weg des Norder Tief zum Meer versperrt, die Aufgaben des Seehafens wurden nun von Norddeich übernommen. Das alte Zollhaus und der kleine Hafen am Burggraben dokumentieren noch ein wenig die einstige Blüte Nordens als Seehafenort.

Heute ist das Norder Tief ein beliebtes Revier für Angler, Kanuten und Freizeitskipper und besitzt darüber hinaus eine wichtige Funktion für die Entwässerung der tief gelegenen Marschenflächen rund um Norden. Entlang der flachen Marschwiesen kann man leicht bis Leybuchtsiel paddeln und sich dann bei der kleinen Paddel- und Pedalstation ein wenig stärken.

Oben: Die Osterstraße lädt zum Bummeln ein.
Mitte: Am alten Zollhaus herrschte früher lebhaftes Treiben.
Unten: Die Häuser der Conerus Lohne wurden schön saniert.

Rundgang

Bei einem Rundgang um den Norder Marktplatz lässt sich an den alten Häusern gut die Historie der Kleinstadt ablesen.

Ⓐ Ecke Klosterstraße/Mühlenstraße – Die Straßenbezeichnung deutet auf ein Kloster hin, das am Zingel gestanden hat und um 1230 gestiftet wurde.

Ⓑ Bürgerhäuser – An der Nordseite des Marktes liegen schöne Bürgerhäuser. Auffällig ist Nr. 61 mit seinen eckständigen Schornsteinen.

Ⓒ Alter Friedhof – Überbleibsel der Andreaskirche.

Ⓓ Fräuleinshof – Nordwestlich des Marktes liegt der Fräuleinshof. Dort stand das 1264 gestiftete Dominikanerkloster, später wurde auf dem Gelände ein Gymnasium errichtet.

Ⓔ Altes Rathaus – Aus dem 16. Jahrhundert. Bis 1884 diente das Gebäude als Rathaus. Heute beherbergt es das Teemuseum.

Ⓕ Ludgerikirche – Mit dem freistehenden Glockenturm. Der Glockenturm wurde im 14. Jahrhundert errichtet. Seit dem Ende des 16. Jahrhunderts war die Stadtwaage darin untergebracht.

Ⓖ Mennonitenkirche – Herrschaftlicher zweigeschossiger Backsteinbau. Erbaut 1662,

Häuser-Ensemble: die Drei Schwestern an der Südseite des Marktes

wurde es 1795 von der Mennonitengemeinde gekauft. Die Nebenhäuser stammen aus den Jahren 1796 und 1835.

Ⓗ Rathaus – 1855 im klassizistischen Stil erbaut. Die Stadt Norden erwirbt das Haus 1884 und nutzt es seitdem als Rathaus.

Ⓘ Drei Schwestern – Neben dem Rathaus befinden sich drei sehr ähnliche Gebäude. Das linke Haus ist um 1570, das mittlere um 1630 erbaut worden. Das rechte Haus wurde 1963 abgerissen und 1991 nach altem Vorbild wieder errichtet.

Ⓙ Polizei – Mit einer Fassade aus dem Jahr 1617.

Ⓚ Schöninghsches Haus – Der Renaissancebau wurde 1576 errichtet. An seinen Giebeln sind Sandsteinfiguren angebracht, die die Taten des Herakles darstellen.

Ⓛ Post – In einem tollen Jugendstilgebäude.

Oben: Teegeschirr im Festsaal des alten Rathauses
Mitte: Hinter verschlossenen Türen tagt die Theelacht zweimal im Jahr.
Unten: Das »Hotel zur Post« liegt zentral am Markt.

Flanieren und Verweilen

Wer von Süden nach Norden einfährt, passiert seit dem Frühjahr 2012 das Norder Tor, das in diesem Fall nicht grün ist, sondern aus Backstein und einer Glasfassade besteht. Im Norder Tor befinden sich auf über 12 000 Quadratmetern 24 Geschäfte, von Discountern zu Bekleidungsläden. Ob dieses neue Stadtentrée sich harmonisch zwischen die Deich- und Frisia-Mühle einfügt, sollte jeder Norden-Besucher für sich entscheiden.

Wer in Norden Urlaub macht oder der Stadt einen Kurzbesuch abstattet, kommt in jedem Fall an zwei Straßen vorbei. Es sind die beiden Haupteinkaufsstraßen der Kleinstadt. Sofern man das Norder Tief überquert hat, betritt man den Neuen Weg, der schon zu Kaisers Zeiten die Hauptstraße Nordens war. Mittlerweile zu einer Fußgängerzone umgestaltet lässt es sich hier gemütlich flanieren, bummeln und ausspannen, und das auch nicht nur, wenn es regnet oder kein Strandwetter ist. Viele kleine Boutiquen laden neben Geschäften für den täglichen Bedarf zum Stöbern ein und die Norder Gastronomie ist hier auch gut vertreten. In der Mitte des Neuen Weges gibt es noch ein alteingesessenes Fischgeschäft, das nicht nur Bismarckhering oder Matjesbrötchen anbietet, sondern auch fangfrische Norddeicher Schollen, Scharben oder *Granat*, besser bekannt als Nordseekrabben.

Eine weitere Einkaufsstraße ist die Osterstraße, die vom Neuen Weg schnurstracks zum Markt führt. An diesem Teilstück der Osterstraße liegt auch das Schöninghsche Haus, das als ausdrucksvoller Renaissancebau sicher zu den beeindruckendsten und schönsten Häusern Nordens zählt. Schräg gegenüber liegt eine große Buchhandlung, die eine große Auswahl an Lektüre über Ostfriesland anbietet.

Mühlen und Museen

Einfach gut!

Eines der wichtigsten Museen in Norden ist das Ostfriesische Teemuseum, da es eines der ersten Spezialmuseen zum Thema Tee und Teekultur, Handel und Handwerk war. In dem westlich des Norder Marktplatzes gelegenen Museum ist auch die Theelkammer untergebracht. In der Theelkammer hat die Theelacht, was übersetzt »Anteilsaufsicht« heißt, ihren Versammlungsort. Sie wurde 1884 gegründet und ist die älteste bäuerliche Gemeinschaft Europas auf genossenschaftlicher Basis. Zweimal jährlich treffen sich die Mitglieder in einer nicht öffentlichen Sitzung zu den Ertragsauszahlungen. Ihre ursprüngliche wirtschaftliche Funktion und Bedeutung hat die Theelacht jedoch inzwischen eingebüßt.

Einst befanden sich 14 Windmühlen im Norder Stadtgebiet, drei davon sind heute restauriert, eine weitere noch als Rumpf erhalten. Wer aus südlicher Richtung in den Ort gekommen ist, der wird westlich und östlich des bereits erwähnten Norder Tors zwei Mühlen höchstwahrscheinlich bereits bemerkt haben: die Deich- und die Frisia-Mühle. Bei beiden Mühlen handelt es sich um knapp 30 Meter hohe vierstöckige Galerieholländer. Die Frisia-Mühle stammt aus dem Jahr 1864,

ALLES ÜBER TEE

Man betritt das Museum über das Alte Rathaus, einen Renaissancebau aus dem Jahr 1539. Der *Rummel* (Festsaal) vermittelt mit seinen Möbeln, dem Silber und Porzellan einen Eindruck vom Leben in reichen ostfriesischen Bürgerhäusern. Der vollständig erhaltene Gewölbekeller aus dem 13. Jahrhundert ist in seiner Konstruktion in Ostfriesland einzigartig und ein bemerkenswertes Zeugnis mittelalterlicher Backsteinkunst. Hier erfährt man alles über Tee und die Herstellung der berühmten ostfriesischen Mischung bis hin zu den Dekoren des ostfriesischen Teegeschirrs. Ganzjährig bietet das Museum auch die Möglichkeit, an Teezeremonien teilzunehmen.

Ostfriesisches Teemuseum.
Mai–Okt. tägl. 10–17, März, April Di–So 10–17, Nov.–Febr. Mi, Sa 11–16 Uhr, Teezeremonien nach Anmeldung, Am Markt 36, Tel. 04931/121 00, www.teemuseum.de

BUNTE MÄRKTE

Der Norder Wochenmarkt ist ein Treffpunkt für Jung und Alt. Seit Jahrhunderten wird auf der sechs Hektar großen Fläche ein Markt betrieben. Heute bieten rund 50 Händler vielfältige und häufig auch erzeugernahe Produkte: Obst und Gemüse, Fisch und Fleisch, Käse, Geflügel und Molkereiprodukte werden unter dem alten Baumbestand des Marktes am Fuße der Ludgerikirche angeboten. Neben dem 1598 erstmals erwähnten Pfingstmarkt, dem größten Jahrmarkt der Küstenstadt, zählt der Beestmarkt im Herbst zu den ältesten Volksfesten. Beestmarkt heißt übersetzt Rindermarkt: Hier gibt es neben Fahrgeschäften immer am ersten Samstag noch einen Tiermarkt.

Norder Wochenmarkt. Mo und Sa 7–13 Uhr, Marktplatz.

Nicht verpassen

die Deichmühle wurde 1900 auf einem traditionellen Mühlenplatz errichtet. Vorher befand sich dort eine Bockwindmühle aus dem 16. Jahrhundert. Wer die Stadt vom Markt aus westlich in Richtung Greetsiel verlässt, der kommt an der Westgaster Mühle vorbei, einem dreistöckigen Galerieholländer, der auf ganz besondere Weise an das Wohnhaus des Müllers angebunden ist. Diese drei Mühlen sind restauriert, können besichtigt werden und beherbergen Ausstellungen.

Im Bummelzug

Ein mobiles Museumserlebnis ist eine Fahrt mit der Museumseisenbahn (MKO), die auf ihrer 16 Kilometer langen Fahrt beschaulich durch die ostfriesischen Marschen zuckelt. Im Bummeltempo aus dem Norder Bahnhof heraus geht es durch den Lütetsburger Wald zum historischen Marktflecken Hage. Von dort geht es nach einem kurzen Zwischenhalt durch den Berumer Forst wieder hinaus in die weite Marschenlandschaft. Über Westerende ist dann nach einigen Kilometern die alte »Herrlichkeit« Dornum erreicht (siehe S. 164).

Infos und Adressen

SEHENSWÜRDIGKEITEN

Altes Rathaus. Am Markt 36

Deichmühle. Exponate zur Mühlengeschichte und -technik. Weiter Rundblick über das Norder Land. Ende Juni–Mitte Sept. Di–Fr 15–17 Uhr, Bahnhofstr. 1, Tel. 04931/123 39, www.deichmuehle.de

Friedhof. Am Zingel 10

Frisia-Mühle. Mit Ausstellung von alten Maschinen und Werkzeugen aus dem Bäckerei-Handwerk. Ende Juni–Ende Sept. Mi 15–17 Uhr, In der Gnurre 40, Tel. 04931/61 67

Ludgerikirche. 1. Nov.–31. März Mo 10–12.30 Uhr, Di–Fr 10–12.30 und 15–17 Uhr, Sa 10–12.30 Uhr, 1. April–31. Okt. Mo 10–14.30 Uhr, Di–Sa 10–17 Uhr, Am Markt 37

Mennonitenkirche. Am Markt 17

Museumsküstenbahn Ostfriesland (MKO). Ausstellung von historischen Fahrzeugen und Gleisbaugeräten in der großen Lokomotivhalle. Juli–Sept. So 12–16.30 Uhr. Verkehrstage: Informationen zu Plan- und Sonderfahrten erhält man auf der Internetseite. Am Bahndamm 4, www.mkoev.de

Schöninghsches Haus. Kann nicht besichtigt werden. Osterstr. 5

Theelkammer. Kann nicht besichtigt werden. Im Alten Rathaus. Am Markt 36

Westgaster Mühle. Ausstellung altertümlicher landwirtschaftlicher Geräte, Werkzeuge und Haushaltsgegenstände. Eine gemütliche Teestube und ein Hofladen bieten regionale Erzeugnisse. Mo–Fr 10–12.30 und 15–18 Uhr, Anf. Juni–Ende Okt. Do 15–17 Uhr Mühlenführung und Getreide mahlen sowie Backen im historischen Steinbackofen. Alleestr. 65, Tel. 04931/145 27

ESSEN UND TRINKEN

Hotel Reichshof. Die ostfriesischen Spezialitäten muss man unbedingt probieren. Ansonsten sind die hiesigen Fisch- und Lammgerichte sehr zu empfehlen. 11.30–14 und 18–22 Uhr, Neuer Weg 53, Tel. 04931/17 50, www.reichs-hof-norden.de

Restaurant Mediterrano. Bei der Küche rund um das Mittelmeer blickt man im alten Zollhaus auf den Norder Hafen. Di–So 12–14.30, 17.30–23 Uhr, Am Hafen 1, Tel. 04931/973 64 77, www.mediterrano-norden.de

Stadthotel Restaurant Smutje. Täglich wechselnder Mittagstisch zu moderaten Preisen. Gute Salatauswahl. Café 7.30–18 Uhr, Restaurant 12–14.30 und 18–22 Uhr, Neuer Weg 89, Tel. 04931/942 50, www.stadthotelsmutje.de

ÜBERNACHTEN

Hotel Reichshof. Die Harmonie der Familie Franke, die seit 1956 in dritter Generation nunmehr das Hotel führt, ist überall zu spüren. Neuer Weg 53, Tel. 04931/17 50, www.reichshof-norden.de

Hotel zur Post. Historisches Gebäude in zentraler, ruhiger Lage am Norder Markt. Mit Café und Kneipe. Am Markt 3, Tel. 04931/27 87, www.hotel-zur-post-norden.de

VERANSTALTUNGEN

Norder Beestmarkt. Tiermarkt. Am Sa des 3. Wochenendes im Okt., Norder Marktplatz

Norder Weinfest. Hier stellen Winzer aus dem Südwesten der Republik ihre Produkte mit dazu passenden Gerichten vor. Do–Sa am letzten Wochenende im Juli, Neuer Weg

INFORMATION

Tourist-Information. Mo–Fr 8.30–13 und 14–17 Uhr, Sa 9–13.30 Uhr, Am Markt (im Marktpavillon), Tel. 04931/98 62 01

23 Norddeich
Hier weht der Südwind von Norden

Die Auflösung dieses scheinbar meteorologischen Phänomens liegt darin begründet, dass man vom Seedeich in Norddeich gen Süden Richtung Norden blickt. Unzweifelhaft ist auch die Norder Stadtsilhouette mit Glockenturm, Ludgerikirche und Westgaster Mühle erkennbar. Mittlerweile hat das einstige Fischerdorf Norddeich eine eigene Silhouette bekommen und sich zu einem beliebten Küstenbadeort entwickelt.

Die erste Nennung des Ortes Norddeich erfolgte bereits im Jahr 1813. Vom Tourismus war noch nichts zu spüren. Das änderte sich auch nicht, als Anfang der 70er-Jahre des 19. Jahrhunderts durch die Dampfschiffs-Reederei Norden erstmalig eine fahrplanmäßige Verbindung nach Norderney und Juist aufgenommen wurde. Heute verkehren die schmucken Seebäderschiffe unter der Flagge der Rederei Norden-Frisia.

Küstenbadeort Norddeich

Da die Anlegestelle der Schiffe, eine Buhne, häufig durch Sturm und Eisgang beschädigt würde, entschloss man sich, den Hafen zu erweitern. Bis 1892 wurden Hafen, Mole und Leitdämme errichtet. Anschließend konnte der tideunabhängige Schiffsverkehr nach Norderney aufgenommen werden. Der Verkehr nach Juist blieb jedoch bis heute von den Gezeiten abhängig. Vier Wochen nach der Hafeneröffnung wurde die von Norden bis an den Fähranleger Norddeicher Mole verlängerte Eisenbahnlinie eröffnet. Mit der Anbindung Norddeichs an das Reichsbahnnetz konnten die

Mitte: Es liegen noch zahlreiche Krabbenkutter im Norddeicher Hafen.
Unten: Das Kurzentrum direkt hinter dem Deich garantiert frische Luft.

Einfach gut!

Feriengäste nun komfortabler anreisen. Nach dem Zweiten Weltkrieg setzte der Aufschwung zum Küstenbadeort ein. Ende der 50er-Jahre wurde das erste tidefreie Schwimmbecken eröffnet. 1960 zählte man schon 50 000 Übernachtungen. Der etwa 80 000 Quadratmeter große Sandstrand wurde 1969 aufgespült. 1979 erhielt Norddeich das Prädikat »Staatlich anerkanntes Nordseebad«.

Mit dem Bau des Therapiezentrums, der Klinik und Umbau und Erweiterung des Hauses des Gastes werden in den 90er-Jahren weitere Grundsteine zur florierenden Tourismusentwicklung gelegt, so erhält Norddeich 2010 die höchste Auszeichnung und darf sich Nordseeheilbad nennen. Pro Saison belaufen sich die Übernachtungszahlen auf ca. 1,3 Millionen und den Besuchern wird einiges geboten.

Norddeich und der Seehund

Neben Friedrichskoog liegt in Norddeich die zweite Seehundstation an der deutschen Nordseeküste, die für das Niedersächsische Wattenmeer zuständig ist. Zwischen 30 und 80 verwaiste Seehunde und Kegelrobben werden jährlich aufgezogen und in die Nordsee zurückgebracht. In der naturnah gestalteten Beckenanlage kann man Seehunde auf den Liegeflächen, im und sogar unter Wasser beobachten. Eine große Ausstellung zeigt das Leben der Seehunde und lässt den Besucher vieles über ihren natürlichen Lebensraum – das Weltnaturerbe Wattenmeer – entdecken.

Badevergnügen im Ocean Wave

Im spektakulären Erlebnisbad Ocean Wave mit Original-Nordseewasser kommt jeder auf seine

WATTWANDERUNG DURCH DEN NORDDEICHER SCHLICK

Alle sechs Stunden wechseln sich Ebbe und Flut im Wattenmeer bekanntlich ab. Und diese wechselnden Wasserstände machen es möglich, ins Watt hineinzuwandern. Das sich zurückziehende Meer lässt Krabben, Muscheln, Seesterne und Einsiedlerkrebse zurück, Wasser hat den Sand zu skurrilen Rillen geformt. Oder man geht durch das Schlickwatt, das schwarz und glitschig durch Zehen hervorquillt. Es soll ja sehr gesund sein. Mit ein wenig Glück lassen sich sogar Seehunde beobachten, die sich ganz gemütlich auf einer der zahlreichen Sandbänke sonnen! Wenn man weiter ins Watt hinauswandern möchte, dann sollte man dieses Naturphänomen in Begleitung eines erfahrenen Wattführers erleben.

Wattwanderung. 10 ausgebildete Wattführer stehen in Norddeich zur Verfügung, etwa Heiko, Tel. 04931/30 31, oder Anita, Tel. 04931/819 43, www. norddeich. de

Schützlinge der Seehundstation

Kosten! Die Kinder können sich auf der 105 Meter langen Wasserrutsche, unter dem Wasserfall oder im Kinderbecken vergnügen. Für die Großen gibt die Saunalandschaft mit Dampfbad, finnischer Sauna, Softsauna, Solarium, Entspannungsbecken, Kaltwasseranlage und Außenbecken.

Die Kultdisco hinter dem Deich

Dem zunehmenden Touristenstrom musste auch etwas am Abend geboten werden. Anfang 1960 eröffnete das »Haus Waterkant«, ein biederes Lokal mit Tischen, weißen Tischdecken und deutscher Schlagermusik. Doch bald änderte die Besitzerin Meta Rogall ihr Konzept. Der Rock'n'Roll zog in das Haus ein, Mitte der 60er-Jahre traten hier die ersten englischen Bands auf. »Haus Waterkant« hieß von nun an nur noch »Meta« und wurde zum Treffpunkt für Ostfriesen und viele Touristen. Seit dem Tod Metas betreibt ihr Sohn die Disco weiter.

Leichte Brise und Drachensport

Direkt am Strand befindet sich eine große Drachenwiese. Hier findet alljährlich das große Norddeicher Drachenfest statt. Es ist bereits seit Jahren eine feste Größe im Kalender der begeisterten Drachenfans: Piloten aus dem In- und Ausland präsentieren hier ihre Drachen. Ein buntes Rahmenprogramm ergänzt diese schöne Veranstaltung am Norddeicher Strand.

Oben: Am Sandstrand kann man sich in einem der vielen Strandkörbe entspannen.
Mitte: Einmal im Jahr ist Hafenfest in Norddeich.
Unten: Die Kultdisco »Meta« liegt gleich hinter dem Deich.

Infos und Adressen

ESSEN UND TRINKEN

Fischrestaurant de Beer. Scholle, Seezunge oder Scharbe, dazu leckere Bratkartoffeln. 9–18 Uhr, in der Hauptsaison bis 20 Uhr, Am Fischereihafen, Tel. 04931/93 28 30.

Pfannkuchenhaus. Hier dreht sich alles um den Pfannkuchen, ob salzig oder süß. Und hausgemachte Reibekuchen gibt es auch. Mi–Mo 11–14 und 17–21.30 Uhr, Norddeicher Str. 204, Tel. 04931/91 75 50, www.ndd-urlaub.de

ÜBERNACHTEN

Hotel Fährhaus. Gleich hinter der Norddeicher Mole mit Blick auf die ostfriesischen Inseln. Der Spa-Bereich liegt hoch über dem Meer im Obergeschoss. Hafenstr. 1, Tel. 04931/988 77, www.hotel-faehrhaus.de

Hotel Regina Maris. Direkt an der autofreien Kurpromenade am Deich und im wahrsten Sinne des Wortes einen Katzensprung vom Nordseestrand entfernt. Am Kamin lässt sich nach dem Strandspaziergang gemütlich Verweilen und Entspannen. Mit empfehlenswertem Restaurant im Haus. Badestr. 7c, Tel. 04931/189 30, www.hotelreginamaris.de

AKTIVITÄTEN

Meta's Musikschuppen. Kult-Disco hinter dem Deich. Fr, Sa ab 21 Uhr, in den Ferien tgl., Deich-str. 10, www.metas-musikschuppen.de

Norddeicher Drachenfestival. Die einzigartige Lage des Veranstaltungsorts gibt dem Drachenfest eine ganz besondere Atmosphäre. Am Himmelfahrtswochenende auf der Wiese beim Strand, www.drachenfest-norddeich.de

Norddeicher Ostermarkt. Kleiner, überschaubarer Jahrmarkt bei der Ocean Wave.

Ocean Wave. Meerwasserwellen-Schwimmbad für Jung und Alt. Mo–Fr 10–21 , Sa, So 10–20, Saunadeck Mo–Fr 10–22 Uhr, Sa, So 10– 21 Uhr, Dörper Weg 23, Tel. 04931/98 63 00, www.ocean-wave.de

Open Air am Meer. Beachevent mit Open-Air-Kino und Livemusik an der Drachenwiese. 20.–23. Juli 2015.

INFORMATION

Tourist-Information. Mo–Fr 8.30–17 Uhr, Sa 10–13 Uhr, Info-Schalter im »Ocean-Wave« Sa 13–18 Uhr, Dörper Weg 22, Tel. 04931/98 62 00, www.norddeich.de

Beim Norddeicher Drachenfest geht es bunt zu.

24 Westermarsch
Plattes Land und hohe Deiche

Fährt man von Norden gen Westen, dann kommt man in die Westermarsch. Wie der Name Marsch schon bekundet, handelt es sich hier um einen platten Landstrich auf Meereshöhe. Sattgrüne Wiesen und üppige Kornfelder durchziehen die Landschaft. Unterbrochen wird dieses Bild ab und zu durch mächtige Gulfhöfe, die erhöht auf kleinen Warften stehen. Es gibt hier die schönsten Sonnenuntergänge in Ostfriesland zu beobachten.

Wie die gesamte ostfriesische Küste ist auch die Westermarsch vom ständigen Kampf der Friesen gegen das Meer geprägt. Am 9. Oktober 1373 überschwemmte eine große Flut das ganze friesische Gebiet. Eine riesige Bucht wurde dort ins Land gerissen, wo heute Leybuchtpolder und Neuwesteel liegen. Das Meer reichte damals noch bis nach Marienhafe und Norden. Gebäude und auch die Kirche von Westeel wurden vom Wasser mitgerissen. Teile der Leybucht wurden im Laufe der Jahrhunderte nach und nach wieder eingedeicht. In früheren Jahrhunderten geschah dies mit Muskelkraft und Spaten, worauf auch der Spaten im Neuwesteeler Wappen hinweist. In den Jahren 1928 und 1929 wurde der zirka 600 Hektar große Leypolder eingedeicht. Auf diesem entstand seit 1934 der heutige Ort Neuwesteel, der mit der Kommunalreform 1972 nach Norden eingemeindet wurde. Neuwesteel liegt somit auf dem Gebiet des 1373 beim Einbruch der Leybucht untergegangenen Dorfes Westeel. Noch jüngeren Datums ist das Dorf Leybuchtpolder. Nach Abschluss der Eindeichung wurde 1952 mit der Besiedlung des neu gewonnenen Landes begonnen. Dabei wurden

Mitte: Ein gepflegter Bauernhof in der Westermarsch Richtung Greetsiel
Unten: Unendliche Weite, dazwischen ein paar grasende Kühe – das ist die Westermarsch.

sowohl Einheimische als auch Heimatvertriebene aus den früheren Ostgebieten des Deutschen Reichs berücksichtigt, die in der Region in größerer Zahl aufgenommen wurden. Einheimische wie Vertriebene erhielten jeweils die Hälfte des Landes. Bevorzugt berücksichtigt wurden dabei die Deicharbeiter, die die Landnahme mit ihrer Arbeit erst ermöglicht hatten. Leybuchtist ein Vogelrastgebiet von internationaler Bedeutung und unterliegt mittlerweile dem Weltnaturerbe Wattenmeer.

Mit Pedal und Paddel durch die Marsch

Ein Ausflug mit dem Fahrrad durch die Westermarsch ist sehr empfehlenswert, da man so auch am Deich entlangradeln kann. Je nach Windverhältnissen entscheidet man sich für die Tour vor oder hinter dem Deich. Vor dem Deich hat man den Blick über die Weite des Wattenmeeres, hinterdeichs die Weite der Marsch. Es bietet sich dann auch eine Rast auf den alten Gulfhöfen an. Bei einer Rundtour empfiehlt es sich, das Norder Tief mit einer Pünte, das ist eine Fähre, die man mit seiner Muskelkraft mittels einer Kurbel bewegt, zu überqueren. Da es zwischen Norden und dem Schöpfwerk Leybucht über viele Kilometer keine Brücke gibt, ist diese Überquerung in Neuwesteel die einzige Möglichkeit. Dies gilt allerdings nur für Fußgänger und Fahrradfahrer.

Direkt hinter dem Schöpfwerk Leybucht liegt die Paddel- und Pedal-Station. Das Prinzip ist folgendermaßen: In Leybuchtsiel steigt man in ein Kanu und paddelt durch einen für Ostfriesland typischen Wasserweg, das Norder Tief, in Richtung Norden. In Norden warten die Räder, mit denen man wieder zum Ausgangsort zurückfährt, diesmal durch die Marsch. Frische Luft und Bewegung sind garantiert!

Bauernhofcafé Osterwarf. Sehr lecker sind die hausgemachten Torten. Bieten auch Ferienwohnungen an. Anf. April–Ende Okt. 11–20 Uhr, Osterwarfer Weg 6, Norden-Westermarsch, Tel. 04931/99 82 92, www.osterwarf.com

Hotel Großer Krug. Direkt an der Nordseeküste, nur einen Steinwurf vom Deich entfernt. Deichstr. 24, Norden, Tel. 04931/956 76 84, www.grosser-krug.de

Kinderferienparadies Ernst-August-Polder. Ein idealer Urlaubsort für Kinder, die Pferde lieben. Ernst-August-Polder, Norden-Neuwesteel, Tel. 04931/125 75, info@ferienponyhof.de, www.ferienponyhof.de

Urlaub auf dem Bauernhof. Hilfe bei der Suche bietet auch die Tourist-Information Norddeich, www.neuwesteel.de/Unterkunft

Paddel & Pedal. 15. März–Okt. tgl. 10–18 Uhr, Kanufahren pro Pers./Tag 11 €, 1er-Kajak 15 €, Mietrad 7 €. Lorenzweg 34, Norden-Norddeich, Tel. 04931/930 49 15 oder 0171/745 48 20, norden@paddel-und-pedal.de, www.paddel-und-pedal.de, www.paddeln-norden.de

Tourist-Information Norden. Mo–Fr 8.30–17 Uhr, Sa 10–13 Uhr, Dörper Weg 22, Tel. 04931/98 62 00, www.norddeich.de

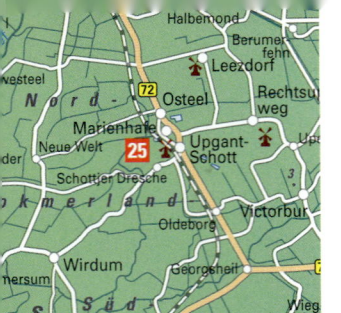

25 Marienhafe
Auf den Spuren der Seeräuber

Marienhafe liegt im westlichen Teil der ostfriesischen Halbinsel, rund 20 Kilometer nordöstlich von Emden und zehn Kilometer südöstlich von Norden. Nach den verheerenden Sturmfluten Ende des 14. Jahrhunderts, die eine riesige Bucht in der Küstenlinie hinterließen, war Marienhafe für einige Jahrzehnte Hafenort, in dem die Schiffe fast bis an die Marienkirche heranfahren konnten.

Die Ortschaft Marienhafe wurde 1424 aufgrund eines Bremer Schiedsspruchs als Marienhoff gegründet. Die dort gelegene Kirche besteht schon seit dem 13. Jahrhundert. Die Wattflächen Leybucht und Kuipersand, die in der Emsmündung bzw. in deren Übergang zur Nordsee liegen, beziehen ihren Namen von der alten dreischiffigen Marienhafer Großkirche. Ihr Turm und alle drei Kirchenschiffe waren auf der Nordseite mit Kupfer (friesisch: *Kuiper*) und auf der Südseite mit Schiefer (friesisch: *Ley*) gedeckt, sodass die Kirche von See her eine gute Orientierung bot: Durch den wechselnden Blick auf die Kupfer- und die Schieferseite hatten die Kapitäne einen Hinweis darauf, wo die auch bei Niedrigwasser befahrbaren Priele und Wasserflächen liegen. Wer dieses nicht wusste, hatte keine Chance, den Ort mit seinem tideabhängigen Hafen vom Meer her zu erreichen.

Mitte: Vom Störtebekerturm aus hat man einen tollen Überblick über diesen Teil Ostfrieslands.
Unten: Das Innere der Marienkirche schmückt die berühmte Holy-Orgel.

Störtebeker kommt

Der Überlieferung nach kam der berüchtigte Seeräuber Klaus Störtebeker am 13. Januar 1396 nach Marienhafe. Hier bewohnte er den Raum im ersten Stock des Turms der Marienkirche. Der

Turm ist daher in ganz Deutschland als »Störtebe-kerturm« bekannt. Auf der Flucht vor der Hanse, Dänemark und dem deutschen Ritterorden, flüchteten die Piraten Klaus Störtebeker und Gödeke Michels an die Nordsee. Hier lebten die Friesen, die mit der Hanse auf Kriegsfuß standen, sich aber auch untereinander bekämpften. Daher wurden die Piraten mit offenen Armen empfangen. Vieles dreht sich noch immer um Störtebeker. Ein Höhepunkt ist das alljährliche Störtebeker Straßenfest. Auf der Einkaufsstraße und rund um den Marktplatz bieten zahlreiche ortsansässige Vereine selbst hergestellte Waren und Spiele an. Abends gibt es ein Musikprogramm mit mehreren Livebands. Und alle drei Jahre finden auf dem Marktplatz vor der Marienkirche die Störtebeker Freilichtspiele statt.

St. Marienkirche und Störtebekerturm

Die Bedeutung der Kirche als Seezeichen ging nach dem Ende des Mittelalters durch die Verlagerung der Küstenlinie zurück. Marienhafe liegt heute im Binnenland und hat keinen Hafen mehr. Vom Störtebekerturm hat man einen herrlichen Ausblick über die ostfriesische Landschaft und kann seine Gedanken in die Ferne schweifen lassen. Die ehemalige Kammer des Seeräubers beherbergt heute das Turmmuseum mit einer Dokumentation zur Baugeschichte. Der Aufstieg zum Turm ist besonders für Kinder ein spannendes Erlebnis. Die Stufen sind sehr schmal und steil. Man kommt an den riesigen Glocken der Kirche vorbei, die, wenn es an der Zeit ist, ohrenbetäubend läuten. Die Besichtigung des Störtebekerturms kann gleich mit einem Besuch der schönen St. Marienkirche mit beeindruckender Orgel verbunden werden. Der imposante Innenraum birgt neben einer Marienstatue und einer Heiligenstatue einen Bentheimer Taufstein aus dem 13. Jahrhundert.

SEHENSWÜRDIGKEITEN

Marienkirche. Di–So 14–17 Uhr, Am Markt.

Störtebekerturm. April–Sept. Di–Sa 10–12, 14–17, So 14–17, Okt. Di–So 14–17 Uhr, Am Markt.

ESSEN UND TRINKEN

Störtebekers Teestube. Das Personal serviert in historischer Kleidung. Di–Fr 13–18 Uhr, Sa, So 11–18 Uhr, Am Markt 27, Tel. 04934/49 66 49, http://stoertebekers-teestube.de

ÜBERNACHTEN

Hotel Zur Waage. Kleines Stadthotel und Restaurant. Rosenstr. 6, Tel. 04934/316, www.zur-waage-marienhafe.de

VERANSTALTUNGEN

Marienhafe bei Nacht. Der ganze Ort ist erleuchtet, und rund um den Störtebekerturm kann man feiern und bis 24 Uhr shoppen. Letzter Freitag im Juli.

Störtebeker Straßenfest. Mit Musik und Flohmarkt. Am 1. Sa im Juni, Rosenstr. und Marktplatz.

AKTIVITÄTEN

Birgits Tiergarten. Es darf gestreichelt werden. März–Okt. tägl. 10–18, Nov.–Febr. Fr–So 10–17 Uhr, Tannenstr. 18, Rechtsupweg, Tel. 04934/13 45, www.birgits-tiergarten.de

INFORMATION

Tourist Information Brookmerland. Mo–Fr 8.30–12.30 und 14.30–16, Sa 8.30–12.30, Uhr. Am Markt 10, Tel. 04934/818 88, touristinfo@marienhafe.de

26 Hage
Das Tor zur Nordsee

Einfach durchatmen! – So der Slogan des kleinen Ortes im Störtebekerland. Denn der Luftkurort Hage grenzt direkt an die Nordsee und bietet mit seinen fünf Mitgliedsgemeinden vielfältige Möglichkeiten für eine individuelle Ferien- und Freizeitgestaltung. Dazu zählen das Schloss Lütetsburg, die Burg Berum und der Naturbadestrand Hilgenriedersiel in der Hagermarsch.

Hage, rund fünf Kilometer östlich von Norden gelegen, ist streng genommen keine Stadt, nicht einmal eine Kleinstadt, sondern vielmehr ein »Flecken«. Dieser Begriff ist nicht etwa bösartig gemeint. Flecken waren im Mittelalter der Mittelpunkt für die umliegenden Dörfer, hatten das Privileg des Marktrechts und waren häufig auch Sitz eines königlichen Amts. Somit erhielt Hage Mitte des 17. Jahrhunderts den Namen Marktflecken, durfte zwei Märkte pro Jahr betreiben und hat diese Tradition bis heute beibehalten.

Bekanntheit erhielt Hage auch während des Ersten Weltkriegs. Aufgrund seiner strategisch günstigen Lage errichtete die kaiserliche Marine unweit des Ortes einen der größten Luftschiffhäfen. Hage wurde damit zu einem der größten Angriffsstützpunkte gegenüber Großbritannien. Zu sehen ist hier aber nichts mehr, denn die Hallen wurden bald nach dem Ende des Krieges abgerissen.

Weithin sichtbar ragt der Turm der Hager St.-Ansgari-Kirche in den Himmel.

Burg Berum

Hinter dem östlichen Ortsausgang liegt die Burg Berum im gleichnamigen Ortsteil. Wann genau die

Burg errichtet wurde, ist nicht mehr zu ermitteln. Erste urkundliche Hinweise datieren die Häuptlingsburg auf das Jahr 1310. Leider verfiel das Schloss Berum unter Friedrich dem Großen immer mehr und das kostbare Inventar wurde versteigert. Zum Glück blieben die mächtige Vorburg mit Turm und Tor erhalten. Heute in Privatbesitz, dient es als Gästehaus.

Schloss Lütetsburg

Schon von der Hauptstraße aus, die von Hage gen Westen nach Norden führt, sieht man im Ortsteil Lütetsburg die langgestreckte Vorburg von Schloss Lütetsburg, die 1557 bis 1576 im Renaissancestil an Stelle einer älteren Burg erbaut wurde. Die Familie zu Inn- und Knyphausen, die aus dem Jeverland stammt, ist heute noch im Besitz der Lütetsburg. Nach einem Brand 1893 wurde das im friesischen Barockstil neu aufgebaute Gebäude im Zweiten Weltkrieg durch Fliegerbomben teilweise wieder zerstört. Ein Großfeuer im Jahre 1956 vernichtete das Schloss abermals, danach wurde es im monumentalen Backsteinstil wieder neu aufgebaut. Eine Besichtigung des privat bewohnten Schlosses ist nicht möglich, dafür wartet aber hinter der Burg ein absolutes Highlight: der Schlosspark.

Ein Gulfhof und ein Rapsfeld – das ist Ostfriesland!

Infos und Adressen

SEHENSWÜRDIGKEITEN
Schlosspark Lütetsburg. Mai–Sept. 8–21 Uhr, Okt.–April 10–17 Uhr, Lütetsburg, Landstr. 55, Tel. 04931/42 54, www.schlosspark-luetetsburg.de

St.-Ansgari-Kirche. Führungen Di 11 Uhr, Sankt-Annen-Weg, Tel. 04931/18 99 70, www.ansgari-kirche-hage.de

ESSEN UND TRINKEN
Alexis Zorbas. Ein uriger Grieche mitten in Hage. Hauptstr. 122, Tel. 04931/72 16.

Schlossparkcafé Lütetsburg. Saisonal inspirierte Küche. Landstr. 39, Tel. 04931/930 64 69, www.schlossparkcafe-luetetsburg.de

ÜBERNACHTEN
Gästehaus Burg Berum. Stilvoll eingrichtete Zimmer. Burg Berum, Hage-Berum, Tel. 04931/77 55, www.burgberum.de

Friesischer Hof. Kleines Hotel mitten im Ortskern von Hage. Hauptstr. 86, Tel. 04931/956 40, www.friesischer-hof.de

VERANSTALTUNGEN
Lütetsburger Weihnachten. Alles rund ums Fest. Mitte Dez. tgl.11–20 Uhr, www.schlosspark-luetetsburg.de

Open-Air-Gottesdienst im Schlosspark. Immer zu Himmelfahrt.

INFORMATION
Kurverwaltung Hage. Mo–Fr 8.30–12.30 Uhr, Mo–Do 14.30–17 Uhr, im Rathaus, Hauptstr. 81, Tel. 04931/18 99 70.

27 Großheide
Im Herzen Ostfrieslands

**Mit seinen Hochmoorsiedlungen, langge-
zogenen Kanälen und landschaftstypischen
Windmühlen ist die Gemeinde Großheide
mitten im Herzen Ostfrieslands richtig
ursprünglich. Doch bereits vor 200 Jahren
begann die Urbarmachung des 8000 Jahre
alten Hochmoors und die Anlegung der
Fehnkolonie Berumerfehn.**

Inmitten der unwegsamen Moorlandschaft bilde-
ten sich einst flache Seen, von denen das Ewige
Meer, der größte noch erhaltene Hochmoorsee
Deutschlands, Zeugnis ablegt. Über eigens ge-
grabene Wasserstraßen, die die Lebensadern der
Region waren, transportierten schwer beladene
Kähne den gewonnenen Torf, ein begehrtes Brenn-
material vergangener Jahrhunderte, in die nahe-
gelegene Küstenstadt Norden. Ein beschwerlicher
Weg für die Schiffer, welche die schwer beladenen
Kähne mit Manneskraft fortbewegten, da sie die
Kähne an Tauen von Land aus zogen (*treideln*
genannt).

Angebote für Touristen

Die Gemeinde Großheide mit ihren zehn Ortsteilen
im Herzen Ostfrieslands scheint noch weitgehend
unberührt von Industrie, Straßenlärm und großem
Tourismus zu sein, was sicher auch ihren Charme
ausmacht. Großheide ist kaum industrialisiert und
verfügt insgesamt über wenig Gewerbe. Neben der
Landwirtschaft spielt der Tourismus aber eine zu-
nehmende Rolle. Für eine Entdeckungstour stehen
zahlreiche Wander- und Radrouten zur Verfügung,
Service und Verleihstationen für Radler sind ebenfalls vorhanden. Wer auf den Hund gekommen
ist, begegnet hier keinerlei Problemen – viele der

Mitte: Klein und zierlich ist die
Windmühle in Südcoldinne.
Unten: Ein prachtvoller Fehnkanal
ist der von Berumerfehn.

Gastgeber erlauben Hunde in den Unterkünften und der Hund selbst wird die ostfriesische Landschaft lieben.

Für Badelustige und Familien ist die Freizeitanlage am Kiessee ein ideales Ausflugsziel. Neben einem naturbelassenen Strand und einem Volleyballfeld bietet der Kiessee ausreichend Platz für Groß und Klein.

Mühlen in Großheide

Mit dem Galerieholländer Rote Mühle in Berumerfehn wie der Tjaden-Mühle in Südcoldinne befinden sich zwei Mühlen in der Samtgemeinde Großheide. Die Tjaden-Mühle wurde einst in Westrhauderfehn als Wasserschöpfmühle genutzt, 1922 wurde sie von Onno Tjaden in Südcoldinne errichtet. Hermann Tjaden, der Sohn eines Vetters, übernahm nach dem Zweiten Weltkrieg die Mühle. Bis zu seinem Tod 1975 blieb die von ihm renovierte Mühle noch in Betrieb. Danach zeichnete sich der langsame Verfall ab, der aber durch den Ankauf von der Gemeinde im Jahre 1976 abgewendet werden konnte.

Museum Berumerfehn

Das frühere Schulgebäude der ehemaligen Dorfschule liegt am Rand des Hochmoors direkt am Berumerfehner Wald. Die Tier- und Pflanzenwelt kann man sich im Wald- und Moormuseum Berumerfehn anschauen. Hier werden Kleinsäuger- und Vogelpräparate in ihren natürlichen Lebensräumen gezeigt. Broschüren informieren über die Entwicklung der Norder Fehngesellschaft und den Bau des Torfkanals von Norden nach Berumerfehn. Weitere Angebote sind: Exkursionen in Wald und Moor, Diavorträge zum Torfabbau in früheren Zeiten und Unterricht für Schulklassen.

Infos und Adressen

SEHENSWÜRDIGKEITEN

Tjaden-Mühle. Ostern–Anfang Nov. So 10–12 Uhr, Besichtigungen möglich, Eintritt frei, Königsweg 1, Südcoldinne, Großheide, Tel. 04936/22 58

Wald- und Moormuseum Berumerfehn. Wissenswertes um den Torfkanalbau mit einer Ausstellung zur Moorgeschichte. Mi, Sa, So 10–18 Uhr, Mitte Juli–Mitte Sept. tgl. 10–18 Uhr, Eintritt 2,50 €/Erw., 1 €/Kind, Ermäßigung mit der Gästekarte Störtebekerland, Kirchweg 1a, Tel. 04936/65 10

ESSEN UND TRINKEN

Fehntjer Coffje Stuv. Neben Tee und Kuchen auch guter Kaffee. Verlaatsweg 18, Berumerfehn, Tel. 04936/913614, www.fehntjer-coffje-stuv.de

ÜBERNACHTEN

Hotel Restaurant Kompaniehaus. Gemütlich eingerichtete Zimmer in einer ruhigen Lage garantieren Erholung. Im Restaurant verwöhnt Tobias Lannte seine Gäste. Dorfstr. 35, Großheide Ortsteil Berumerfehn, Tel. 04936/913 60, www.kompaniehaus.de

AKTIVITÄTEN

Ortsrundfahrten per Kutsche. Ab 2 Personen. Familie de Vries, Ellernweg 10, Großheide, Tel. 04936/76 29, www.ostfriesland.de

Torfkahnfahrten. Mitte Juni–Mitte Sept. Sa 15–16 Uhr, Gruppenfahrten nach Anmeldung. Treffpunkt im Verlaatsweg, Berumerfehn, direkt am Anleger. Tel. 04936/1040

MÜHLEN
Ein Stück Kulturgeschichte

Der Mahlgang der Mühle von Wiegboldsbur

In dem platten Ostfriesland sind sie meistens neben den Kirchtürmen schon von weitem sichtbar, da sie hoch sein mussten, um sich im Wind zu drehen und arbeiten zu können: die Mühlen. Mittlerweile überragen die zahllosen Windparks, die ausschließlich der Stromerzeugung dienen, die schönen Relikte ostfriesischer Kulturgeschichte. Doch in den alten Bauwerken kann man heute viel erleben und begreifen.

Angeblich drehte sich Ostfrieslands erste Windmühle schon vor fast 600 Jahren. Die Zahl der Mühlen nahm im Lauf der Zeit rasch zu, sodass um 1900 der ostfriesische Bestand mit 174 Mühlenbauten seinen Höhepunkt erreichte. Mit der beginnenden Industrialisierung sank die Zahl dann aber stetig wieder, denn die Motorkraft ersetzte jetzt die Windkraft. Besonders in den 50er- und 60er-Jahren des vergangenen Jahrhunderts war ein großes Mühlensterben – nicht nur in Ostfriesland – zu verzeichnen. Dem Engagement vieler Mühlen- und Heimatvereine ist es jedoch zu verdanken, dass heute rund 90 Windmühlen in Ostfriesland verblieben sind.

Mühlen als Museen

Einige von ihnen sind heutzutage zwar noch voll funktionsfähig, werden aber in der Regel nicht mehr gewerblich zum Mahlen genutzt. Die Spetzerfehner Windmühle ist wohl die einzige in Ostfriesland, die noch gewerbsmäßig mit Windkraft betrieben wird. Sie ist auch ein Teil des »Fünf-Mühlen-Landes« Großefehn. Auch in anderen Mühlen, wie der Rutteler Mühle bei Neuenburg, wird heute noch Getreide mit Windkraft gemahlen, das Mehl kann im Mühlenladen gekauft werden. Viele der Mühlen aber sind heute als Museum, Bildergalerie, Café oder sogar als Standesamt ausgebaut oder betreiben einen Naturladen mit Bioprodukten aus der Region.

Ostfrieslands Windmühlen-Landschaft wird beherrscht vom Typ der Holländerwindmühle. Sie besitzt eine drehbare Kappe, die je nach Windrichtung mittels eines Sterzes (auch Steert genannt), eines langen Balkens, per Hand oder auch durch Windrose gedreht wurde, sodass die Flügel immer zum Wind ausgerichtet waren. Um zusätzlich an Höhe zu gewinnen, stehen viele der Mühlen auf einem achtkantigen Sockelbau. Mit fast 31 Metern ist der fünfstöckige Galerieholländer von Hage die höchste Mühle in Ostfriesland. Nicht ganz so hoch, dafür aber deutlich älter ist die Bockwindmühle von Dornum, die bereits 1626 errichtet wurde. Im Gegensatz zur Holländerwindmühle steht das kastenartige Mühlenhaus hier auf einem Pfahl, dem sogenannten Hausbaum, und wurde ebenfalls mit einem Sterz in den Wind gedreht.

Diese alte Mühle kann nur an ausgewählten Tagen besichtigt werden (Termine: www.bockwindmühle-dornum.de). Doch bei den anderen werden besonders in der Ferienzeit häufig Besichtigungen und Mahlvorführungen angeboten. Und am Pfingstmontag, dem Deutschen Mühlentag, stehen fast alle Mühlen in Ostfriesland für Besucher offen.

28 Herrlichkeit Dornum
Puppenstubenatmosphäre

Dornum ist wirklich eine Puppenstube! Das barocke Wasserschloss, die Beningaburg und die St. Bartholomäus-Kirche zeugen auch heute noch von der einstigen Herrlichkeit Dornum, als hier der Sitz ostfriesischer Häuptlinge war. Nirgendwo in Ostfriesland hat man so viele bedeutende kulturelle Sehenswürdigkeiten auf so kleinem Raum wie in Dornum.

Dornum war im Mittelalter eine »Herrlichkeit«. Die örtlichen Häuptlinge – auch Herren genannt – behielten unter dem Grafen von Ostfriesland innerhalb Ostfrieslands noch eine gewisse Autonomie. Aus »Herren« wurde »Herrlichkeit« und so war's um Dornum geschehen. In Dornum war es Hero Attena, der dann um 1380 die Herrlichkeit Dornum und Nesse gründete.

Dornums Schönheiten

Die Kirchen in Dornum und den Umlandgemeinden sind trutzig und stemmen sich gegen den ständig wehenden Westwind. Oder sie sind herrschaftlich und zeugen von reformiertem Selbstbewusstsein. Eines haben Dornums Kirchen aber gemeinsam: Sie sind Inseln der Ruhe in einer hektischen Zeit. Oft wurden sie aus Backsteinen auf Warften mit freistehenden Glockentürmen im romanischen Stil erbaut, so auch die St.-Bartholomäus-Kirche in Dornum, die auf einer alten Warft steht. Am alten Pfarrhaus aus dem 16. Jahrhundert vorbeigehend, entdeckt man die Kirche, beschirmt von zwei mächtigen Buchen. Ende des 13. Jahrhunderts entstanden Glockenturm und Kirche. Die Orgel erbaute 1710/11 Gerhard von

Mitte: Das Caspar-Cramer-Huus umgibt ein Obstgarten voller alter Bäume.
Unten: Im Inneren der alten St.-Bartholomäus-Kirche

Holy. Er soll ein Schüler von Arp Schnitger gewesen sein und schuf mit 32 Registern und 1770 Pfeifen die zweitgrößte historische Orgel in Ostfriesland. Sie wurde 1995 als nationales Denkmal von europäischem Rang anerkannt und 1997/98 umfassend restauriert und in den ursprünglichen Zustand zurückversetzt.

Auch Ostfrieslands älteste Familiengruft aus dem 15. Jahrhundert liegt in der St.-Bartholomäus-Kirche. Eine Holzklappe im Boden und eine kleine Treppe führen direkt in eine Gruft – ein Kellergewölbe, in dem von 1594 bis 1728 Angehörige der Dornumer Herrschaftsfamilie von Closter bestattet wurden. Acht prachtvoll verzierte Särge, ein massiver Eichenholzsarg mit acht Zentimeter dicken Brettern symbolisiert die Macht der Verstorbenen.

Das Oma-Freese-Huus wurde ca. 1850 erbaut. Seit der Restaurierung in den 80er-Jahren betreut der Heimatverein Dornum dieses Haus. In ihm sind die Vermächtnisse der Gebrüder Kittel und Enno-Wilhelm Hektors, der als Dichter in Dornum lebte und das Ostfriesenlied »In Ostfreesland is't am besten« schrieb, untergebracht. Ein historisches Gebäude ist auch das Casper-Cramer-Huus (Westerstraße 3), in dem sich heute ein Kindergarten befindet.

Geheimtipp

NACHTORGEL

Dieses Konzert ist ein Highlight der Sommerkonzerte von Dornum. Unter der künstlerischen Leitung von Andreas Liebig begeistern internationale Meisterorganisten. »Man spielt hier wie auf Rosen.« Dieser Eintrag im Gästebuch erklärt, warum international renommierte Orgelkünstler so gern nach Dornum kommen: Die »Königin von Dornum« gilt, wie Altbundeskanzler Helmut Schmidt als passionierter Orgelspieler bekannte, als eines »der wertvollsten Instrumente Deutschlands«. Das von Gerhard von Holy (1687–1736) erbaute bedeutende barocke Repräsentationsinstrument ist heute in Fachkreisen als historische Orgel von europäischer Bedeutung anerkannt. Und die Atmosphäre der Konzerte ist immer besonders beeindruckend.

Nachtorgel bei Kerzenschein. Konzerte Juni–Aug. Fr ab 21 Uhr, Karten unter Tel. 04933/911 10, www.nachtorgel.de

Die Dornumer Synagoge, die letzte erhaltene Ostfrieslands, wurde 1841 erbaut. Einige Tage vor der Reichspogromnacht am 9. November 1938 wurde die Synagoge für 600 RM verkauft, was sie vor der völligen Zerstörung bewahrte. Als Gedenkstätte beherbergt sie heute eine ständige Ausstellung mit Exponaten aus dem jüdischen Leben. Am westlichen Ortsrand liegt der alte jüdische Friedhof.

Was wäre eine ostfriesische Stadt ohne eine Mühle? Auch Dornum hat seine, und zwar eine ganz besondere: die historische Ständermühle, das Wahrzeichen Dornums, die letzte ostfriesische Bockwindmühle. Nach einer langen Restaurierung ist die historische Mühle komplett saniert und der Öffentlichkeit wieder zugänglich gemacht worden. Typisch an der Bockwindmühle ist, dass das gesamte hölzerne Mühlengebäude drehbar auf einem Bock gelagert ist. Die Mühle gehörte ursprünglich zum Dornumer Schloss, wurde aber dann von freien Müllern betrieben. Nachdem die Mühle 1960 stillgelegt wurde, gehört sie seit 1984 der Gemeinde Dornum.

Die Dornumer Burgen

Die Norder- und die Beningaburg sind weitere Sehenswürdigkeiten in Dornum. Die Norderburg ist von einem Graben umzogen und wird deshalb auch »Wasserschloss« genannt. Sie wurde ebenso wie die Beningaburg im 14. Jahrhundert erbaut und 1514 – wie auch die übrigen Dornumer Burgen – im Zuge der Sächsischen Fehde zerstört, aber 1534 wieder aufgebaut. 1556 ging die Norderburg in den Besitz der Familie von Closter über und verblieb bis ins 18. Jahrhundert in deren Eigentum. Der letzte Erbherr, Haro von Closter, baute die Burg zwischen 1698 und 1707 zu einem prächtigen Barockschloss mit Park aus. Später wechselte die Norderburg mehrfach den

Oben: Die restaurierte Bockwindmühle erstrahlt in neuem Glanz.
Unten: Im Burghof der Beningaburg steht eine alte Wasserpumpe.

Besitzer. 1942 ging das Schloss schließlich in staatliches Eigentum über. 1951 wurde die Norderburg in eine Realschule umgewandelt. Nach einer gelungenen Restaurierung durch das Land Niedersachsen erstrahlt die Burg heute wieder in alter Pracht. Bedeutsam ist der Rittersaal, ein zweistöckiger Raum mit einer umlaufenden Galerie und einem barocken Deckengemälde, das Demeter, die Göttin der Fruchtbarkeit und der Erde, darstellt. Außerhalb der Schulzeiten kann man das Schloss im Rahmen einer Führung besichtigen. Der restaurierte Rittersaal ist nur innerhalb einer Ortsführung zu besichtigen.

Mitten im Ortskern von Dornum liegt die Beningaburg, nach der Legende zwischen 1375 und 1380 von Olde Hero Attena erbaut. Im Jahre 1514 wurde auch sie während der Sächsischen Fehde zerstört, jedoch in den Folgejahren neu errichtet. Die Dornumer Linie der Familie Beninga prägte bis 1717 die Geschichte der Burg. Seit dieser Zeit trägt die kleine Burg ihren aktuellen Namen. 1814 und 1817 kam es zu einem Übergang in private Hände. Heute beherbergt die Beningaburg ein Hotel mit Restaurant, Bierkeller und herrlicher Außenanlage mit Wassergraben und Biergarten.

Einfach gut!

FAHRT MIT DER MUSEUMSBAHN

Als »Ostfriesische Küstenbahn« bezeichnete man ursprünglich die von Emden über Georgsheil, Marienhafe nach Norden und weiter über Hage, Dornum, Esens und Wittmund nach Jever führende Eisenbahnstrecke. Glücklicherweise blieb die Trasse zwischen Dornum und Norden vom Abriss verschont. Der Verein Museumseisenbahn Küstenbahn Ostfriesland (MKO) startete 1987 mit den Sonderfahrten zwischen Norden und Dornum. Mittlerweile ist die MKO zu einer großen Attraktion für Jung und Alt geworden. Einer der Stars ist der sehr seltene und auch auffällige Werbewagen, einer Teemarke aus dem Haus Onno-Behrends-Tee: der »Schwarze Friese«.

Küstenbahn Ostfriesland.
MKO e.V. c/o Lydia Folkerts,
Am Bahndamm 4, Norden,
Tel. 04931/16 90 30 (ab 18 Uhr),
www.mkoev.de

Nesse und Westeraccum

Selbst in kleinen Orten wie in Nesse oder Westeraccum, nur ein paar Kilometer östlich und westlich von Dornum entfernt, beeindrucken die Gotteshäuser durch ihre imposante Erscheinung. So ist in Nesse (neben der sehenswerten Kirche) der am vollständigsten erhaltene Kirchenkomplex Ostfrieslands zu besichtigen: mit Organistenhaus, externem Glockenturm und dem Friedhof. In Westeraccum kann man ein Gotteshaus aus dem Ende des 12. Jahrhunderts mit halbrunder Apsis entdecken sowie einem Friedhof mit wertvollen Kapitänsgrabstätten aus dem 17. und 18. Jahrhundert.

Unweit von Nesse liegt, geduckt hinter dem Deich und von Wiesen umgeben, das »Lüttje Huus an't Diek«. Das ehemalige Landarbeiterhaus, nun ein kleines Heimatmuseum, vermittelt vielfältige und teils auch kuriose Einblicke in die Lebens- und Arbeitswelt der Landarbeiter. Die Räume wurden mit viel Liebe zum Detail nachgestellt. Gezeigt werden Exponate, wie sie bis in die 50er-Jahre hinein noch in vielen Haushalten zu finden waren. Im Freigelände sind landwirtschaftliche Geräte und Fahrzeuge aufgestellt, die an die schwere Arbeit mit Pflug und Pferd erinnern.

Oben: Die Westeraccumer Kirche mit ihrer großen Apsis
Unten: Fischernetze sind filigrane Kunstwerke.

Infos und Adressen

SEHENSWÜRDIGKEITEN

Bockwindmühle Dornum. Ende Juni–Sept.
So 11–16 Uhr, zudem Ostern, Himmelfahrt,
Pfingsten, Am Sportplatz 3, Tel. 04933/371.

Lüttje Huus an't Diek. April–Sept. Di und Do
16.30–18 Uhr, April, Mai und Sept. auch So
10–11 Uhr, Sonderführungen nach Vereinbarung unter Tel. 04933/17 48 (Anmeldung
mind. 2 Tage vorher), Eintritt frei, Osterdeicher
Weg 11, Neßmergrode.

Oma-Freese-Huus. Heimatmuseum. Pfingsten–Sept. Di und Do 11–12 und 15–17 Uhr, So
15–17 Uhr, Besichtigung nach Vereinbarung.
Gartenstr. 1, Tel. 04933/13 43.

St.-Bartholomäus-Kirche. Besichtigung außer
bei Gottesdiensten tgl. 10–12 und 15–17 Uhr.
Kirchstr.

Synagoge. Fr–So 15–18 Uhr, Führungen auf
Anfrage bei Georg Murra-Regner, Kirchstr. 6,
Tel. 04933/342, www.synagoge-dornum.de

Wasserschloss Norderburg. Heute eine Realschule. Schlossstr. 3–5.

Heimelig: das Restaurant der Beningaburg

ESSEN UND TRINKEN

Marktstübchen Dornum. Bürgerliche Küche,
Fr. Fisch- und Fleischbuffet. Winterspezialität:
Ostfriesenbuffet (auf Anfrage) mit traditionellen
Wintergerichten, März–Nov. tägl. 11.30–
22 Uhr, im Winter Mo Ruhetag. Kirchstr. 10,
Tel. 04933/426 99 96.

ÜBERNACHTEN

Hotel Herrlichkeit Dornum. In einmaliger Lage
am Rande von Dornum zu finden, direkt am
Dornumer Tief, das ein wahres Paradies für
Angler und Wassersportler ist. Bahnhofstr. 23,
Tel. 04933/911 00, www.hotel-herrlichkeit-
dornum.de

VERANSTALTUNGEN

Dornumer Kunsttage. Das moderne Kunste-
vent mit seinem internationalen Charakter
findet im barocken Wasserschloss statt. Mitte
Juni–Mitte Juli, www.dornum.de

INFORMATION

Tourismus GmbH Gemeinde Dornum. Hafenstr. 3, Dornum-Dornumersiel,
Tel. 04933/911 10, www.dornum.de

Das Geburtshaus des Dichters Enno Hektor

29 Neßmersiel
Gemütlich und beschaulich

Neßmersiel, kleinster Badeort an der ostfriesischen Nordseeküste, hat ein großes Freizeitangebot für Familien, Ruhesuchende und Urlauber mit Hund. Das Sieldorf liegt am Nationalpark Niedersächsisches Wattenmeer. Südlich verläuft die Störtebekerstraße, über die man den Ort mit dem Auto erreicht.

Wie alle Sielorte in Ostfriesland hat auch Neßmersiel eine lange Tradition. Der um 1570 errichtete Hafen, von dem aus Getreide und Raps nach Bremen, Hamburg, Holland und Norwegen verschifft wurde, verschlammte durch die Eindeichung zur Landgewinnung und musste gegen 1700 aufgegeben werden. Er wurde näher zur See verlegt, doch ab 1930 war er nicht mehr zu befahren. Erst 1969/70 errichtete man einen Fährhafen, von dem aus Baltrum angefahren wird. Die kürzere Fahrzeit von nur 30 Minuten führte dazu, dass 1986 der Fährverkehr über Norddeich eingestellt wurde. Heute wird Baltrum nach einem tideabhängigen Fahrplan angesteuert.

Der Küstenbadeort bietet einen 25 000 Quadratmeter großen Sandstrand, Strandkörbe und einen Spielplatz. Die Surfzone ist ideal zum Wind- und Kitesurfen, der 3000 Quadratmeter große Indoor-Spielpark »Sturmfrei« hat alles, was Kinderherzen höher schlagen lässt: Kletterburgen, Trampoline, Kletterwand, Minibowlingbahn, Internetterminals, Erlebniskino, Kleinkindbereich. Deiche, Salzwiesen und das Wattenmeer sorgen für Natur pur! Dem Spaziergänger auf dem Deich bietet sich ein grandioses Panorama sowohl von der Seeseite mit den Inseln Baltrum, Norderney und Langeoog als auch vom Binnenland. Die

Mitte: Am kleinen Hafen von Neßmersiel legen die Fähren nach Baltrum ab.
Unten: Ein Spaziergang durch das Deichvorland ist eine Wohltat für die Seele.

Neßmersiel

Friesenhäuser vor dem Deich und die stattlichen Gulfhöfe, umgeben von Wiesen und Kornfeldern, verströmen Ruhe und Gelassenheit. Neßmersiel hat sich in den letzten Jahren auf vierbeinige Gäste spezialisiert. Neben vielen hundefreundlichen Ferienwohnungen und -häusern gibt es einen kleinen Hundestrand mit Fun-Agility-Park und einer Freilaufzone.

Neßmersiel für Aktive

Neßmersiel wird nicht umsonst das »Mekka der Wattwanderer« genannt: Von hier aus kann man erlebnisreiche Wattführungen zu den ostfriesischen Inseln Baltrum und Norderney mit einem staatlich geprüften Wattführer unternehmen. Bei einer Wanderung zur Insel Baltrum legt man in etwa 2,5 Stunden eine Strecke von ca. sechs Kilometern zurück. Im Anschluss an die Wanderung lässt sich die schöne Insel Baltrum erkunden. Zurück fährt man mit einem Fahrgastschiff der Reederei Baltrum. Eine Wattwanderung zur Insel Norderney ist ebenfalls von Neßmersiel aus möglich. Auf Norderney angekommen begrüßen einen die wundervollen Salzwiesen am Ostende der Insel. Auch diese Wattwanderung dauert gut 2,5 Stunden. Dazu noch ein wichtiger Hinweis: Herzkranke, Gehbehinderte sowie Kinder unter acht Jahren dürfen laut Gesetz nicht an einer Führung nach Baltrum oder Norderney teilnehmen, sie können sich aber einer Familien-Wattführung anschließen.

Ostfriesland lässt sich auch vom Wasser aus erkunden. Von Neßmersiel geht es mit dem geliehenen Paddelboot über die Fehne Richtung Emden oder Norddeich. Wenn man genug vom Paddeln hat, kann man das Boot einfach an einer der Paddelstationen abgeben, ein Fahrrad mieten und zurück nach Neßmersiel radeln, dort gibt man dann auch dieses wieder ab.

Infos und Adressen

ESSEN UND TRINKEN

Hafen-Restaurant Neßmersiel. Direkt neben dem Anleger der Baltrum-Fähre gelegen. 1. März–31. Okt. Mi–So 11–18 Uhr, 1. Nov.–28. Feb. Sa, So 11–18 Uhr. Hafen, Tel. 04933/20 20

ÜBERNACHTEN

Hotel Restaurant Fährhaus. Das Fährhaus ist ein kleines, familiär geführtes Ferienhotel. Regionale, rustikale Leckereien vom Land und aus dem Meer sowie tgl. wechselnde Tagesgerichte im Restaurant. Dorfstr. 42, Tel. 04933/303, www.faehrhaus-nessmersiel.de

AKTIVITÄTEN

Nessmersiel-Sturmfrei. Indoor-Erlebnispark mit »Schlecht-Wetter-Gute-Laune-und-Nie-Langeweile-Garantie« für Kinder bis 15 Jahre. Mo–So 10–18 Uhr, www.nessmersiel-sturmfrei.de

Paddel und Pedal. 1er- und 2er-Kajaks, 3er-, 4er- und 10er-Kanadier, 7-Gang-Tourenräder, Kinderfahrräder, Kindersitze. April–Okt. tgl., wetterbedingte Änderungen vorbehalten. Störtebekerstr. 24, Tel. 04933/20 28, nessmersiel@paddel-und-pedal.de, www.paddel-und-pedal.de

Wattwandern mit Tammo Besemann und Jessica Suphut. Die beiden sind staatlich geprüfte Wattführer. Dorfstr. 25, Tel.04933/18 09, www.wattwandern.info (Tammo), Tel. 01520/510 30 46, www.freiheit-wattenmeer.de (Jessica)

30 Dornumersiel
Frisch und maritim

Das Nordseebad Dornumersiel liegt direkt an der Nordseeküste und bietet einen atemberaubenden Panoramablick auf die vorgelagerten Inseln Baltrum und Langeoog. Alles ist nah beieinander und bequem zu Fuß erreichbar: der Sand- und Grünstrand mit Kinderspielplatz, Fußball- und Beachvolleyballfeldern sowie Surfzone und Drachenwiese.

Der Sielort ist einer der ältesten Häfen an der ostfriesischen Küste. Die Besiedlung des Ortes begann wahrscheinlich im 15. Jahrhundert. Nachdem in der St.-Peters-Flut am 22. Februar 1651 ein an der Küste gelegener Sielort, das später so genannte Altensiel, zerstört wurde, wurden 1653 unmittelbar nebeneinander das Dornumer- und das Westeraccumersiel angelegt. Einst war hier die Grenze zwischen Ostfriesland und dem Harlingerland. Das Dornumersieler Tief und der Mahlbusen, wo früher der alte Hafen lag, bilden heute noch die Trennung zwischen den beiden Ortsteilen. Mittlerweile hat man Teile des alten Hafens wieder rekonstruiert. Die beiden Orte Dornumersiel und Westeraccumersiel konnten erst nach Eindeichung der Polder entstehen.

Dornumersiel aktiv

Es gibt einen circa 65 000 Quadratmeter großen Badestrand mit Strandkörben und Spielgeräten. In den Sommermonaten wird Openair-Kino geboten. Das solarbeheizte Meerwasserfreibad Doroness in Dornumersiel liegt in unmittelbarer Nähe zum Strand und zur Nordsee. Hier wird der Ebbe getrotzt! Mit einer Wasserfläche von 1500 Quadrat-

Mitte: Am Sandstrand darf richtig gebuddelt werden.
Unten: Dornumersiel ist auch der Heimathafen einer kleinen Fischereiflotte.

metern bietet das Freibad einen abgetrennten Nichtschwimmerbereich, Sprungbecken und ein gutes Fitnessangebot.

Auch in Dornumersiel scheint nicht jeden Tag die Sonne: Die Spielscheune im »Reethaus am Meer« bietet viel Platz zum Toben und Spielen. Doch nicht nur für Kinder hat das »Reethaus am Meer« die Tore geöffnet. Mit einem Leseraum mit Bücherei, Kaminzimmer, Tischtennis, Bastel- und Werkräumen, Seminar- und Vortragsräumen wird auch Erwachsenen etwas geboten.

An den Deichen führen lange, gut ausgebaute Radwege entlang. Immer in direkter Nähe zum Wasser erkundet man so die anderen Sehenswürdigkeiten der Küste und des Hinterlands. Dornumergrode, Westerbur, Osterbur und Middelsbur gehören zum Nordseebad Dornumersiel und befinden sich in der näheren Umgebung zur Nordseeküste. Sie machen der altfriesischen Endung -bur, was Nachbarschaft bedeutet, alle Ehre. Besucher werden herzlich aufgenommen.

Feste in Dornum

Der Fischerhafen bietet neben dem geschäftigen Treiben die Möglichkeit, Angelfahrten zu unternehmen oder fangfrische Fische direkt am Hafen zu kaufen. Einmal im Jahr findet das Hafenfest mit einem großen Kutterkorso statt. Dann geht es am Strand spannend, sportlich und witzig zu. In fünf Disziplinen können wagemutige Ostfriesen ihre Kräfte und ihre Geschicklichkeit messen. High-Heel-Rennen im Watt, Krabbenpulen oder Watt-Weitsprung sind nur einige der Disziplinen, die die angehenden Superostfriesen bewältigen müssen. Ein buntes Rahmenprogramm mit Livemusik und Kinderprogramm runden die fröhlichen Wettbewerbe ab.

Infos und Adressen

AURICH UND UMZU

31 Aurich
Im Zentrum Ostfrieslands

Aurich liegt so ziemlich mittig in Ostfriesland und ist mit über 40 000 Einwohnern nach Emden die zweitgrößte Stadt dieser Region. Früher Residenzstadt ist Aurich heute noch Verwaltungsstadt in Ostfriesland. Durch die zentrale Lage eignet sich Aurich hervorragend als Ausgangspunkt, um Ostfriesland näher kennenzulernen.

Aurich selbst hat auch allerhand zu bieten. Ein guter Ausgangspunkt ist der Marktplatz. Mittlerweile fast 500 Jahre alt ist er mit 150 Metern Länge und 50 Metern Breite einer der größten in Niedersachsen. Schon in den 1970er-Jahren des vergangenen Jahrhunderts wurde die Auricher Innenstadt autofrei, damals war das noch eine richtige Novität. Anfang der 90er-Jahre folgte der Marktplatz. Das war eine gute Entscheidung, denn heute kann man vor der Markthalle wunderbar in Ruhe in der Sonne sitzen und das Treiben ringsum beobachten.

Rund um den Marktplatz

Dem autofreien Marktplatz folgte die Markthalle, ein Konstrukt aus Stahl und Glas, das ursprünglich als Brauhaus konzipiert war. Ende der 90er-Jahre musste das Nutzungskonzept neu überdacht werden, und schließlich zogen in die Markthalle Geschäfte mit nationalen und internationalen Produkten ein. Es folgten Restaurants. Heute ist die Markthalle auch Veranstaltungsort für Konzerte (immer donnerstags) und den Wochenmarkt. Letzter findet am Dienstag-, Freitag- und Samstagvormittag vor der Halle statt. Der Wochenmarkt hat bereits eine lange Tradition, er geht nachweislich auf das Jahr 1632 zurück.

S. 174/175: Die Burgstraße in der Auricher Innenstadt
Unten: Der 25 Meter hohe Sous-Turm überragt die Auricher Innenstadt.

Auf der Burgstraße herrscht viel Betrieb.

Das wohl auffälligste Gebäude am Markt ist ein etwas außergewöhnlich gestalteter Turm. Der Sous-Turm, benannt nach seinem Erbauer, dem Künstler Albert Sous (geb. 1935), ragt 25 Meter in den Himmel und besteht aus Plexiglas und Stahlrohren, im Wesentlichen aber aus Abfällen der Forschungsanstalt Jülich.

Über den Turm wurde bereits viel diskutiert. Der ehemalige *Stern*-Herausgeber und Gründer der Emder Kunsthalle Henri Nannen soll konstatiert haben: »Der Turm in Aurich ist anstößig, und Kunst muss Anstöße geben, also anstößig sein.« Dennoch oder gerade durch diese öffentliche Diskussion machte der Turm die Stadt Aurich noch bekannter und wurde selbst zu einem sehr beliebten Fotoobjekt.

Vom Marktplatz geht die belebte Burgstraße und Osterstraße ab, sie bilden die Einkaufsmeile der Stadt. Kleine und große Geschäfte säumen die Straßen, Cafés und Restaurants laden zur Stärkung ein. Mitten in der Innenstadt in der Osterstraße 26 liegt auch die Drogerie Maaß. Sie

Geheimtipp

UPSTALSBOOM

Der Upstalsboom südwestlich von Aurich war eine Thingstätte und ein wichtiger Versammlungsort der Abgeordneten der sieben Seelande des freien Frieslands, das sich von der Unterweser bis zum niederländischen Zuidersee erstreckte. Hier traf man sich im 12. bis 14. Jahrhundert immer am Dienstag nach Pfingsten, um über die Freiheit Frieslands und die Sicherung des Friedens zu beraten. Der Spruch »*Eala Freya Fresena*«, »Seid gegrüßt, Ihr freien Friesen«, steht am Eingang und ziert auch das Ostfriesische Wappen. Dieses Motto gilt bis heute und erinnert an 800 Jahre »Friesische Freiheit« und die bäuerlichen Landgemeinden, die sich sogar selbst ihr Rechtssystem gaben. Das Upstalsboom-Denkmal erinnert an diesen alten Versammlungsort.

Upstalsboom. Im Ortsteil Aurich-Rahe.

Im Historischen Museum

Nicht verpassen

MUSIKALISCHER SOMMER IN OST-FRIESLAND

Seit mehr als 30 Jahren gehört dieses Festival zu den Highlights der Region. Besonders die kleinen Kirchen geben ihm immer wieder einen gewünschten intimen Rahmen. Klassik ist der Schwerpunkt, aber es werden auch Jazz, Familienkonzerte und Vorträge geboten, Letztere im Auricher Hochzeitshaus. Die musikalische Reise geht durch ganz Ostfriesland und die angrenzenden Regionen. Motor des Festivals ist der Violinist Wolfram König, der vor fast 40 Jahren von Tokio nach Aurich übersiedelte und es mit seinem künstlerischen Netzwerk schaffte, eine ostfriesische Festivallandschaft aufzubauen sowie die Musik genau mit den Spielorten in Einklang zu bringen.

Musikalischer Sommer.
Zwischen Juni und Juli,
www.musikalischersommer.com

… ist zwar kein Museum, aber die älteste erhaltene Drogerie in ganz Ostfriesland. Seit dem Jahr 1855 ist die Drogerie in Familienbesitz – heute in vierter Generation. Erst im letzten Jahr wurde das Ladengeschäft noch etwas erweitert und aufgefrischt. Parfümseifen, Gewürze und Fotos von der Jahrhundertwende bis in die 1950er-Jahre lassen sich hier entdecken.

An der Burgstraße liegt neben dem Historischen Museum auch das MitMachMuseum Miraculum. Hier kann man sich nicht nur Dinge ansehen, sondern man kann die ausgestellten Sachen auch erleben. Die wechselnden Ausstellungen stellen immer wieder andere Epochen und Zeiten in den Mittelpunkt. Wie lebten die Menschen früher eigentlich? Große und kleine Besucher können die fernen Jahrhunderte spielerisch erkunden und dabei viel über die Vergangenheit lernen.

Südlich der Burgstraße gehen mehrere kleine Gassen ab, beispielsweise die Hafenstraße. Hier findet man nette kleine Kneipen, etwa »Zur ewigen Lampe«, die älteste Kneipe der Stadt, die auch den Auricher Shantychor beherbergt. Im gegenüber-

Stadtspaziergang

Der Spaziergang durch Aurich führt an den Wahrzeichen der Stadt vorbei.

A Hafen – Start des Rundgangs. Hier befindet sich eine Paddel-und-Pedal-Station und der Anleger der MS Stadt Aurich.

B Schloss – Im Jahre 1852 erbaut dient es heute als Verwaltungsgebäude. Vorher stand hier ein Wasserschloss, der Wohnsitz der Häuptlingsfamilie Cirksena.

C Marstallgebäude – Ende des 16. Jahrhunderts befand sich hier der höfische Pferdestall, im Obergeschoss sechs Herrengemächer. Einziger erhaltener Teil der alten Schlossanlage.

D Historisches Museum – 1530 vom Grafen Enno II. gebaut diente es lange als Rat- und Weinhaus. Später Kanzlei der gräflichen Regierung. Heute dient das Haus als Museum zur Stadtgeschichte von Aurich.

E Lambertikirche – Im klassizistischen Stil 1834/35 erbaut mit vielen Sehenswürdigkeiten im Innern der Kirche. Sehenswerter Altar, der

Das Schloss mit seinem markanten Turm

ursprünglich für das Kloster Ihlow gefertigt wurde.

F Reformierte Kirche – Als Rundbau konzipiert ist die Kirche der einzige klassizistische Zentralbau im Weser-Ems-Gebiet. Anfang dieses Jahrhunderts wurde die Kirche vollständig renoviert.

G Wall – Hier sind gut erhaltene Reste der alten Stadtbefestigung zu sehen.

H Marktplatz – Das Zentrum Aurichs mit Kugelbrunnen und der Markthalle, die viele Einkaufsmöglichkeiten bietet. Auffällig der 25 Meter hohe Sous-Turm und das barocke Knodtsche Haus an der Westseite des Marktes.

I Pingelhus – Es war früher das Hafenwärterhaus, da der Hafen bis hierher reichte. Die Schiffe wurden mit einer Pingel (Glocke) begrüßt.

J Ostfriesische Landschaft – Der Neu-Renaissancebau ist Sitz der Ostfriesischen Landschaft, die heute die Tradition und Kultur in Ostfriesland fördert und bewahrt.

ANO · DÑI · 1 · 5 · 68

Oben: Das Haus der Ostfriesi-
schen Landschaft mit dem ost-
friesischen Kulturparlament
Mitte: Das Eingangsportal der
Lambertikirche zieren antike
weiße Säulen.
Unten: Justitia wacht über das
Historische Museum.

liegenden Haus befindet sich das Geschäft »Se-
sam-Wohnaccessoires«, das originell eingerichtet
ist und allerhand Mediterranes bietet.

Die Ostfriesische Landschaft

Die altehrwürdige Institution Ostfriesische
Landschaft besteht schon über 500 Jahre. In der
Vergangenheit war sie ein Ständeparlament von
Rittern, Bauern und Stadtbürgern und hatte auch
politische Macht. Heutzutage werden die Mitglieder von den Kreistagen Ostfrieslands gewählt
und verstehen sich als regionales Kulturparlament
mit Aufgaben im Bereich der Bildung, Wissenschaft und Kultur. Unweit des Stadtzentrums hat
die Ostfriesische Landschaft in einem auffälligen
Neorenaissancegebäude ihren Sitz. Dort tagt die
moderne Ständeversammlung im historischen
Ständesaal, der auch besichtigt werden kann.

Alle Mann an Bord

Aurich liegt zwar nicht an der Nordsee, dafür
aber am 72 Kilometer langen Ems-Jade-Kanal,
der von Emden über Aurich nach Wilhelmshaven
führt. Die Stadt ist ein guter Ausgangspunkt für
Wassersportler, am Hafen liegt auch eine Paddel-
und-Pedal-Station. Nicht so Geübte paddeln vom
Hafen aus bis zur historischen Schleuse in Rahe,
die man in ca. 30 Minuten erreicht. Im Restaurant
»Kukelorum« bietet sich eine Stärkung bei einer
Tasse Tee an, bevor es zurückgeht. Die Profis unter
den Paddlern haben die Möglichkeit, bis nach
Emden (s. S. 110) oder weiter bis zum Großen Meer
(s. S. 138) zu paddeln. Letzteres bedeutet noch
einmal weitere 20 Kilometer. Am Großen Meer
angekommen, kann man für den Rückweg auf
das Fahrrad umsteigen. Wer es etwas bequemer
mag, darf sich von der MS Stadt Aurich über den
Ems-Jade-Kanal schippern lassen.

Infos und Adressen

SEHENSWÜRDIGKEITEN

Auricher Schloss. Besichtigung nicht möglich. Schlossplatz.

Historisches Museum. Burgstr. 25, Tel. 04941/12 36 00, www.museum-aurich.de

Lambertikirche. Lambertihof 2, Tel. 04941/22 39

Marstallgebäude. Schlossplatz.

MitMachMuseum Miraculum. Burgstr. 25, Tel. 04941/183 11, www.miraculum-aurich.de

Ostfriesische Landschaft. Besichtigung nicht möglich. Georgswall 1, Tel. 04941/179 90, ww.ostfriesischelandschaft.de

Reformierte Kirche. Kirchstr. 18.

ESSEN UND TRINKEN

Kukelorum. Biergarten. Boomeg 26, Rahe, Tel. 04941/645 55.

Teestube Kluntje. In der alten Stiftsmühle mit leckeren selbstgebackenen ostfriesischen Spezialitäten. Oldersumer Str. 28, Tel. 04941/605 55 88.

Zur Börse. Traditionslokal mit sehr schönem Biergarten direkt am Stadtwall. Burgstr. 50, Tel. 04941/616 20.

Zur ewigen Lampe. Aurichs älteste Kneipe, in der getanzt wird. Hafenstr. 1, Tel. 04941/994 60 67.

ÜBERNACHTEN

Hochzeitshaus. Gegenüber dem Schlosspark, in einer geschmackvoll restaurierten Villa. Bahnhofstr. 4, Tel. 04941/60 44 60, www.hochzeitshaus-aurich.de

Hotel Twardokus. Schönes Altstadthotel gleich neben der Kirche. Kirchstr. 4–6, Tel. 04941/990 90, www.twardokus.de

VERANSTALTUNGEN

Stadtfest Aurich. Ganz Aurich feiert in der Innenstadt mit Rock, Pop, Blues und Top-40-Musik. Immer am 3. Aug.-Wochenende.

INFORMATION

Tourist-Info. Mo–Fr 8–18 Uhr, Sa 9–13 Uhr, Norderstr. 32, Tel. 04941/44 64, www.aurich-tourismus.de

Das Hotel »Hochzeitshaus« leuchtet strahlend weiß.

32 Südbrookmerland
Engerhafe, Moordorf, Münkeboe und Co

Das Südbrookmerland liegt in der Mitte des Landkreises Aurich und im Städtedreieck Emden, Norden und Aurich. Es besteht aus zehn ehemaligen Gemeinden und erstreckt sich von Engerhafe bis zum Großen Meer. Von der Marsch über die Geest bis zum Moor bietet es viele Landschaftsformen. Mehrere Museen informieren über die Geschichte der Region.

Engerhafe, nahe der Bundesstraße nach Norden-Norddeich gelegen, hat wie viele ostfriesische Dörfer eine sehenswerte altehrwürdige Kirche (13. Jh.). Auf dem Friedhof erinnert eine große Gedenktafel an die Toten der KZ-Außenstelle Engerhafe. In den Baracken des KZ waren bis zu 2000 Häftlinge, überwiegend aus Polen und den Niederlanden, von Oktober bis Dezember 1944 eingesperrt und sollten im längst verlorenen Krieg Panzerwälle um Aurich bauen. Dabei starben 188 Häftlinge.

Das Zentrum des Südbrookmerlands bildet heute Victorbur, in dem auch das Rathaus liegt. Rund um den Marktplatz kann man gemütlich einkau-

Mitte: Die Wasserschöpfmühle Agnes entwässert heute nicht mehr, sondern dient zur Bewässerung eines Feuchtbiotops.
Unten: Alte Handwerkskunst wird im Dörpmuseum Munkeboe präsentiert.

GUT ZU WISSEN

GEDENKSTÄTTE OHNE INFOS
Die Gedenkstätte des KZ Engerhafe ist schwer zu finden, zudem hält sie kaum Hintergrundinformationen bereit. Es ist nicht dem betreuenden Verein anzulasten, aber hier sollte das Land Mittel zur Verfügung stellen, um zu helfen, die Besucher über die Verbrechen des Faschismus aufzuklären.

fen. Der bevölkerungsstärkste Ortsteil im Südbrookmerland ist Moordorf, früher nur Moorland,
in dem sich 1767 die ersten Kolonisten niederließen.

Moormuseum Moordorf

In dem Freilichtmuseum wird auf beeindruckende
Weise die Besiedlung Moordorfs dargestellt. Viele
der Lehmhütten wurden original nachgebaut, die
moderneren unter ihnen sollen sogar noch bis ins
20. Jahrhundert in Moordorf gestanden haben.
In alle Lehmhütten kann man eintreten und sich
direkt ein Bild machen. In dem »Museum der
Armut«, wie das Moormuseum auch genannt wird,
erfährt der Besucher neben den Lebensbedingun-
gen auch vieles über die Entstehungsgeschichte
des Moors, den Torfabbau sowie die alten Hand-
werks- und Arbeitstechniken. Das Museum bietet
Aktionstage an, bei denen der Besucher mehr
über den Hüttenbau und das Torfstechen erfahren
kann. Nicht versäumen sollte man einen Besuch
im Kluntjehus. Deren Spezialität sind Buchweizen-
pfannkuchen und die leckere Buchweizentorte.

Dörpmuseum Münkeboe

Nur ein paar Kilometer nördlich von Moordorf
liegt Münkeboe mit seinem Dörpmuseum, einem
Museum zum Anfassen. Am Eingang steht eine
reetgedeckte Holländerwindmühle. Mit dem
Museum wurde ein richtiges historisches Dorf
nachgestellt. Es gibt eine Schule mit einem
Klassenzimmer wie zu Kaisers Zeiten und einen
richtigen »Tante-Emma-Laden« mit Bäckerei. Ein
Kolonistenhaus wurde nachgebaut. In diesem ist
besonders die Küche sehenswert. Auch das Handwerk fehlt nicht im Museum. An den Aktionstagen
werden die alten Sägemaschinen angeworfen und
der Hammer auf den Amboss geschwungen.

Infos und Adressen

SEHENSWÜRDIGKEITEN
Dörpmuseum Münkeboe.
Frühlingsanfang–31. Okt. Di–So
10–17.30 Uhr, Mühlenstr. 3 a,
Tel. 04942/646, www.doerp
museum-muenkeboe.de

Kirche Engerhafe. Gottes-
dienst So 10 Uhr, am 1. So im
Monat 19.30 Uhr, Kirchwyk 5,
Tel. 04942/15 47.

KZ-Außenstelle Engerhafe.
Kirchwyk 5, www.gedenkstaette-
kz-engerhafe.de

Moormuseum Moordorf e.V. Mit
Kluntjehus. So Frühstücksbuffet ab
9.30 Uhr. Frühlingsanfang–Ende
Herbstferien 10–18 Uhr, Einlass
bis 17 Uhr. Aktionstag am 1. Sa
im Monat, Victorburer Moor 7 a,
Tel. 04942/27 34,
www.moormuseum-moordorf.de

ÜBERNACHTEN
Herbers. Familiengeführtes Hotel
in guter Lage zwischen Norden,
Emden und Aurich. Friesenweg 2,
Moordorf, Tel. 04941/98 29 60,
www.hotel-herbers.de

VERANSTALTUNGEN
Munkeboer Festtage. Mit Floh-
und Trödelmarkt, Oldtimerschau,
Musik- und Tanzdarbietungen. Am
letzten Wochenende im August.

INFORMATION
**Südbrookmerland Touristik
GmbH.** 1. Mai–30. Sept. Mo–Fr
9–13 und 14–18 Uhr, Sommerferien auch Sa, So 11–16 Uhr,
1. Okt. –30. April Mo–Do 9–13 und
14–17 Uhr, Fr 9–13 Uhr,
Am Meer 1, Tel. 04942/56 66,
www.grossesmeer.de

Branntwein
und Rosinen
2 €

Noch vor etwa einem halben Jahrhundert war Ostfriesland nach heutigen Maßstäben touristische Provinz – die Nordseeinseln einmal ausgenommen, denn die Inseln besaßen schon immer Zugkraft für den Fremdenverkehr. In den Küstenbadeorten setzte der Urlauberstrom aber erst in den 60er-Jahren des vorigen Jahrhunderts so langsam ein, und das ostfriesische Binnenland blieb lange Zeit ganz davon unberührt.

Die räumliche Lage bestimmte stark die touristische Entwicklung Ostfrieslands: Am äußersten nordwestlichen Rand der Republik gelegen, war diese Region schon immer abgeschnitten vom restlichen Deutschland. Vor Hunderten von Jahren trennten die Nordsee im Norden und die Hochmoore im Süden die ostfriesische Halbinsel von den Verkehrswegen im restlichen Reich, und noch bis weit ins vergangene Jahrhundert hinein war die Verkehrsinfrastruktur nicht sehr ausgeprägt. Erst sehr spät wurde Ostfriesland an Autobahnen angebunden. Doch war das immer von Nachteil? Mit Sicherheit trugen diese Umstände dazu bei, dass sich in vielen Bereichen ostfriesische Kultur, Lebensart und Bräuche in die heutige Zeit hinübergerettet

Bohntjesoop ist süß und hochprozentig.

185

haben – überlieferte Gepflogenheiten mit ganz eigenem, liebenswertem Charme. Vielerorts, besonders im ländlichen Raum, wird untereinander noch richtiges Plattdeutsch gesprochen, das für Nichtostfriesen kaum zu verstehen ist. Und oft geht es betont entspannt zu, beispielsweise bei den Öffnungszeiten der Geschäfte: Wenn um 18 Uhr geschlossen wird, dann ist um diese Zeit auch wirklich Feierabend, da gibt es keine Überstunden und keinen Stress. Ein Urlauber hat ja schließlich Zeit und kann am nächsten Tag wiederkommen. Und zu Hause wartet der Tee.

Der Tee: Seine spezielle Zubereitungsart findet man nur hier in dieser Region – und wehe dem, der sich in der kalten Jahreszeit Köm, also Aquavit, in seinen Tee gießt, wie in Nordfriesland üblich.

Tini Peters bewahrt und überliefert kulinarische Traditionen.

Nein, das kommt bei waschechten Ostfriesen nicht gut an.

Die ostfriesische Küche hat überhaupt so ihre Besonderheiten und Spezialitäten. Eine profunde Kennerin davon ist Tini Peters, die im Herzen Ostfrieslands wohnt, in Bedekaspel, mitten in der ostfriesischen Marsch und weit weg vom touristischen Trubel. Dass Tini Peters, die waschechte Ostfriesin, auch Ostfriesland groß im Herzen trägt, wird schnell deutlich. Sie ist eine ausgezeichnete Gastgeberin, und wie hier bei Besuch üblich, wird der Gast bei ihr mit Tee empfangen. Die Tassen stehen schon auf dem Tisch, ein selbst gebackener Kuchen duftet in der Mitte, die Atmosphäre ist aufgeschlossen. Die Geselligkeit, das Bewirten und die Freude an neuen Menschen waren Gründe dafür, dass Tini Peters 1982 mit der »Sömmerköken« ihr eigenes Café nahe dem Großen Meer im Südbrookmerland eröffnete. Hier konnte sie auch ihrer Leidenschaft nachgehen: dem Backen und Kochen. Die bodenständige Ostfriesin und ihr kleines, gemütliches Lokal erlangten bald so etwas wie Kultstatus. In der »Sömmerköken«, so Tini Peters, wurde von ihr auch die Ostfriesentorte erfunden, denn sie war die erste, die sie in einem Café anbot. Da die Friesentorte mit Blätterteig und Pflaumenmus sehr aufwendig in der Herstellung war, nahm Tini Peters kurzerhand Biskuitteig mit viel Sahne, dazu *Bohntjesopp* (Branntwein mit Zucker und Rosinen) und, so die Hobby-Konditorin, »plötzlich stand die Ostfriesentorte vor mir!« Mittlerweile wird die Köstlich-

Weit und friedlich ist die typische Marschlandschaft.

keit in jedem guten Café angeboten und sollte von Urlaubern zumindest einmal probiert werden. Ein kalorienreicher, aber sehr leckerer Genuss!

Nach 20 Jahren Arbeit in der »Sömmerköken« gab Tini Peters ihr Café auf. Doch ihr Anspruch blieb, die alte Kochkunst nicht in Vergessenheit geraten zu lassen. So hat sie mit »Meine traditionelle ostfriesische Küche« ein Buch mit bodenständigen Rezepten verfasst, deren Bandbreite von Aalsuppe bis *Zuckerlaasopp* (Schokoladensuppe) reicht. Und für die Backbegeisterten stellt sie in »Mein Backbuch« viele Rezeptideen vom Teekuchen bis zur erwähnten mächtigen Ostfriesentorte vor. Die Bücher, so Tini Peters, »beinhalten aber auch viele schöne Erlebnisse mit meiner Familie und meinen Gästen.« So wurden sie gleich-

zeitig Erinnerungsbücher. Und wenn man darin blättert, die Bilder sieht und die Anekdoten liest, so wird nachvollziehbar, warum es in der »Ostfriesischen Nationalhymne«, dem Ostfriesenlied, heißt: »In Oostfreesland is't am besten, over Freesland geit der nix!«

Selbst gebackener Kuchen und eine heiße Tasse Tee dürfen in Ostfriesland nicht fehlen.

33 Holtriemer Land
Die grüne Lunge Ostfrieslands

»Holtriemer Land, die grüne Perle vor dem Nordseestrand«, so lautet die liebevolle Charakterisierung des Landstrichs. Das passt auch, denn das Holtriemer Land liegt nur rund 15 Autominuten vor der Küste. Die Region bietet einen schönen Radwanderweg und eine urwüchsige Landschaft im Naturschutzgebiet Ewiges Meer.

Die Samtgemeinde Holtriem hat acht Mitgliedsgemeinden und liegt zwischen Norden, Esens und Aurich auf einem Geestrücken. Hauptort ist Westerholt. Zu Holtriem gehören weiterhin Blomberg, Eversmeer, Nenndorf, Neuschoo, Ochtersum, Schweindorf und Utarp. Ein besonders idyllischer Fleck ist das Naturschutzgebiet rund um das Ewige Meer. Holtriem ist ein Eldorado für Radwanderer: Der 48 Kilometer lange Holtriem-Wanderweg ist gut ausgeschildert und bietet viele Informationstafeln sowie Schutzhütten. Auf einer Radtour durch Holtriem kann man alte Windmühlen in Schweindorf und Nenndorf, Ziegeleien und mittelalterliche Kirchen in Ochtersum entdecken.

Der Windpark bei Westerholt

Die begehbare Windenergieanlage steht im Windpark Holtriem in Westerholt und dort im Gewerbegebiet. In dem Stahlturm der Windkraftanlage befindet sich eine Wendeltreppe, über die man zur Aussichtsplattform gelangt. Von dort aus genießt man bei guter Sicht einen herrlichen Blick über Ostfriesland. Der Aufstieg ist allerdings nicht zu unterschätzen. Man kann hier schon einmal aus der Puste kommen, denn es müssen 297 Stufen erklommen werden, um auf die 60 Meter hohe

Mitte: Stimmungsvoll ist es im Naturschutzgebiet Ewiges Meer.
Unten: Die moderne Windkraftanlage hat eine verglaste Aussichtsplattform, von der man einen weiten Blick genießt.

Aussichtsplattform zu gelangen. Auf Zwischenpodesten besteht jedoch die Möglichkeit, sich beim Aufstieg etwas ausruhen.

Das Ewige Meer

Das Ewige Meer ist mit 89,2 Hektar Wasserfläche der größte Hochmoorsee Deutschlands in einer insgesamt 400 Hektar großen Hochmoorlandschaft. Der See ist rund 1500 Meter lang, durchschnittlich 600 Meter breit und zwischen einem halben Meter und drei Metern flach. Der große Hochmoorsee wird von dem Kleinen Eversmeer und der Dobbe umrahmt, zwei weiteren Moorseen.

Entstanden ist das Ewige Meer ca. 7000 bis 5000 v. Chr., als durch das Zusammenwachsen der Moore das Regenwasser nicht mehr abfließen konnte. Das Ewige Meer ist vornehmlich braun, da sein Wasser viele Torfschwebeteile enthält. Dadurch ist es sehr sauer und nährstoffarm, was Leben fast unmöglich macht. In den Uferregionen wachsen jedoch viele hoch spezialisierte Pflanzen. Weite Flächen werden von der Besenheide beherrscht, dazwischen wachsen Glocken- und Rosmarinheide. An den sumpfigen Stellen findet man Wollgras, dessen Samenstängel weiß wie Pusteblumen leuchten. 1984 wurde südlich des Ewigen Meeres in 1,8 Metern Tiefe ein Bohlenweg entdeckt. Dieser ist eine der ältesten Pflasterstraßen der Welt, da er um 3000 v. Chr. verlegt wurde. Heute kann man auf dem Bohlenweg das Naturschutzgebiet umrunden. Für den eigentlichen Rundgang sollte man schon anderthalb Stunden einplanen, denn ein im Sommer 2000 eingeweihter Lehrpfad vermittelt auf zwölf Tafeln viele interessante Informationen zum Ewigen Meer. Es gibt auf den Tafeln Frage- und-Antwort-Spiele, die nicht nur Kinder begeistern, sondern auch bei Erwachsenen zu manchem Aha-Erlebnis führen.

Infos und Adressen

SEHENSWÜRDIGKEITEN

Ewiges Meer. In den Sommermonaten werden Führungen angeboten. Treffpunkt Parkplatz, Am Ewigen Meer, Anmeldung unter Tel. 04975/295 oder 0160/243 05 42, Parkplatzstr., Eversmeer, horst.reichwein@gmx.de

Windpark Holtriem. Begehbare Windkraftanlage. Besichtigung nach Absprache möglich. Im Gewerbegebiet 11, Westerholt, Tel. 04977/26 48 20, http://wind. wolfgang-janssen.de

ESSEN UND TRINKEN

Galeriecafé Ewiges Meer. Jeden 3. So im Monat kann man sich hier an einem reichhaltigen Frühstücksbüffet gütlich tun. Ab März tgl. außer Di 11–18 Uhr, Nov.–März Sa, So 13–17 Uhr, werktags nur auf Anfrage, Parkplatzstr. 3, Eversmeer, Tel. 04975/756 07 55.

Landgasthof zur Post. Ostfriesisches Ambiente, Schlemmerbuffet ab 17 Uhr. Di–So 11–14 und 17–21 Uhr, Auricher Str. 7, Westerholt, Tel. 04975/395, www.landgasthof-zur-post.de

ÜBERNACHTEN

An't Hochtiedswald Ferienwohnungen mit Brötchen- und Getränkeservice. Schon vor der Anreise kann man sich den Kühlschrank füllen lassen. Vogskampen 3, Schweindorf, Tel. 04975/77 86 66, www.hochtiedswald.de

INFORMATION

Heimatverein Holtriem. Mo–Fr 8.30–12, Di 14.30–16, Do 14.30–18 Uhr. Auricher Str. 9, Westerholt, www.holtriem.de

34 Ihlow
Altes Siedlungsgebiet

Ihlow ist geschichtsträchtig, wie die alten Mühlen und romanischen Kirchen illustrieren. Ein zentraler Ort der Region ist die Klosterstätte, jenes Zisterzienserkloster, das Ihlow seinen Namen gab.

Die Gemeinde Ihlow liegt südwestlich von Aurich und ist gut über die A 31 zu erreichen. Sie besteht aus insgesamt zwölf Fehndörfern und ist ein altes Siedlungsgebiet. Bereits um 1100 soll es nach Sturmfluten zu großen Siedlerströmen aus dem Gebiet der Leybucht gekommen sein. Ihlow liegt weit im Landesinneren und hat doch bereits mehrere Fluten erlebt. Die Weihnachtsflut von 1717 hat große Gebiete überschwemmt und ihre Spuren hinterlassen: Am Kirchturm von Riepe ist noch die Flutmarke zu erkennen. An der Kokerwindmühle in Riepe-Leegmoor erkennt man, dass Überschwemmungen keine Seltenheit waren. Über einen *Koker* (Köcher) wurde das Wasser über eine archimedische Schraube aus den tief liegenden Gebieten in höher gelegene Gräben befördert, um so das Land zu entwässern. Unweit davon befindet sich eine weitere interessante Mühle im Biotop Sandwater. Die Mühle liegt an einem Flachsee mit einer interessanten Flora und Fauna.

Das Kloster Ihlow

Nordöstlich der Niederungen um Simonswolde und des Sandwaters liegt der Ihlower Forst bei Ihlowerfehn, der sich zum Joggen oder für ausgiebige Spaziergänge in frischer Waldluft anbietet. Auf dem Weg zum Kloster durch den Ihlower Forst fallen Banner auf, die zwischen Bäumen gespannt sind. Hier hat die Künstlerin Monika Kühling aus Funnix mit Hilfe von Bändern, Fahnen, Bannern

Mitte: Das ehemalige Kloster Ihlow liegt heute mitten im Wald.
Unten: Zwischen den Bäumen sind auf dem Weg zum Kloster Banner mit Aussagen zur Friesischen Freiheit gespannt.

und Tüchern das Grundgesetz der Friesischen Freiheit, die sogenannte »Geschichte und Küren«, manifestiert. Dieses Land-Art-Projekt geleitet Wanderer auf ihrem Weg zur Klosterstätte und soll einen Brückenschlag zwischen der Unabhängigkeit der Friesen und dem Leitspruch der Zisterzienser-mönche, *ora et labora* (bete und arbeite), symbolisieren. Beides ist mit der Geschichte Ostfrieslands und Ihlows verbunden.

Wer nun inmitten des Walds eine große Klosterstätte erwartet, wird enttäuscht sein, denn der Pilger findet eine Teilrekonstruktion der alten Zisterzienserabtei Schola Dei (»Schule Gottes«) vor. Aus Stahl und Holz sind Pfeiler, Gewölbe und Dachreiter des einst größten Gotteshauses zwischen Bremen und Groningen nachgestellt, mit fast 68 Metern Länge, im Querhaus rund 35 Metern Breite und einer Deckenhöhe von 25 Metern.

Unter dem Bauwerk liegt der »Raum der Spurensuche«, eine Kombination aus Ausstellungsraum mit archäologischen Grabungsfunden und einer Besinnungsstätte, dem neuen Ihlower Altar. An die Südseite schließt sich der Klostergarten mit seinen vier Themengärten an.

Der Pilgerweg Schola Dei

Der hiesige Pilgerweg hat insgesamt 16 Stationen, die sich von der Klosterstätte Ihlow bis zur Ludgerikirche in Norden hinziehen. Er führt an Kirchen und dem ehemaligen Konzentrationslager Engerhafe vorbei. Jede der 16 Stationen hat ihre eigene Geschichte, der mit biblischen Worten, Gedanken und Gebeten gedacht wird und die den Pilger auf seinem Weg begleitet. Der im Jahr 2007 eröffnete Pilgerweg von Ihlow nach Norden ist gut zu bewältigen, da die tägliche Distanz rund 13 Kilometer beträgt.

SEHENSWÜRDIGKEITEN

Kloster Ihlow, Klosterverein Ihlow e.V. Führungen März–Ende Okt. kostenfrei, doch Spenden sind erbeten. Tel. 04929/891 01, kblock@ihlow.de. Am Rathaus 5, Tel. 04929/91 53 91, www.kloster-ihlow.de

Kokerwindmühle. Leegmoorweg 6, Riepe-Leegmoor.

ESSEN UND TRINKEN

Klostercafé Kloster Ihlow. Buchweizen- und Ostfriesentorte oder Zwiebelkuchen. Di–Sa 14–17, So 11.30–18 Uhr, Jan. nur Sa, So, Zum Forsthaus 1, Tel. 04929/91 59 49.

Straub's Bürgerstuben. Lokal mit guter Hausmannskost. Do–Di 11–23 Uhr, 1. Kompanieweg 3, Tel. 04929/917 79 17, www.straubs-buergerstuben.de

ÜBERNACHTEN

Gästehaus Am Ihler Meer. Gastbetrieb mit sportlicher Ausrichtung. 1. Kompanieweg 3a, Ihlowerfehn, Tel. 04929/891 00.

AKTIVITÄTEN

Pilgerweg Schola Dei. 3-Tages-Tour, 40 km, Ihlow–Marienhafe–Norden: 39,50 €/Pers. inkl. 3 Mahlzeiten, Pilgerführung, Begleitheft. Transfer und Übernachtung gegen Aufpreis. Fahrradpilgern: 25€/Pers. inkl. Führung, Rücktransfer. Tel. 04929/891 02, www.kloster-ihlow.de

INFORMATION

Tourist-Info. Alte Wieke 6, Tel. 04929/891 00, www.ihlow-tourismus.de

35 Großefehn
Das Fehntjer Land

In Großefehn wird Tradition gelebt. Die 10 Kilometer südöstlich von Aurich liegende Gemeinde besteht aus den drei großen Fehnkolonien Westgroßefehn, Mittegroßefehn und Ostgroßefehn. Der Ortsteil Westgroßefehn ist der Älteste. Großefehn hat fünf intakte Galerieholländerwindmühlen, die sich alle auf der 5-Mühlen-Tour erkunden lassen.

1633 begannen ein paar Emder Kaufleute damit, in Westgroßefehn Torf zu stechen. Damit ist sie Ostfrieslands älteste Fehnkolonie. Die Emder wie auch die Bewohner in den umliegenden Marschen bezogen damals den Torf aus der benachbarten Provinz Groningen in den Niederlanden. Die Holländischen Nachbarn verhängten jedoch ein Torfausfuhrverbot, da die Niederlande, selbst wald- und rohstoffarm, das kostbare Brennmaterial für sich benötigte. 14 Jahre nach dem ersten Torfstechen siedelten die ersten Kolonisten in Westgroßefehn. Dabei sollten sie nicht nur den Torf abbauen, sondern auch nach der Weisung des Grafen von Ostfriesland das Land durch das Abtorfen urbar machen. Die ihnen zur Verfügung gestellten Parzellen waren jedoch zu klein bemessen, um mit den Ernteerträgen eine Familie zu ernähren. So verdingten sich einige Kolonisten in der Seeschifffahrt, die meisten jedoch in der Fehnschifffahrt, die in der Regel bis nach Emden führte.

Das ehemalige Torfschiff »Antje« liegt malerisch im Kanal vor der Mühle in Ostgroßefehn.

Das Ostfreesk Handwark

In Großefehn wird nicht nur das alte Handwerk gelebt, sondern durch zwölf Handwerksbetriebe

Die Fünf–Mühlen–Radtour

Galerieholländerwindmühlen, deren Bauart aus dem benachbarten Holland stammt, sind Etappenziele dieser Radtour. Der Mühlentyp hat in einiger Höhe einen umlaufenden Balkon, die Galerie, von der aus der Müller Reparaturen vornehmen konnte. Die 32 Kilometer lange Tour ist gut an einem Tag zu bewältigen, sie hat keine Steigungen, und da es eine Rundtour ist, kommt der Wind nicht nur von vorne.

Das Fehnmuseum Eiland

Ⓐ Ostgroßefehn – Startpunkt. Hier besteht gleich die Möglichkeit, die idyllisch am Kanal gelegene Mühle zu besichtigen. Oder sich im »Torfschiff Antje« bei einem der leckeren Pfannkuchen für die Tour zu stärken.

Ⓑ Oll Reef Hus – Die Familie Tjaden lebt hier ihre Sammelleidenschaft aus. Gesammelt werden Gegenstände aus dem Haushalt und der Küche, die unsere Vorfahren benutzten. Im Café gibt es selbstgebackenen Kuchen.

Ⓒ Mühle Felde – Auffällig an der schon von weitem sichtbaren Mühle ist der Stert an der Mühlenkappe, mit dessen Hilfe der Müller die Mühle per Hand in den Wind drehen konnte. Die Mühle kann nach Absprache besichtigt werden.

Ⓓ Mühle Westgroßefehn – Die im Jahr 1773 erbaute Mühle brannte mehrmals nach Blitzeinschlägen ab. Von hier wurden die Produkte einst direkt auf das Schiff geladen. Besichtigung nur für Fachleute möglich.

Ⓔ Fehnmuseum Eiland – Hier startete die Kolonisation des Fehntjer Landes.

Ⓕ Timmeler Meer – Wenn es das Wetter zulässt, gut geeignet für einen Sprung ins Wasser.

Ⓖ Bagbander Mühle – Zum einstöckigen Galerieholländer gehört auch das Backhaus. In den Sommermonaten backt Bäckermeister Rindert Fleßner Mühlenbrot.

Ⓗ Ostfriesen-Bräu – Historische Brauerei mit Brauhaus und kleinem Museum.

Ⓘ Mühle Spetzerfehn – Die einzige Mühle, in der noch gewerblich mit Windkraft gemahlen wird, da Heye Steenblock den Beruf des Müllers bei seinem Vater erlernt hatte. Der Müller gewährt seinen Besuchern gern einen Blick in die Mühle.

Ziehbrücken im Fehngebiet

DIE FEHNROUTE

Nicht verpassen

Der 173 Kilometer lange Rundkurs erstreckt sich durch viele Dörfer des Fehngebiets. Seit der Eröffnung im Mai 1992 hat er sich zu einem der bekanntesten Radwanderwege in Norddeutschland entwickelt. Es muss nicht die gesamte Strecke abgefahren werden, es gibt auch Alternativstrecken mit Abkürzungen. Die Tour führt über Großefehn durch das Moormerland, vorbei an Leer und entlang des Emsdeichs. Von Papenburg geht es weiter nach Rhauderfehn, durch das Saterland bis nach Augustfehn. Dort trifft die Route auf den Nordgeorgsfehnkanal, es geht gen Norden entlang des Kanals durch Uplengen bis nach Wiesmoor. Richtung Westen endet die Tour wieder in Großefehn.

Deutsche Fehnroute.
www.deutsche-fehnroute.de

auch erlebbar gemacht. Viele Arbeiten werden von Handwerkern noch wie anno dazumal durchgeführt und man darf ihnen dabei über die Schulter schauen. Die Polsterei »Polster Hicken« zeigt, wie ein Ostfriesensofa, das früher gut gepolstert in jeder Küche stand, originalgetreu angefertigt wird. In der Westgroßefehner »Weevstuuv« werden Kurse im Weben, Spinnen und Filzen angeboten. In der Ausstellung kann man sich über die unterschiedlichen Webtechniken informieren.

Ganz wichtig für den ostfriesischen Nationalsport, das Boßeln, ist die Werkstatt von Heinrich-Jürgen Eden, denn sie ist die einzige Boßelwerkstatt in Deutschland. Der 102 Jahre alte Betrieb stellt hier jährlich rund 2000 Holzkugeln her, die aus Pockholz gefertigt sind. Das Holz stammt vom Guajakbaum, der in den Tropen wächst und eine der härtesten Holzsorten auf der Welt ist. Die nahezu unverwüstlichen Kugeln sind so hart, dass sie im Wasser untergehen, so dass bei vielen Boßlern die Suche nach der Kugel in den Gräben links und rechts der Straßen schon manchmal erfolglos war.

Infos und Adressen

SEHENSWÜRDIGKEITEN

Bagbander Mühlenhof. Besichtigung So 10–12 und 14–18 Uhr, Mühlenstr. 1, Großefehn, Tel. 04946/99 06 74, www.bagbander-muehlenhof.de

De Weevstuuv. Webmuseum mit Museumswerkstatt. Mi und So 14–17 Uhr. In der alten Schule, Westgroßefehn, www.webmuseum-ostfriesland.de

Mühle Felde. Besichtigung nach Absprache. Direkt an der Alten Flumm, Tel. 04943/707.

Mühle Ostgroßefehn mit Törfmuttje Antje. April–Ende Okt. So 10–12 und 14–17 Uhr oder nach Absprache. Törfmuttje: April–Ende Okt. tgl. ab 12 Uhr. Kanalstraße Nord 82, Tel. 04943/23 33.

Mühle Spetzerfehn. Tgl. außer So 8–12 und 14–18 Uhr. Postweg 7, Tel. 04943/648.

Mühle Westgroßefehn. Keine Besichtigung möglich. Heyo Onken, Großefehn, Tel. 04945/12 98.

ESSEN UND TRINKEN

Dat Wulkje. Teestube mit Ostfriesentee und Ostfriesensofas. Mi–Mo 13–18 Uhr, Postweg 60, Großefehn-Holtrop, Tel. 04943/405 89 15, www.datwulkje.de

Historisches Compagniehaus. Früher für die Versorgung der Kolonialisten zuständig, heute regionale Küche mit Fisch, Fleisch und Matjesgerichten. Tgl. 10–20 Uhr (Küche), Mi geschl. Kanalstr. Süd 64, Ostgroßefehn, Tel. 04943/34 77, www.compagniehaus.de

Holtroper Krug. Gasthaus mit deftiger Küche, Kegelbahn und um Boßeln zu lernen. Mi–Sa 11–14 und 17–24 Uhr, So durchgehend, Mühlenweg 6, Tel. 04943/15 25, www.holtroper-krug.de

Oll Reef Hus. Waffeln mit Kirschen, Apfelkuchen und natürlich Tee. Bier gibt's aber auch.

Entlang der Fehnkanäle erstrecken sich die Höfe der langgezogenen Fehndörfer.

So 10–18 Uhr, Moorlager Weg 4, Großefehn, Tel. 04943/1411.

Ostfriesen Bräu. Gutes Bier, deftige Küche. Nebenan ist ein kleines Biermuseum. April–Okt. tgl. 11–22 Uhr, Küche bis 21.30 Uhr, Nov.–März Mo–Do 16–22 Uhr, Fr–So 11–22 Uhr, Küche bis 21.30 Uhr, Voerstad 8, Tel. 04946/203, www.ostfriesenbraeu.de

ÜBERNACHTEN

Landhaus Feyen. Hotel direkt in der Mitte des Fehngebiets. Auricher Landstr. 28, Mittegroßefehn, Tel. 04943/919 00, www.landhaus-feyen.de

EINKAUFEN

Boßelwerkstatt. Aus dem Pockholzklotz entstehen die runden Kugeln. Heinrich Jürgen Eden zeigt, wie das geht. Auricher Landstr. 36, Großefehn, Tel. 04943/1260.

Polsterei Hicken. Von hier kommen die Ostfriesensofas! Kanalstr. Nord 49, Tel. 04943/13 79, www.polster-hicken.de

INFORMATION

Tourist-Information Großefehn. 1. Okt.–30. April Mo–Do 9–12 und 13–16 Uhr, Fr 9–12.30 Uhr, 1. Mai–30. Sept. Mo–Fr 9–12 und 13–17 Uhr, Sa 10–12 Uhr. Leeraner Landstr. 12, Tel. 04945/95 96 11, www.grossefehn.de

36 Timmel
Von Wasser umgeben

Timmel liegt westlich von Großefehn und ist einer der 14 Ortsteile der Gemeinde. Und Timmel liegt am Meer, genauer gesagt am Timmeler Meer, einem 20 Hektar großen Binnensee mit einem schönen Badestrand. Ein Hafen ist auch in der Nähe.

Zunächst könnte es für den einen oder anderen Ostfriesland-Besucher etwas befremdlich wirken, dass hier die Binnenseen immer »Meer« heißen, so das Ewige Meer, das Große Meer und eben das Timmeler Meer. Das eigentliche Meer wird übrigens als »See« bezeichnet.

Timmeler Meer und Umgebung

Das Timmeler Meer, ein Binnensee mit Zugang zur Ems und zum Ems-Jade-Kanal, wurde in den 80er-Jahren des letzten Jahrhunderts so angelegt, dass es auch für touristische Zwecke gut genutzt werden kann. Am 4000 Quadratmeter großen Badestrand ist ausreichend Platz für Badegäste, nebenan ist ein Strand, an dem auch die Vierbeiner baden dürfen. Eine Paddel- und Pedalstation liegt seit 2010 am Timmeler Meer, von der aus man Aurich oder die Seehafenstadt Emden anpaddeln kann. Auch im Winter lässt es sich am Badestrand gut aushalten, und zwar in der Strandsauna mit Blick auf das Meer.

Mitte: Am Timmeler Meer ist eine große Marina entstanden.
Unten: Der Eingang zur ehemaligen Seefahrtsschule, die viele Seefahrtschüler ausbildete.

Zu Timmel gehört die »Gretje von Großefehn«. Das Plattbodenschiff war einst ein *Torfmuttje*, ein Torfkahn, und transportierte schon im Jahr 1913 den Torf in die umliegenden Städte. Heute kann man auf der »Gretje« das Fehntjer Land erkunden. Es geht gen Wiesmoor oder zu einer Naturerlebnisfahrt entlang der Feucht- und Nasswiesen.

Besucher können das Ostfriesische Torfschifferpatent erwerben: Zwei Stunden Unterricht mit Teezeremonie und zweieinhalb Stunden Fahrt mit der »Gretje« umfasst das Programm. Dabei lernt die »Mannschaft« vieles über das ostfriesische Brauchtum, übt Knotenkunde, Anlegemanöver, unterwegs steuert jeder Teilnehmer einmal die 55 PS starke *Torfmuttje*. Zum Abschluss gibt es für jeden eine Urkunde, die bestätigt, dass man sich erstens ab sofort als Torfschiffsjunge betätigen darf und zweitens in der Lage ist, ein Torfschiff zu steuern.

Die »Gretje« startet vom Timmeler Hafen, der in den 70er-Jahren angelegt wurde und mittlerweile eine sehr große Marina hat. Unweit des Hafens befindet sich die alte Seefahrtsschule von Timmel, die 1846 gegründet wurde, da ja auch viele »Fehntjer« sich auf Schiffen verdingten. Bis 1918 konnten hier Seefahrtschüler auf der Königlichen Navigationsschule nautische Kenntnisse sowohl für die Fehnschifffahrt als auch Patente für größere Fahrten erwerben.

Zwei unterschiedliche Museen

Dort, wo das Fehnmuseum Eiland in Westgroßefehn liegt, soll einmal die Urzelle der Besiedlung des Fehngebiets und Großefehns gelegen haben. Vom ersten Spatenstich bis gestern wird im Museum viel zur Siedlungsgeschichte Großefehns dargestellt. In einem Fehnmodell fährt auf einem Fehnkanal ein Torfschiff in eine Kanalschleuse ein. Arbeitsgeräte wie Bunkspaten, Torfspaten, Stechspaten, Torfkarren und Moorschuhe sind im Original zu sehen. Ein großer Teil des Museums ist dem Schiffbau und den damals gängigen Schiffstypen gewidmet. Und nach dem Museumsbesuch kann man sich im Museumscafé bei einer Tasse Ostfriesentee stärken, wobei die Ostfriesentorte nicht fehlen sollte.

Infos und Adressen

SEHENSWÜRDIGKEITEN
Fehnmuseum Eiland und Teestube. Das Museum und das Café sind zeitgleich geöffnet. Di–So 13–17 Uhr, Leerer Landstr. 59, Tel. 04945/13 33, www.fehnmuseumeiland.de

MS Gretje Großefehn. Rundfahrten 1. Mai–Mitte Okt. So 15–16 Uhr. Große Rundfahrt 1. Juni–31. Aug. Mi, Sa 14–16 Uhr. Anmeldung: Tourist-Info Großefehn, www.grossefehn-touristik.de

ÜBERNACHTEN
Campingplatz am Timmeler Meer. Parkähnlich am Timmeler Meer gelegen. Von hier aus ist alles gut zu Fuß erreichbar. Wer kein Zelt dabei hat, kann sich auch eine Trecking-Hütte mieten. Tagespreise: Pro Pers. 4,50 €/Nacht, Kind bis 14 J. 2 €/Nacht, Wohnwagen/Nacht inkl. Stellplatz 6 €, Hauszelt/Nacht inkl. Stellplatz 6 €. Zur Mühle 13, Tel. 04945/919 70, www.grossefehn-touristik.de

INFORMATION
Tourist-Information Großefehn-Timmel. Okt.–Ende April Mo–Do 9–12 und 13–16 Uhr, Fr 9–12.30 Uhr, übriges Jahr Mo–Fr 9–12 und 13–17 Uhr, Sa 10–12 Uhr, Am Reitsportcentrum 1 Tel. 04945/95 96 11, www.grossefehn-touristik.de

37 Wiesmoor
Die Blumengemeinde

Blumenfreunde sind in Wiesmoor richtig: Nirgendwo in Ostfriesland blüht es so viel wie hier, wo die größten zusammenhängenden Gartenbauflächen Europas liegen. Über 20 Millionen Topfpflanzen werden in Wiesmoor pro Jahr erzeugt. Warum? Das hängt mit dem Torf zusammen.

Erst Anfang des 20. Jahrhunderts wurde das große Hochmoorgebiet zwischen Aurich und Wilhelmshaven zum Abtorfen und zur Besiedlung durch den preußischen Staat freigegeben. Wiesmoor ist damit einer der letzten großen Fehngründungen in Ostfriesland. Bereits im 17. Jahrhundert versuchten Emder Bürger, das Moorgebiet durch Abtorfung ur- und fruchtbar zu machen, doch erst das 1909 gegründete Torfkraftwerk holte Wiesmoor aus dem Dornröschenschlaf.

Das mit Torf befeuerte Kraftwerk setzte als eines der ersten Dampfturbinen zur Stromerzeugung ein. Um die überschüssige Abwärme nicht »verpuffen« zu lassen, begann man in den 1920er-Jahren damit, die Gewächshäuser zu beheizen. Auf einer 7,5 Hektar großen Fläche wurde bis in die 1960er-Jahre vielerlei Gemüse angebaut. Mit der Zeit wurde das jedoch unrentabel. Kraftwerk und Gärtnereianlagen wurden abgerissen, die Wiesmoor Gärtnerei bezog das Gelände, die Topfblumen und andere Pflanzen züchtet. Mittlerweile wurde die Torfgewinnung fast gänzlich eingestellt.

Blumenhalle mit Gartenpark

Im Zentrum des Blumenreichs, eines fünf Hektar großen Gartenparks, steht die 2012 neu renovierte Blumenhalle. Bei einem Rundgang erfreuen zahl-

Mitte: Blumen rahmen den Pavillon im großen Gartenpark unweit der Blumenhalle ein.
Unten: Bunt blühende Blumen und Sträucher bezaubern das Auge im Gartenpark.

reiche Blumen und Pflanzen die Sinne, Audio- und Videostationen liefern Informationen über die Flora. In der zentralen Halle gibt es eine Wasserorgel, bei der alle 30 Minuten Wasserfontänen zur Musik tanzen. Vom »Blumenhallen-Café« lässt sich das prächtige Farbenspiel der illuminierten Wasserfontänen gut beobachten. Bei einem Rundgang erhält der Besucher Einblicke in die Themengärten: Der riesige Rosengarten macht einen staunen, der japanische Garten beruhigt die Sinne, der mediterrane Garten verströmt südliches Flair. Der Park ist von kleinen Bächen und Seen durchzogen; Bänke laden zum Verweilen ein. Gleich neben dem Gartenpark liegt die Erlebnisgolfanlage. Diese Anlage ist etwas anderes als Minigolf, denn es müssen hier viele ostfriesische Hindernisse überwunden werden.

Torf- und Siedlungsmuseum

Vom Parkplatz an der Blumenhalle erreicht man zu Fuß oder mit einer kleinen Lorenbahn das Torf- und Siedlungsmuseum. Hier erlebt der Besucher die Geschichte der Besiedlung hautnah, denn das Museum liegt inmitten eines Landschaftsparks mit Torfschiffen, Moor, Kanälen und zwei Kolonistenhäusern. Es gibt eine Schmiede und ein Backhaus mit einem Steinofen, in dem noch richtig gebacken wird. Das Kolonistenhaus vermittelt einen Eindruck davon, auf welch engem Raum eine Familie vor gut 100 Jahren noch leben musste. An der Decke hängen *Updrögt Bohnen*, getrocknete Bohnen, ein ostfriesisches Nationalgericht. Auf dem Außengelände sind einige Großmaschinen ausgestellt, die damals zum Torfabbau dienten. Nicht zu übersehen sind die beiden schmucken Plattbodenschiffe, die fotogen vor den Kolonistenhäusern in der Wieke, einem kleinen Kanal, liegen. Was heute so idyllisch wirkt, war früher für die Wiesmoorer harter Alltag.

ESENS, WITTMUND UND UMZU

38 Esens
Die Bärenstadt

**Esens war einst eine Handels- und Markt-
metropole. Heute ist die Kleinstadt zumindest noch weithin sichtbar, da sie auf
einem Geestrücken liegt. Der Turm der
St.-Magnus-Kirche überragt die gesamte
Stadtsilhouette, man kann ihn sogar noch
von Langeoog aus sehen. In Esens herrscht
quirliges Treiben, besonders im Sommer.
Dann kommen auch viele Urlauber aus den
Küstenorten zum Einkaufen in die Stadt.**

In Esens stehen viele Bären, die ein beliebtes Motiv
der Besucher sind. Doch warum? Eine Antwort
findet sich in einer Legende. Esens wurde im Mittelalter, wie so häufig, von feindlichen Truppen
belagert. Sie konnten aber das durch Stadtmauern
und Stadttore befestigte Esens nicht einnehmen.
Daraufhin änderten die Belagerer die Taktik: Sie
schnitten die Nachschubwege ab, um so die Stadt
auszuhungern. Zufällig befand sich zu dieser Zeit
ein fahrender Musikant mit einem Tanzbären in
der Stadt. Da der Bär großen Hunger litt, riss er
sich von seinen Ketten los, kletterte brüllend auf
eines der Stadttore und schmiss mit Steinen um
sich. Die Belagerer zogen daraus den Schluss, dass
noch genügend Proviant in der Stadt sei, um sich
sogar noch einen Bären zu halten. Durch diesen
falschen Schluss beendeten sie die Belagerung und
zogen die Truppen ab. Esens war gerettet und zum
Dank an den Bären wurde er das Esenser Wappen-
tier. Das zur Legende. Die Wahrheit ist jedoch, dass
die Häuptlingsfamilie der Attena, die im 15. Jahrhundert über Esens herrschte, den Bären in ihrem
Siegel hatte und deshalb der Bär das Stadtwappen
schmückt. Als dann Esens 2002 sein 475-jähriges
Bestehen feiern konnte, gedachte man wieder des

S. 200/201: Die Seriemer Mühle
De Goede Verwagting dreht sich
nahe dem Fischerdorf Neuharlingersiel.
Unten: An vielen Plätzen und
Straßen der Stadt entdeckt man
ihn: den Bären, das Wahrzeichen
von Esens.

Der Marktplatz von Esens, dahinter die St.-Magnus-Kirche

Bären. Über 40 Exemplare stehen nun als Buddy-Bären an verschiedenen Punkten der Stadt und sind ein guter Blickfang.

Im Mittelalter hatte Esens seine Blütezeit und wurde unter der Herrschaft von Junker Balthasar zur Residenzstadt des Harlingerlandes. Als dieser 1540 starb, hinterließ er keine Nachkommen und die Stadt fiel an die Grafen von Ostfriesland. Als Ostfriesland dann 1744 an Preußen fiel, ging die Bedeutung Esens zurück. Die Burg wurde geschliffen und Esens zu einer kleinen Provinzstadt. In den 60er-Jahren des letzten Jahrhunderts begann man, auf den Tourismus zu setzen. Trotz umfangreicher Stadtsanierungen konnte das Ambiente einer Kleinstadt erhalten bleiben, welches heutzutage den touristischen Charme ausmacht.

Ein Rundgang durch die Bärenstadt

Wie bei vielen Städten ist das Zentrum Esens der Markplatz. Er wird von alten Bürgerhäusern um-

Nicht verpassen

DIE MAGNUS-KIRCHE

Dort, wo die heutige St.-Magnus-Kirche auf einer kleinen Warft steht, gab es vorher schon viele Kirchen. Die heutige wurde 1854 eingeweiht. Außen spätklassizistisch, ist das Innere der dreischiffigen hellen Hallenkirche dagegen neugotisch. Zu sehen sind außerdem die Orgel, die zu den größten Ostfrieslands zählt, sowie der spätgotische Sarkophag des Häuptlings Siebet Attena. Die Kanzel, die Taufe und der Altar blicken auf eine lange Geschichte zurück. Lohnend ist auch der Besuch des Turm-Museums. 113 Stufen führen durch die 1982 eröffneten Räume im Kirchturm, hier kann man auch einen Blick hinter die Orgel werfen.

St.-Magnus-Kirche und Turm-Museum. Kirche Di–Fr 10–11.30 und 14.30–16, Turm Di, Do 15–17, So 11–12 Uhr, Kirchplatz 5–7

203

HALLOWEEN

Es überrascht, dass ein ursprünglich keltisches Fest von Amerika aus seinen Einzug nach Esens gehalten hat und mittlerweile über 10 000 Besucher anlockt. Die ganze Stadt scheint im Halloween-Fieber zu sein. Mit dem Gruselprogramm ist auch eine Einkaufsnacht verbunden, die Geschäfte haben dann bis 22 Uhr geöffnet. Die Schaufenster sind furchterregend dekoriert, es gibt beim alten Amtsgericht ein gespenstisches Wasser-Lichter-Spiel, begleitet von entsprechender Musik. Bei der Academy of Dance auf der Bühne am Marktplatz laden Vampire zum letzten Tanz, auf der Gruselmeile sind viele Darsteller gruselig geschminkt. Das Programm wird von Illuminationen und Pyrotechnik begleitet.

Halloween-Fest. Am letzten Fr im Okt, www.halloween-esens.de

Einfach gut!

ringt, wie der Ratsgaststätte und dem Haus Mettcker, in dem die Geschäftsstelle der regionalen Tageszeitung untergebracht ist. Auf dem Marktplatz finden auch zahlreiche Veranstaltungen statt, z. B. der Herbstmarkt mit dem Oldtimertreffen oder der Stadtlauf. Anfang August fällt der Startschuss zum Lauf »Rund um St. Magnus«. Dieser blickt mittlerweile auf eine 20-jährige Tradition zurück und wird von Einheimischen wie Gästen gut angenommen. An der Strecke herrscht immer eine tolle Stimmung, und die Läufer erhalten ein schönes Bild von Esens, da die vier verschiedenen Läufe durch die malerische Esenser Innenstadt führen. Für die Kleinsten gibt es den Bambini-Lauf über 750 Meter. Kinder und Jugendliche müssen schon 1750 Meter bewältigen, der Volkslauf, an dem auch Laufgemeinschaften teilnehmen können, umfasst dann fünf Kilometer.

An der Ostseite liegt das Rathaus, das zu einem der ältesten Gebäude Esens' zählt. Die Fundamente stammen aus dem Mittelalter und seine heutige Form erhielt es im 17. Jahrhundert. Im Giebel findet man ein Wappen der Familie von Heespen. 1756 wurde das Gebäude in ein Wit-

Radtour durch das Harlingerland

Die Strecke ist asphaltiert oder überwiegend gepflastert, für die rund 30 km sollte ein halber Tag eingeplant werden.

A **Marktplatz von Esens** – Es geht Richtung Herderstraße, dort rechts in den Hayungshauser Weg. Danach läuft man am Benser Tief entlang.

B **Hafen von Benserssiel** – Den Hafen dann gen Osten verlassen und der Deichstraße neben dem Deich folgen.

C **Ostbense** – Hier links abbiegen und am Deich weiterfahren – bei Wind ist dies ein guter Platz zum Drachensteigen! Wenn es nicht mehr weitergeht, biegt man rechts ab auf die Deichstraße nach Neuharlingersiel.

D **Neuharlingersiel** – Am Hafen gibt es leckere Fischbrötchen. Nach Süden den Hafen direkt Richtung des markanten Sielhofs verlassen. Dann geht es weiter direkt am Neuharlinger Sieltief. Beim Erreichen der Straße geht es weiter Richtung Mühle.

E **Seriemer Mühle** – Die Mühle kann man tagsüber besichtigen. In der Teestube gibt es Ostfriesentee und Ostfriesentorte mit Branntweinrosinen.

F **Nordwerdum** – Von der Mühle aus geht es 2 km weiter, dann rechts ab zum Warftendorf.

G **Werdum** – Am Café geht ein kleiner Weg in die Marsch ab. Links kann man die Kirchturmspitze von Werdum sehen. Auf der Hauptstraße links, Werdum lädt zu einem kleinen Rundgang ein.

H **Thunum** – Westlich der Kirche führt der Werdumer Kleiweg nach Westen. Nach 4 km ist Thunum mit seiner sehenswerten Kirche erreicht. Gen Norden und auf der Hauptstraße geht es zurück nach Esens.

wenstift umgewandelt, 1761 zog die erste Stifts-
dame ein. Der Ahnensaal war Versammlungsraum
der Stiftsdamen. Er ist heute ein Prunkstück, da
er Anfang der 80er-Jahre vollständig restauriert
wurde. Heute ist es der Repräsentationsraum der
Stadt und dient als Trauzimmer. Die Wände des
Saals zieren wertvolle Gemälde, als Rathaus wird
das Gebäude seit 1949 wieder benutzt.

Südlich vom Rathaus zweigt eine kleine Gasse
vom Markt ab, der Stadt-Schkür-Pad. Am Ende
befindet sich die frühere Viehmarkthalle, die 1851
vergrößert wurde. Nach 1950 verwendete die
Stadt Esens das Haus als Gerätescheune. Seit 1982
sind hier ein Museum mit landwirtschaftlichen
Kleingeräten und ostfriesischen Hausgegenstän-
den früherer Tage sowie das Café »Teediele« untergebracht.

Neben der Südseite des Marktes sind die Herder-
und die Steinstraße die Einkaufstraßen der Stadt.
Hier findet man vieles. Man kann in Boutiquen,
Sportgeschäften, Souvenirgeschäften oder Buch-
läden stöbern und sich in Bäckereien, Cafés oder
einem der kleinen Restaurants stärken. Geht man
gen Norden über den Kirchplatz, dann stößt man
zunächst auf den Skulpturenpfad. Der Pfad beschäftigt sich mit der Geschichte Esens', der Nordseeküste und dem Tourismus.

Weiter Richtung Bensersiel liegt die restaurierte
Peldemühle. Im Museum »Leben am Meer« wird die
Entwicklung der Küstenlandschaft und ihre Besiedlung anhand archäologischer Funde aus dem
Watt vor Bensersiel demonstriert. Die Geschichte
der Stadt Esens ist ein weiterer Schwerpunkt und
in der Uhrmacherwerkstatt von »Hansi Ticktack«
tickt es noch richtig. Angeschlossen ist die städ-
tische Kunstgalerie »Müllerhaus«, die zeitgenössi-
sche Kunst aus dem Nordwesten präsentiert.

Oben: Die Ostseite des Marktplatzes schließt das Rathaus ab.
Mitte: Kaffee, Kuchen und An-
tiquitäten in einem Lädchen am
Markt
Unten: Die Peldemühle erstrahlt
abends in tollem Licht.

Infos und Adressen

SEHENSWÜRDIGKEITEN

Leben am Meer. Mit Museum, Peldemühle und Uhrenwerkstatt. Mitte März–Ende Okt. Di–So 10–17 Uhr, Führungen Mi 15 Uhr. Bensersieler Str. 1, www.leben-am-meer.de

Rathaus. Am Markt 2.

Seriemer Mühle. Mit Teestube. April–Anf. Nov. 13–18.30 Uhr, Seriemer Mühle 2, Tel. 04974/228, www.seriemer-muehle.de

ESSEN UND TRINKEN

Bei Toni. Für Pizzaliebhaber. 11.30–14.30, 18–21.30 Uhr, Steinstr. 19, Tel. 04971/22 09.

Landhaus an der Nordsee. Schöner Garten mit kleinem Teich. Im Sommer 9–19 Uhr, Nordwerdum 11, Werdum, Tel. 04974/93 90 18, www.nordwerdum-11.de

Sturmfrei. Frühstück, Schnitzel und Tapas.Tgl. 10–24 Uhr, Küche 12–22 Uhr, So bis 21 Uhr, Anf. Nov.–Ende März Do geschl. Steinstr. 38, Tel. 04971/927 95 55, www.sturmfrei-esens.de

Teediele. Ostfriesisches Antik. Mo–Fr 10–13 und 15–18 Uhr, Sa 10–13 Uhr, Marktstr. 1.

Thao Anh. Fr, Sa gutes chinesisches Buffet für 10 €. Tgl. 11.30–14.30 und 17.30–23.30 Uhr, Jücherstr. 22, Tel. 04971/91 85 05.

ÜBERNACHTEN

Krögers Hotel. Familiengeführtes, anspruchsvolles Hotel mit 41 Zimmern. Bahnhofstr. 18, Tel. 04971/30 65, www.kroegers-hotel.de

Hotel Garni Nolting. Gute Adresse. Bahnhofstr. 29, Tel. 04971/22 33, www.hotel-nolting.de

Wieting's Hotel. Familienbesitz seit 1889. Am Markt 7, Tel. 04971/45 68, www.hotel-esens.de

EINKAUFEN

BärenHaus Esens. Nicht nur für Gummibärchenfans. Mo–Fr 9.30–18, Sa 9–14 Uhr. Steinstr. 5–7, www.naschbaer.com

VERANSTALTUNGEN

Herbstmarkt mit Oldtimertreffen. Für Liebhaber historischer Fahrzeuge. Am 3. So im Okt.

INFORMATION

Kurverein Nordseeheilbad Esens-Bensersiel e.V. Mo–Fr 10–13 ,14–18, Sa 10–13 Uhr, Am Markt 15, Tel. 04971/91 70, www.benserstel.de

Einmal im Jahr gibt es ein Oldtimertreffen in der Innenstadt.

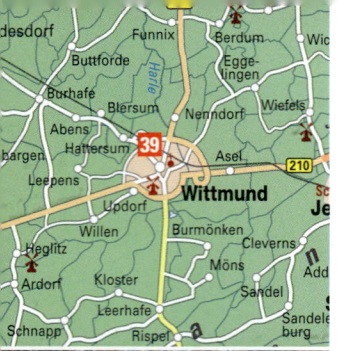

39 Wittmund
Das Tor zur Harlebucht

**Wittmund ist die Kreisstadt des gleich-
namigen Landkreises, und hier geht es
noch richtig ostfriesisch zu: Es herrscht
wenig Hektik, stattdessen Gelassenheit.
Vielleicht liegt es daran, dass die Stadt
15 Kilometer von der Küste entfernt liegt
und der ganze Touristenrummel der Küstenbadeorte an der Nordsee ein wenig an
Wittmund vorüberzieht.**

Und genau das macht den Charme der Kreisstadt
aus. Es heißt, Wittmund sei genau richtig für den
zweiten Urlaub. Da ist sicher etwas dran. Nachdem
man die Küste und ihre Orte abgeklappert hat,
kann man sich von hier aus in Ruhe noch einmal
Ostfriesland ansehen. Von Wittmund aus ist es
auch nicht mehr so weit ins Hinterland.

Wittmund einst und heute

Die Stadt wurde einst auf einem Geestrücken gegründet und gehört aufgrund der hochwasserge-
schützten Lage zu einer der ältesten Siedlungen in
Ostfriesland. 1362 durchbrach die Zweite Marcellusflut die Deichlinie, das Wasser reichte nun bis
an den Ort Wittmund heran, die Harlebucht war
entstanden. Der Name »Wide Muhde«, was »weiter
Mündungstrichter« bedeutet, könnte der Ursprung
des heutigen Ortsnamens sein und einen Hinweis
auf die Lage an der Harlebucht geben. Nach und
nach wurde dem Meer das Land wieder abgerun-
gen, was sich gut von den Namen der Dörfer ableiten lässt. Fährt man zum Beispiel von Wittmund
nach Norden Richtung Carolinensiel, dann passiert
man Orte wie Altfunnix- und Neufunnixsiel, Indiz
dafür, das hier einmal Siele waren, die das Land

Mitte: Hübsch: Verzierungen an
der Fassade des Kreishauses
Unten: Das Erntedankfest wird in
ganz Ostfriesland gefeiert.

zum Meer entwässerten. Es sind auch noch alte Deiche erkennbar, auf denen heute kleine Straßen verlaufen, z.B. beim Berdumer Mitteldeich.

Wie bei vielen Kleinstädten in Ostfriesland ist auch in Wittmund die Kirchturmspitze der barocken St.-Nicolai-Kirche schon weit sichtbar, auf dessen Spitze statt eines Hahns ein Schwan thront. Die Kirche hatte auch bereits einige Vorgänger. Der heutige Kirchenbau wird auf das Jahr 1776 datiert, Teile der Kirche, wie der Altar, sind aber älteren Datums.

Bei einem Stadtbummel durch die Fußgängerzonen fällt der Rotklinker auf. Straßen, Radwege und Hausfassaden wurden aus diesem Gestein gebaut, typisch für eine Kleinstadt in Ostfriesland. Am Marktplatz steht unübersehbar das Kreishaus, sicher eines der schönsten Gebäude der Stadt. In dem 1901 fertiggestellten Gebäude finden auch heute noch Besprechungen im historischen Sitzungssaal statt. Es finden sich viele Handabdrücke im roten Klinkerpflaster. In den »Hands of Fame« in der Drosten- und Kirchstraße sowie auf dem Bundespräsidentenplatz haben sich mittlerweile über 60 Persönlichkeiten verewigt, z.B. der Bundespräsident Joachim Gauck, Jörg Pilawa, Uwe

Geheimtipp

BÄCKEREI SCHOOF

Von Wittmund sind es 12 Kilometer nordostwärts nach Middoge auf der Grenze zum Wangerland. Etwas abseits der Hauptstraße liegt die Bäckerei Schoof, die die Bäckermeisterin Helma Schoof nun schon seit 34 Jahren führt. Hier gibt es nicht nur alte Maschinen zu bestaunen, sondern auch eine Menge Brot, das noch wie »früher« gebacken wird. Denn Helma Schoof verzichtet gänzlich auf Zusatzstoffe wie Treibmittel, Zuckercouleur oder Dunkelstoffe. Der Sauerteig wird noch selbst angesetzt, und das Friesische Schwarzbrot, eine der Spezialitäten, besteht nur aus Roggenschrot, Wasser und Salz. Für Allergiker wichtig: hier ist kein Weizenmehl enthalten! Freitag ist der Hauptgeschäftstag, dann gibt es alle Brot- und Kuchensorten.

Bäckerei Schoof. Mo–Sa 7–12, Mo, Di, Do, Fr 14.30–18 Uhr, Müllerweg 10, Middoge, Tel. 04463/228.

209

Seeler sowie der Komiker und Ostfriese Otto Waalkes. Etwas westlich der Innenstadt stehen die beiden Mühlen der Stadt. In der Siust-Mühle ist ein italienisches Restaurant untergebracht, die Peldemühle, die erstmals 1741 erwähnt wurde, ist Deutschlands älteste Galeriehölländerwindmühle und beherbergt ein Museum mit vielen alten Handwerksgeräten.

Ostfriesenabitur

In Ostfriesland kann man das Abitur einmal ganz anders machen. Kein Prüfungsstress begleitet den Abiturienten, sondern gute Laune und der Spaß in der Gruppe. Die Wittmunder sind die Erfinder dieser speziellen Hochschulreife. Weit über 150 000 Einheimische und Gäste konnten bereits die Reifeprüfung erfolgreich ablegen. Mit dem Ostfriesenabitur will man insbesondere den Touristen alte ostfriesische Bräuche näherbringen. Das rund vierstündige Abitur findet im Freien statt, der zweite Teil dann in einer gemütlichen Gaststätte. Eines der Prüfungsfächer des Ostfriesenabiturs ist z. B. das Padstockspringen, bei dem man sich mit Hilfe eines Stocks über einen Graben schwingt. Nach dem Warmlaufen beginnt das Melken der Kuh Elsa, eine nicht immer leichte Aufgabe. Als Belohnung folgt der Löffeltrunk, ein Schnaps aus einem Zinnlöffel. Es gibt auch eine mündliche Prüfung in Plattdeutsch. In der Gaststätte wird Ostfrieslandkunde und Krabbenpulen gepaukt. Eine Teerunde mit ostfriesischer Teezeremonie schließt den Prüfungskanon ab. Jeder Prüfling erhält nach bestandener Prüfung das »Abiturzeugnis«.

Oben: Das Freibad Isums hat bei Sonne viele Gäste.
Mitte: Die Peldemühle an der Straße Richtung Esens
Unten: »Hands of Fame« im Pflaster der Innenstadt

Jährliches Spektakel in Wittmund ist das immer Ende Oktober stattfindende Drehorgelfestival. Die ganze Innenstadt taucht ein in Drehorgelmusik, und man kann die teils imposanten Instrumente bestaunen.

Infos und Adressen

SEHENSWÜRDIGKEITEN

Heimatmuseum Peldemühle. Führungen nur nach telefonischer Anmeldung, Mo–Fr 11–17 Uhr, Juli, Aug., Sept. Mo–So 11–17 Uhr. Esenser Str. 14, Tel. 04462/92 92 41 oder 0172/900 09 67, www.heimatverein-wittmund.de

St.-Nicolai-Kirche. Am Kirchplatz 3.

ESSEN UND TRINKEN

Im Eimer. Café und Kneipe in der Fußgängerzone. Di–So ab 16 Uhr, Kirchstr. 17, Tel. 04462/75 33.

Restaurant Zur Mühle. Die gelungen gestalteten Räume der Mühle bergen ein italienisches Restaurant. Schöner Wintergarten. Tgl. 11.30–14.30 und 17–24 Uhr, Auricher Str. 9, Tel. 04462/40 41 oder 04462/40 51.

ÜBERNACHTEN

Campingplatz Isums. Durch die zentrale Lage gut für Erkundungen in Ostfriesland. Isums 47, Tel. 04462/92 28 33, www.campingplatz-isums.de

Hotel Hof von Hannover. Familien- und kinderfreundliches Hotel, die Kleinen dürfen die ganze Gartenanlage nutzen. Auricher Str. 89, Tel. 04462/12 30, www.hof-von-hannover.de

Hotel Residenz. Unter Denkmalschutz steht das klassizistische Haus und war lange die Residenz der Landräte. Mit gutem Restaurant. Am Markt 13, Tel. 04462/88 60, www.residenz-wittmund.de

VERANSTALTUNGEN

Drehorgelfestival mit Letztmarkt. Treffen der Drehorgelspieler. Am letzten Wochenende im Oktober, in der Innenstadt.

INFORMATION

Tourist-Information. Mo–Do 9–13 und 14–17 Uhr, Fr 9–13 Uhr, Sa 10–13 Uhr. Am Markt 15, Tel. 04462/98 31 50, www.wittmund.de

Nostalgisch gekleidete Drehorgelspieler sorgen für Schwung und gute Laune.

40 Bensersiel
Das familienfreundliche Nordseeheilbad

So ziemlich mittig an der Küstenlinie der ostfriesischen Halbinsel liegt Bensersiel. Der Küstenbadeort macht besonders viele Angebote für Familien mit kleinen Kindern, denn der große Sandstrand mit der Nordsee als Abenteuerspielplatz ist besonders für Kinder attraktiv. Bei Ebbe muss man nicht auf das kühle Nass verzichten. In dem Meerwasserfreibad kann man auf der 80-Meter-Rutsche schnell wieder ins Nass eintauchen.

Das Nordseebad Esens-Bensersiel kann auf eine noch recht junge Geschichte zurückblicken. Im Mai 1951 wurde der Bade- und Verkehrsverein Esens-Bensersiel gegründet. Ein Jahr später wurden das Strandgelände sowie der Flügeldeich gepachtet und damit der Grundstein für die Entwicklung zum Urlaubsort gelegt. Mit einer Auflage von 500 Stück erschien 1953 der erste Prospekt, mit dem für den kleinen Ort an der Nordsee geworben wurde. Nur neun Jahre später, 1962, waren es bereits 10 000 Exemplare. Es gab damals 30 Strandkörbe und es wurden 67 533 Strandbesucher gezählt. 1971 erfolgte die staatliche Anerkennung als Küstenbadeort.

In den Folgejahren entstanden viele neue Einrichtungen für Gäste wie Spielhäuser, der Großspielplatz und vieles mehr. Schon 1986 wurde Bensersiel für sein beispielhaftes Familienangebot ausgezeichnet. Drei Jahre später eröffnete die Nordseetherme und 1990 wurde Bensersiel zum Kurort erklärt. Dies gipfelte 1996 in der Auszeichnung zum Nordseeheilbad.

Mitte: Die Spielgeräte am Strand laden zum Austoben ein.
Unten: Südsee-Atmosphäre am Strand von Bensersiel

Bensersiel stellt sich vor

Wer als Küstenbadeort Schritt halten will, der muss auch investieren. Die gut 25 Jahre alte Nordseetherme wurde vor einigen Jahren von Grund auf modernisiert. Der Kinderbereich wurde komplett umgebaut, Kinder und Jugendliche haben jetzt im Erlebnisbad auf der 100-Meter-Rutsche viel Spaß, die kleinen Kinder auf dem Seeräuberschiff. Insgesamt gibt es fünf Becken mit unterschiedlicher Tiefe. Auch der Wellnessbereich wurde neu gestaltet und erweitert, im Innen- und Außenbereich stehen verschiedene Saunas zur Verfügung. Hier geht es deutlich ruhiger zu, die Entspannung steht im Vordergrund. Im Therapiezentrum dreht sich alles um die Gesundheit. Angeboten werden klassische Gesundheitsanwendungen, Massagen und alternative Heilmittel.

Ein besonderes Erlebnis für Kinder ist das Wattenhuus Bensersiel. Kinder können hier die Nordsee hautnah erleben, so beim Streicheln der Seesterne im Nordseeaquarium. Benni Bärenstark und seine Bande aus Bensersiel garantieren jede Menge Spaß beim Kinderprogramm. Hier werden Drachen gebastelt, Piratennachmittage veranstaltet und der Strand sowie die große Drachenwiese entdeckt. Es gibt auch Indoor-Angebote.

Im Sportthemenpark kann man sich aktiv betätigen oder einfach dem Sporttreiben zuschauen. Beim Tennis, Beachvolleyball oder Beachsoccer kann man sich richtig austoben. Schon etwas Mut gehört dazu, sich die Rollen auf dem Skaterareal unterzuschnallen.

Da Bensersiel ja so ziemlich mittig an der ostfriesischen Halbinsel liegt, ist der Ort auch ein idealer Ausgangspunkt für Fahrradtouren. Eine gute Gelegenheit ist die Bensersieler Fahrradwoche im Juni.

Infos und Adressen

ESSEN UND TRINKEN
Y8-Haus. Frische Pasta, Pizza und Salate mit Blick auf den Hafen. Mo–So 8–18 Uhr, Am Hafen 20a, Tel. 04971/927 92 37, www.y8-haus.de

ÜBERNACHTEN
Strand- und Familiencampingplatz. 4-Sterne-Campingplatz mit Blick aufs Wattenmeer. Am Strand 8, Tel. 04971/91 71 21, www.bensersiel.de/camping

VERANSTALTUNGEN
Lichter- und Brückenfest. Livemusik, Kinderschminken, Laternenumzug und Feuerwerk am Hafen. Am 2. Dienstag im August.

AKTIVITÄTEN
Bennis Abenteuerland. Die Eltern blicken aufs Meer, die Kinder spielen im Sand. Hauptsaison tgl. 10–19 Uhr, Eintritt frei, Am Strand 8, Tel. 04971/91 70, info@bensersiel.de

Nordseetherme. Schulstr. 4, Tel. 04971/91 72 20, www.bensersiel.de/nordseetherme

Wattenhuus Bensersiel. Ende März–Anf. Sept. Di–Fr 10–12 und 14–17 Uhr, Sa, So 14–17 Uhr, Seestr. 1, Tel. 04971/48 58.

INFORMATION
Kurverein Bensersiel. Hauptsaison Mo–Sa 10–17 Uhr, So 10–13 Uhr. Am Strand 8, Tel. 04971/91 70, www.bensersiel.de

Langeoog-Fähre. Am Hafen 20, Tel. 04971/928 90, www.schiffahrt-langeoog.de

41 Neuharlingersiel
Hafenromantik und Urlaubsgefühl

Neuharlingersiel ist sicher einer der malerischsten Sielorte in Ostfriesland. Dicht an dicht säumen zum Teil bis zu 300 Jahre alte Häuser das kleine Hafenbecken, in dem sich viele bunte Krabbenkutter aneinanderdrängen. Der Hafen ist das Herz und Zentrum des Sielortes und gut für einen kleinen Spaziergang. Man kann Schiffe und Möwen beobachten und den weißen Fähren hinterherschauen, die den Sielort nach Spiekeroog verlassen.

Das kleine Fischerdorf wurde erstmals 1693 erwähnt und kann somit auf eine noch recht junge Geschichte zurückblicken. Seine Entstehung hat der Ort den Eindeichungsmaßnahmen an der Harlebucht zu verdanken und wurde dadurch zum Hafen und Sielort. Das fünf Kilometer entfernte Altharlingersiel wurde damit in seiner Funktion als Sielort abgelöst.

Was ist ein Sielort?

Es gibt zahlreiche Sielorte an der ostfriesischen Küste, bei denen die Siele auch noch überwiegend aktiv sind. In der Vergangenheit wie heute sind sie für ganz Ostfriesland dringend notwendig. Denn Ostfriesland liegt sehr tief, zum Teil unter dem Meeresspiegel, und ist von einem Deich umgeben. Ab und zu regnet es auch mal. Dann muss das Wasser abfließen. Dies geschieht durch sogenannte Tiefs, die das Land entwässern. Bei Neuharlingersiel ist es das Neuharlinger Sieltief. Die Entwässerungssysteme beginnen als kleine Gräben und gehen dann in immer größer werdende

Mitte: Strandwetter in Neuharlingersiel
Unten: Krabbenkutter im Hafen von Neuharlingersiel

Kanäle über, die Tiefs. Die früher auch wirtschaftlich genutzten Wasserstraßen sind heute dankbare Reviere für Paddler und Wassersportler. In den Sielorten fließt das Wasser durch die Siele in die Nordsee ab. Die Sieltore, früher häufig aus dicken Eichenholzbohlen gefertigt, lassen sich bei Hochwasser und bei Sturmfluten verschließen. Dank moderner Technik sorgen heutzutage große Pumpstationen dafür, dass das Hinterland auch bei Hochwasser entwässert werden kann. In Neuharlingersiel kann man das zeitweilig bei Niedrigwasser beobachten, wenn man durch das Tor den Hafen betritt. Eine starke Strömung gen Nordsee zeigt an, dass die Sieltore geöffnet sind und das Wasser aus dem Hinterland in das Meer abfließt.

Der Tourismus setzt ein

Im 19. Jahrhundert war Neuharlingersiel noch ein kleiner geschäftiger Hafenort. Der Tourismus setzte Anfang des 20. Jahrhunderts ein. Dabei profitierte man vom zunehmenden Tourismus auf den Inseln. Eckpfeiler für den Tourismus und sicher entscheidend für die Entwicklung zum Nordseeheilbad waren der Bau des Meerwasser-Hallen-

Nicht verpassen

BADEWERK
Für Schlechtwettertage gibt es das Badewerk Neuharlingersiel. Das große Becken des Meerwasserhallenbades wird mit echtem Meerwasser gespeist. Und nebenan gibt es das Babybecken für die ganz Kleinen, die sich hier bei 33°C Wassertemperatur sehr wohlfühlen. Die Saunalandschaft besteht aus fünf Saunen, drei davon im großzügigen Außenbereich, der mit Tide- und Tauchbecken, Abkühlhaus und großer Terrasse wie ein Saunagarten wirkt. Die Deichsauna mit 100°C ist auch sehr beliebt. Innen sind die Ruheräume, eine kleine Bar mit Kamin sowie die Dampfsaunen. Die Salzkajüte mit 42°C und Salzluft wie am Deich ist für die Atemwege ganz hervorragend.

BadeWerk. Mo–Fr 10–19.30, Sa 10–20, So 10–18 Uhr. Edo-Edzards-Str. 1, Tel. 04974/188 60, www.badewerk.de

KUTTERREGATTA

In Neuharlingersiel gehört die Kutterregatta fest zum Sommerprogramm. Am Vorabend gibt es ein *open ship* und die Möglichkeit, mehr über das Fischereihandwerk zu erfahren. Außerdem können die Gäste an dem obligatorischen Krabbenpulwettbewerb teilnehmen. Nach einem kleinen Hafenkonzert startet um 13 Uhr die Regatta. Dazu sind die Schiffe herausgeputzt worden und bis über den Toppen geflaggt, denn es wird von den Gästen auch der schönste Kutter gekürt. Über vier Kilometer geht die Strecke, und nach gut 20 Minuten steht fest, wer das blaue Band von Neuharlingersiel gewonnen hat. Die Gäste haben die Möglichkeit mitzufahren, Karten gibt es an der Tourist-Information.

Kutterregatta. Meist am letzten Sa im Juli, aber abhängig von der Tide, www.neuharlingersiel.de

Einfach gut!

bads, des Kurhauses, des Campingplatzes und die Aufspülung eines 20 Hektar großen Sandstrands mit Strandpromenade und Strandkörben. Hier lässt es sich vortrefflich ausspannen, im Strandkorb sitzend das Treiben beobachten, lesen, dösen.

Für die Kleinen ist auch gesorgt. In der riesigen Wasserspielanlage Platschi toben sich Kinder aus. In der Nähe liegt der Funny Beach: Die Hüpfburg, das Spielmobil und Trampolin finden nicht nur bei den kleinen Gästen Zuspruch. Außerdem gibt es mindestens einmal am Tag Hochwasser, Grund genug, in die Fluten zu tauchen. Und auch bei Ebbe kann man dort spazieren, wo vorher das Wasser war und schauen, wie es auf dem Grund des Meeres so aussieht.

Westlich des Strands von Neuharlingersiel befindet sich die Kite- und Surfschule Windloop, die Kurse für Anfänger, Fortgeschrittene und Könner anbietet. Beim Kite-Schnupperkurs kann jeder erfahren, ob dieser Sport einem zusagt. Da das meistens der Fall ist, schließt sich daran ein Anfängerkurs an, der sich auf zwei Tage verteilt und in Theorie und Praxis die Grundlagen vermittelt.

Diese nicht ganz ungefährliche Sportart ist schnell zu erlernen und bringt viel Spaß.

Wie kommt das Schiff in die Buddel?

Gar nicht so einfach, doch es gibt Tricks, die man im Buddelschiffmuseum in Neuharlingersiel erfahren kann. Über 100 Buddelschiffe lagern hier in Flaschen in einer Größe von 0,7 bis zu 60 Litern. Originalgereue Modelle von der »Victory«, dem Flaggschiff von Admiral Lord Nelson, bis zum Untergang der »Titanic«.

Geduld und eine ruhige Hand sind für die Flaschenschiffe notwendig. Die Masten der Schiffe werden gekippt und dann an Fäden hochgezogen, wenn die Modelle in der Flasche sind. Teile der Schiffsrümpfe werden verklebt, das Schiff selbst auf Knetmasse fixiert. Im Sommer gibt es Buddelschiffbau-Aktionen, bei denen Kinder diese Fertigkeit erlernen können. Das Museum wird ergänzt durch zahlreiche Bauzeichnungen, seltene Fotos und Kapitänsbilder. Jährlich wechselnde Sonderausstellungen werden zu Themen der Fischerei und der Hochseeschifffahrt durchgeführt.

Oben: Eine Kutterfahrt ist zwar oft kühl, aber immer etwas ganz Besonderes.
Mitte: Die »Titanic« versinkt – im Bauch einer Flasche.
Unten: Sogar eine stolze Kogge findet Platz in einer Buddel.

217

Infos und Adressen

SEHENSWÜRDIGKEITEN

Buddelschiffmuseum. In über 100 Flaschen haben originalgetreue Schiffe ihren Platz gefunden. Zudem jährlich wechselnde Sonderausstellungen zu Schifffahrtsthemen. Mitte März–Ende Okt. tgl. 10–13 und 13.30–17 Uhr, Am Hafen Westseite 7, Tel. 04974/224, www.buddelschiffmuseum.de

ESSEN UND TRINKEN

Café Störmhuus. Direkt auf der Deichkrone gelegen hat dieses Haus schon viele Stürme erlebt. Bei echtem Ostfriesentee kann man den schönen Blick über den Hafen und das Watt genießen. Fr–Mi 11–18.30 Uhr, Am Hafen Ost 18, Tel. 04974/707, www.rodenbaeck.de

Bistrobereich des Badewerks

Kroogtied. Die kleine Hafenkneipe, direkt vorne am Hafen, wo früher der Fahrkartenschalter der Spiekeroog-Fähre war. Bester Blick auf den Hafen. Kleine Karte, gut für ein Bier und Snacks. Mo, Di, Do, So 11–19 Uhr, Fr, Sa 11–1 Uhr, Am Hafen West 21, Tel. 04974/433.

ÜBERNACHTEN

Ganzjahres-Familien-Campingplatz Neuharlingersiel. Westlich des Ortes, direkt hinter dem Deich nahe dem Strand. 1. Nov.–15. März Mo–Sa 9–17 Uhr, So 9–13 Uhr, 16. März–20. April tgl. 8–20 Uhr (Ostern 7–21 Uhr), 21. April–31. Okt. tgl. 7–21 Uhr, Alt Addenhausen 4, Tel. 04974/712, www.neuharlingersiel.de

Hotel Janssen. Von der Junior-Suite kann man über den Hafen die Inseln Langeoog, Spiekeroog und Wangerooge sehen. Die Speisekarte bietet Krabbengerichte und viele Fisch aus der Pfanne und dem Topf. Schönes Restaurant mit alten Fliesen. Am Hafen West 7, Tel. 04974/224, www.hotel-janssen.de

Hotel Rodenbäck. Familienhotel mit über 100-jähriger Tradition. Viele Zimmer verfügen über Meer- und Hafenblick. Im hoteleigenen Restaurant gibt es ganz frischen Nordseefisch. Mittagstisch. Ende Dez.–Ende Nov. Am Hafen Ost 2, Tel. 04974/225, www.rodenbaeck.de

Mingers Hotel. Seit 1816 besteht das Haus, einst Kohlenhandlung, dann Gastronomiebetrieb. Neben der Speisekarte gibt es zeitweilig interessante Fisch- und Regionalbuffets mit ostfriesischen Spezialitäten. Zimmer mit Hafenblick. Am Hafen West 1, Tel. 04974/91 30, www.mingers-hotel.net

AUSGEHEN

Dattein. Am 13. – auf Platt *Dattein* – April 2000 eröffnet. Urige Kneipe in einem der ältesten Häuser am Hafen. Manchmal Livemusik. Anf. Nov.–eine Woche vor Ostern tgl. 11–24 Uhr, Di geschl., Saison tgl.10–1 Uhr, So bis 23 Uhr. Am Hafen West 13, Tel. 04974/91 24 44, www.dattein.de

EINKAUFEN

Bäckerei Hinrichs. Frühstücksbrötchen in vielen Variationen oder das echte ostfriesische Schwarzbrot gibt es hier. Mitte Feb.–Nov. tgl. 6.30–18 Uhr, Am Hafen Ost 8, Tel.04974/276, www.baeckerei-hinrichs.de

Fischerei-Genossenschaft Neuharlingersiel. Je nach Jahreszeit gibt es von der Scholle über die Scharbe bis zur Seezunge ganz frischen Nordseefisch. Und essen kann man hier auch. Restaurant ab 9. März tgl. 9–12.30 und 14–18 Uhr, Cliener Straat 14, Tel. 04974/511.

Meermaid. Die etwas andere Boutique für die Frau – hier gibt es nicht nur Standardmarken. Cliener Straat 3, Tel. 04462/69 55.

Siel-Apotheke. Zwischen dem Hafen und dem Sielhof liegt die Apotheke im schönen denkmalgeschützten Witt Huus. Mo–Sa 8.30–12.30 Uhr und Mo, Di, Do, Fr 14.30–18 Uhr. Bürgermeister-Dirksen-Platz 6, Tel. 04974/801, www.siel-apo.de

Teekontor Ostfriesland. Große Auswahl an Teesorten, nicht nur Ostfriesentee. Mitte März–Okt. 9–19 Uhr, Bürgermeister-Dirksen-Platz 2, Tel. 04974/14 04, www.teekontor-ostfriesland.de

AKTIVITÄTEN

Kutterregatta. Über die Toppen geflaggt sind die Krabbenkutter, die mit den Gästen in See stechen. Meist am letzten Sa im Juli, aber abhängig von der Tide, www.neuharlingersiel.de

Windloop Kite und Windsurfschule. Für Anfänger und Fortgeschrittene. Kitesurfen: Tel. 0179/788 48 44; Windsurfen: Tel. 0170/751 70 80, am Strand, www.windloop.de

Beim Hafenfest darf ein Riesenrad nicht fehlen.

INFORMATION

Spiekeroog-Fähre. Neuharlingersiel ist der Fährhafen nach Spiekeroog. Fahrkartenausgabe: Hafen Neuharlingersiel, Tageskarte: 20,70 € zzgl. Kurbeitrag, Kinder 13,40 €. Bei Vorausbuchung im Internet billiger. Tel. 04974/214, www.spiekeroog.de

Tourist-Information. 1. Nov.–14. März Mo–Fr 9–17 Uhr, 15. März–31. Okt. Mo–Fr 8–18 Uhr, Sa, So 10–15 Uhr. Kurverein Neuharlingersiel e.V., Edo-Edzards-Str. 1, Tel. 04974/18 80, www.neuharlingersiel.de

Die Surfschule, direkt vorm Deich gelegen, hat ein breites Angebot.

42 Carolinensiel und Harlesiel
Im östlichen Ostfriesland

Noch relativ jung sind die beiden Orte im östlichen Ostfriesland. Während Harlesiel über einen Sandstrand, ein Bad, einen Campingplatz und die Fährverbindung nach Wangerooge verfügt, besitzt Carolinensiel einen idyllischen, kleinen Hafen, in dem – umsäumt von alten Häusern und gleichviel alten Bäumen – im Sommer viele historische Museumsschiffe liegen.

Carolinensiel konnte nach der Eindeichung des Carolinengrodens gegründet werden. Namensgeberin des kleinen Ortes an der Harle war 1729 die Fürstin Sophie Caroline von Ostfriesland. Zu Ehren der Fürstin wurde ihr ein Bronzedenkmal gleich neben dem alten Sieltor am Museumshafen gesetzt. Damit hatten die Ostfriesen dem Meer und der Harlebucht wieder ein Stück Land abgewonnen. Wie in vielen anderen ostfriesischen Küstenorten wurde auch in Carolinensiel zur Entwässerung des Hinterlandes ein neues Siel an-

Mitte: Ein alter Kutter liegt auf der Harle vor dem Hotel »Friedrichsschleuse«.
Unten: Beim Hafenfest in Carolinensiel gibt es viel Livemusik und Shantys.

GUT ZU WISSEN

SÜNDEN DER VERGANGENHEIT
Warum wurde 1989 diese schöne Eisenbahnstrecke von Jever durch die Marsch nach Harlesiel eingestellt? Man hätte ohne Auto und umweltschonend die Küste oder Wangerooge erreichen können. Man hätte die Strecke zumindest als Museumsbahn erhalten können. Die Fahrt durch das Wangerland vorbei an kleinen Dörfern und vielen Kühen wäre ein bleibendes Erlebnis gewesen. Am Bahnhof Harlesiel steht noch ein Waggon.

gelegt, das auch heute noch erhalten ist. Die Schutzfunktion vor dem Meer hat mittlerweile aber das Harlesiel übernommen, das zwei Kilometer weiter Richtung Nordsee liegt.

Der Mann von Caroline, Fürst Georg Albrecht, sorgte für die Besiedlung rund um den heutigen Museumshafen. Schnell erlebte der kleine Ort seinen Aufschwung, denn er wurde bei Kaufleuten und Schiffern sehr beliebt. Carolinensiel stieg neben Emden zum wichtigsten Hafen an der ostfriesischen Küste auf. Einige Jahrzehnte nach der Gründung von Carolinensiel wurde der dem Ort vorgelagerte Friedrichsgroden eingedeicht und die nach Friedrich dem Großen benannte Friedrichschleuse erbaut. Die einst nach holländischem Vorbild erbaute Zugbrücke erinnert noch heute an den Standort. Der einst so blühende Hafen verlor im 19. Jahrhundert so langsam an Bedeutung. Die Segelschiffe wurden immer größer und das Manövrieren durch die Harle nach Carolinensiel ein zunehmendes Problem. Die aufkommende Dampfschifffahrt sowie der Transport mit der Bahn machten den Hafen bedeutungslos.

Nordseebad mit drei Häfen

Die zwei Kilometer vom Museumshafen nach Harlesiel lassen sich gut zu Fuß laufen, doch zu-

Geheimtipp

ZU BESUCH BEI JANSSEN

In Carolinensiel sollte man den Besuch des Museumshafens und des Gemischtwarenladens von Christian Janssen nicht verpassen. Das Geschäft am westlichen Rand des Hafens gibt es schon seit 150 Jahren und wurde vom Urgroßvater Janssen gegründet. Im Laden fühlt man sich in die Vergangenheit versetzt. Keine Scanner-Kasse oder elektronische Waage gibt es hier, denn die Einrichtung ist original von 1951. Zusammengerechnet wird noch mit Bleistift und Papierblock. In dem kleinen Geschäft werden neben Geschirr in den Regalen die unterschiedlichsten Produkte angeboten. Spezialitäten sind der Blatt-Tee, die Ostfriesische Mischung oder der Tee mit Sanddorn. Auch die ostfriesische Pümmelwurst, eine luftgetrocknete Mettwurst, kann man hier finden.

Gemischtwarenladen Christian Janssen. Mo, Di, Do, Fr 9.30–13 und 15–18, Mi und Sa 9.30–13 Uhr. Am Hafen 8, Tel. 04484/304.

Oben: Die Mühle von Carolinensiel lag früher mal am Wasser und diente als Seezeichen.
Mitte: Die schnuckelige Deichkirche liegt erhöht auf einem alten Deich.
Unten: Pause am Alten Hafen

nächst bietet es sich an, einmal um den alten Carolinensieler Hafen herumzugehen. Dabei entdeckt man das Deutsche Sielhafenmuseum. Es besteht aus vier historischen Ausstellungshäusern, dem Groot Hus, dem Kapitänshaus, der Alten Pastorei und dem alten Seenotrettungsschuppen bei der Friedrichsschleuse. Im Sommer drängeln sich hier geradezu die historischen Plattbodenschiffe. Im Winter ist ein riesiger, erleuchteter Tannenbaum der Blickfang im Alten Hafen. Gut verankert auf Pontons wird er immer am Sonnabend vor dem ersten Advent aufgebaut und gibt dem Hafen eine schöne vorweihnachtliche Atmosphäre. Westlich des Hafens liegt, geduckt auf einem alten Deich, die kleine, aber sehenswerte Deichkirche, einige hundert Meter dahinter eine Windmühle, die früher den Seefahrern als Landmarke diente.

Der Weg nach Harlesiel führt immer an der Harle entlang. Kleine Cafés und Teestuben liegen am Weg, es bietet sich ein schöner Blick über die Harle. Vor der Friedrichsschleuse erreicht man das Kurzentrum Cliner Quelle. Hier sind die Tourist-Information und das Kinderspielhaus untergebracht. Das Schwimmbad hat eine Außen- und Wellenrutsche und natürlich kann man hier auch ausgiebig die Innen- wie Außensaunen nutzen. Den Rückweg kann man bequem mit dem Raddampfer »Concordia II«, einem Nachbau der alten »Concordia I« von 1854 antreten. Der Raddampfer pendelt zwischen dem Museumshafen und dem Jachthafen in Harlesiel.

Noch recht jung ist Harlesiel, erst zwischen 1953 und 1956 gebaut, mit einem Schöpfwerk und einem Außenhafen, von dem die Fähren nach Wangerooge ablegen. Den kleinen Ort beherrscht im Sommer der Tourismus, denn westlich des Hafens liegen der große Sandstrand sowie der Campingplatz.

Infos und Adressen

SEHENSWÜRDIGKEITEN

Deutsches Sielhafenmuseum. Ende März–Anf. Nov. tgl. 10–18 Uhr sowie in den Winterferien. Am Hafen Ost 7, Carolinensiel, Tel. 04464/869 30, www.deutsches-sielhafenmuseum.de

ESSEN UND TRINKEN

Postbüdel. Einst das Postamt, heute Bistro und Kneipe. Osterferien–Ende Okt. ab 11 Uhr, Nebensaison wetterbedingt. Am Hafen Ost 9, Carolinensiel, Tel. 04464/94 22 32, www.postbuedel.com

Restaurant Hafenblick. Schöne Terrasse mit Biergarten. Ferienwohnung. März–Ende Okt. tgl. ab 11–22 Uhr. Am Hafen West 11, Carolinensiel, Tel. 04464/94 22 91, www.carolinensiel-hafenblick.de

ÜBERNACHTEN

Campingplatz Harlesiel. Schweinsgroden Tel. 04464/94 93 98, www.campingplatz-harlesiel.de

Hotel Hinrichs. Zentral gelegenes Hotel in ruhiger Lage. Mühlenstr. 15, Carolinensiel, Tel. 04464/59 90 00, www.hotel-Hinrichs.de

Das ehemalige Postamt, heute Bistro und Kneipe

AKTIVITÄTEN

Cliner Quelle. Sole-Erlebnisbad. Mo–Mi 10–21 Uhr, Do, Fr 10–22 Uhr, Sa, So 10–20 Uhr, Saunalandschaft: Tageskarte Erw./Kind 14,50 €, Bahnhofstr. 40, Carolinensiel, Tel. 04464/949 30, www.cliner-quelle.de

Der Raddampfer »Concordia« auf der Harle

VERANSTALTUNGEN

Watten Sail. Zu diesem Event laufen jedes Jahr sehenswerte historische Küstensegler im Museumshafen ein. Am 2. Wochenende im August, www.harlesiel.de

INFORMATION

Tourist-Information Carolinensiel-Harlesiel. Mo–Fr 8–19 Uhr, Sa, So 10–18 Uhr, Nordseestr. 1, Tel. 01805/94 93 00, Zimmervermittlung Tel. 04464/94 93 93, www.carolinensiel.de

Wangerooge Fähre. Abfahrtszeiten sind tideabhängig. Auch Kombi-Karte mit Luftverkehr Friesland Harle (LFT) vom Flugplatz Harle möglich. Auskunft zu Schiffsverbindungen: Tel. 04464/94 94 11, www.wangerooge.de, Auskunft zu Flugverbindungen: Tel. 04464/948 10, www.inselflieger.de

43 Werdum
Grüne Oase an der Nordsee

Von welcher Himmelsrichtung man Werdum auch ansteuert, es geht durch saftige Marschwiesen, auf denen bunte Kühe weiden. Das Dorf ist schon von Weitem sichtbar, es liegt auf Warften. Auf einer der höchsten liegt die St.-Nicolai-Kirche. Bis zum 16. Jahrhundert reichte die Harlebucht noch an den Ort heran, Werdum lag am Meer und hatte einen kleinen Hafen.

Werdum wurde bereits Ende des 13. Jahrhunderts urkundlich erwähnt. Der Überlieferung nach soll es aber schon früher Burgen auf dem heutigen Gebiet von Werdum gegeben haben, eine davon soll auf der heutigen Kirchwarft gestanden haben. Zeugnis der alten Burgen und des Häuptlingswesens in Ostfriesland ist die Burg Edenslerloog im östlichen Teil von Werdum, die schon 1191 erbaut worden sein soll und bis heute noch bewohnt ist. Einst war die Burg von Wehrtürmen umgeben, der Wassergraben, der vor Angreifern schützte, ist zum Teil heute noch sichtbar. Die im Privatbesitz befindliche Burg ist nicht zu besichtigen. Dennoch gibt es vieles in Werdum zu entdecken.

Rundgang durch das Warftendorf

Werdum hat sich in den letzten 20 Jahren dank eines sehr aktiven Heimatvereins zu einem schmucken Touristenort entwickelt. Seit 2000 darf sich Werdum »staatlich anerkannter Luftkurort« nennen. In der Werdumer Kneipphalle kann man bei Musik Kneippgänge absolvieren und auf Liegen entspannen. Die Anlage kann ganzjährig genutzt werden und befindet sich am Haus des Gastes.

Mitte: Das kleine Warftendorf Werdum leuchtet rot in der Abendsonne.
Unten: Kinder sind aus dem Haustierpark kaum wieder wegzukriegen.

Werdum

Gleich neben dem Haus des Gastes liegt der Haustierpark Werdum, die Attraktion des Ortes und Anlaufpunkt Nummer eins. Seit 1998 beherbergt der Haustierpark seltene und vom Aussterben bedrohte Haustierrassen aus aller Welt. Mit dem Haustierpark will man diejenigen Tierrassen erhalten, die schon über Tausende von Jahren Nutztiere für den Menschen waren. Viele Infotafeln geben Auskunft über die Tierarten und ihre Herkunftsländer. Auf einer Streichelwiese kann man den Tieren so richtig nahekommen, Kinder können in den Sommermonaten beim Füttern helfen. Der Star des Haustierparks ist ein Riesenesel, sein Ruf ist unüberhörbar.

Ein Stück weiter neben dem Haustierpark thront auf einer hohen Warft die St.-Nicolai-Kirche. Sie stammt aus dem 13. Jahrhundert, der Turm wurde erst 1763 angebaut. Der heilige Nikolaus war früher der Schutzpatron der Kaufleute und Schiffer. Damals lag Werdum noch am Meer und bei Sturm erbaten hier die Werdumer und Seefahrer den Schutz des Heiligen. Ein weiteres Schmuckstück in Werdum ist die über 200 Jahre alte Erdholländer-Windmühle. In der liebevoll restaurierten und funktionsfähigen Mühle sind ein Backhaus und eine Schmiede aufgebaut.

Werdum hat auch Besonderes für den Gaumen zu bieten: In einem historischen Gebäude von 1893 wurde im April 2000 die Küstenbrauerei eröffnet, die einzige Privatbrauerei im Harlingerland. Mit dem Watt'n Bier hat sie sich bereits einen Namen gemacht. Der Gast hat vom rustikalen Gastraum Einblicke in den Brauraum und darf auch dem Braumeister über die Schulter schauen.

Wer weniger gut zu Fuß ist, kann in den Rasenden Kalle einsteigen. Im Sommer fährt diese Bimmelbahn fast täglich am kleinen Kurplatz ab.

Infos und Adressen

SEHENSWÜRDIGKEITEN
Erdholländer-Windmühle. Edenserloog Str. 13

Haustierpark Werdum. Sommer tgl. 9–19 Uhr, Winter tgl. 9–17 Uhr, Raiffeisenplatz 1, www.haustierpark-werdum.de

St.-Nicolai-Kirche. An der Kirche.

ESSEN UND TRINKEN
Freesenkrog. Traditionsreicher Dorfkrug mit gutbürgerlicher Küche. Di–So ab 17 Uhr. An der Kirche 2, Tel. 04974/682, www.freesenkroog-werdum.de

Küstenbrauerei. Süffige Biere werden hier gebraut. Ab Mitte März tgl. 11–22 Uhr, Buttforder Str. 1, Tel. 04974/546.

ÜBERNACHTEN
Ferienwohnungen. Sehr gepflegte Ferienwohnanlage am Südrand in sonniger Lage. White Sail Wohnungsservice, Buttforder Str. 13, Tel. 04974/919 20, www.whitesail.de

Kurhotel Werdumer Hof. Edenserloogerstr. 4, Tel. 04974/546, www.werdumerhof.de

EINKAUFEN
Schlachterei Oldewurtel. Richtig traditioneller Landschlachter. Mo–Fr 9–18 Uhr, Sa 8–13 Uhr, Mullbargerstr. 17, Burhafe, Tel. 04973/844.

INFORMATION
Tourist-Information. Mo–Fr 9–12.30 und 14–16, Mi nur 9–12.30 Uhr, Raiffeisenplatz 1, Tel. 04974/99 00 99, www.werdum.de

44 Friedeburg
Das grüne Tor zur Nordsee

Friedeburg liegt am südöstlichen Rand von Ostfriesland und besticht durch eine ländliche Idylle mit Wasser, Wald, Landwirtschaft und viel Ruhe. Hier erhält der Urlauber so ein richtiges Ostfrieslandgefühl. Man ist im Sommer weit ab vom Trubel der Küstenbadeorte und ist doch in gut einer halben Stunde an der Nordseeküste.

Friedeburg war lange Zeit der Vorposten gegen die feindlichen Oldenburger, mit denen man in einer Dauerfehde lag. Die ostfriesischen Häuptlinge hatten hier eine Burg errichtet, die zu den größten in Ostfriesland zählte. Friedeburg lag auch an der Heer- und Handelsstraße, die Oldenburg mit dem ostfriesischen Raum verband. Als Ostfriesland Preußen zugeschlagen wurde, verfiel die Anlage, da sie nun keine strategische Bedeutung mehr besaß. Die sparsamen Preußen schliffen die Gebäude, heute erinnert noch ein Modell an die einst so mächtige Burg.

Von Russland nach Amerika

Mit dem Auto bewältigt man in ein paar Minuten die Entfernung zwischen Russland und Amerika, den beiden Ortsteilen von Friedeburg. Wie es zu diesen ungewöhnlichen Ortsnamen kam, ist nicht eindeutig geklärt und überliefert. Im 19. Jahrhundert wanderten jedoch viele Leute aus Ostfriesland nach Amerika aus, um sich dort nach der Urbarmachung des Landes anzusiedeln. Da es damals auch in der Umgebung von Friedeburg große Landstriche (z.B. Heselerfeld) gab, die nicht kultiviert waren, verglich man diese mit Amerika. Die verbliebenen Siedler in Ostfriesland hatten damit ihr Amerika im Ortsteil Heselerfeld gefunden.

Mitte: Am Ems-Jade-Kanal liegen die Boote der Freizeitkapitäne.
Unten: Gewaltig erhebt sich die Turmruine der Kirche von Reepsholt über den Friedhof.

Friedeburg

Zu Russland gibt es die Geschichte, dass dort vor mehr als 100 Jahren ein armer Bauer wohnte, den die Bevölkerung wegen seines impulsiven Auftretens Russe nannte. Eine andere Geschichte besagt, dass hier vor 150 Jahren ein Köhler, auch Rußer genannt, lebte. Plausibel erscheint die Überlieferung, dass der Boden karg und wenig erträglich war, von Heideflächen und Mooren durchsetzt, genau wie in vielen Gegenden des fernen Russlands. Was stimmt, weiß niemand. Doch der staatlich anerkannte Erholungsort wirbt kräftig mit den beiden Namen und hat sie touristisch vermarktet. Es gibt einen kleinen Rundweg von sieben Kilometern von Russland nach Amerika, der in zwei Stunden zu schaffen ist. Der längere Weg misst acht Kilometer, hier sind 2,5 Stunden einzuplanen. Natürlich kann die Strecke auch abgeradelt werden. Die Tourist-Information Friedeburg bietet von Mitte Juni bis Ende August geführte Wanderungen und Radtouren zwischen den »Kontinenten« an.

Kirchen und Kanäle

Sehenswert sind die Kirchen in Friedeburg, viele von ihnen stammen aus dem 12. oder 13. Jahrhundert. Im Umkreis von Friedeburg liegen die St.-Martinus-Kirche in Etzel, die St.-Mauritius-Kirche in Horsten sowie die St.-Marcus-Kirche in Marx. Die imposante Granitkirche ist die älteste in der Gemeinde. Die Mauritius-Kirche in Reepsholt aus dem 12. Jahrhundert hatte früher einen sehr hohen Turm, der im 15. Jahrhundert als Wehrturm ausgebaut wurde. Er wurde 1474 bei der Belagerung des Ortes zum Einsturz gebracht, dessen Ruine heute noch ein markantes Wahrzeichen ist. Zudem gibt es in Friedeburg viele Kanäle, auf denen man gut paddeln kann. Am Ems-Jade-Kanal von Wilhelmshaven über Friedeburg bis Emden gibt es bereits seit 2008 auch eine Paddel-und-Pedal-Station.

Infos und Adressen

ESSEN UND TRINKEN
Dorfkrug Coordes. Typisch ostfriesisch, mit schönem Biergarten. Di–Fr ab 16 Uhr, Sa, So ab 14 Uhr, Dorfstr. 8, Tel. 04465/234, www.dorfkrug-coordes.de

Hotel Deutsches Haus. Traditionsgaststätte seit 1849. Di–So ab 17 Uhr, Küche 18–22 Uhr. Hauptstr. 87, Tel. 04465/946 40, www.hotel-deutsches-haus-friedeburg.de

ÜBERNACHTEN
Campingplatz Marienfeld. Schöner Campingplatz, am See gelegen. Schwarzer Berg 10, Tel. 04465/94 51 88, www.campingplatz-marienfeld.de

Landhotel Oltmanns. Familiäres Landhotel in einem typisch friesischen Gasthof von 1804. Friedeburger Hauptstr. 79, Tel. 04465/97 81 50, www.landhotel-oltmanns.de

AKTIVITÄTEN
Paddel und Pedal. April–Okt. Di–So 10–18 Uhr, Borgweg/An der Wassermühlenbrücke, Tel. 04421/98 76 91 oder bei Herrn Remshardt unter Tel. 0172/280 17 19.

VERANSTALTUNGEN
Friedeburger Festival. Mit Burgfräulein und Hofdame. Am 4. Wochenende im September.

INFORMATION
Tourist-Information. 16.6.–15.8. Mo–Fr 9–13, 14–17 Uhr, außerhalb der Saison kürzere Öffnungszeiten, Hauptstr. 60, Tel. 04465/14 15, www.gemeinde-friedeburg.de

OSTFRIES-LANDS NACHBARN

45 Jever
Stadt mit wechselvoller Geschichte

Weithin sichtbar ragen aus der flachen Umgebung der historische Schlossturm und die drei verspiegelten Türme der Jever-Brauerei als Wahrzeichen von Jever auf, das zweimal von außergewöhnlichen Frauen beherrscht wurde: der russischen Zarin Katharina II. und dem »Fräulein von Jever«. Zeugnisse der wechselvollen Geschichte und eine gute Gastronomie sind denn auch die Hauptattraktionen der Stadt mit den fünf Graften.

Die in alte Grünanlagen eingebetteten fünf Graften der Stadt Jever umgeben die historische Altstadt sowie das Schloss und sind Teilstücke des ansonsten verfüllten mittelalterlichen Wallgrabens. Ganz am Rande der Altstadt erhebt sich inmitten eines eigenen Parks das Schloss, das in seinen wesentlichen Teilen aus der Zeit zwischen 1428 und 1564 stammt. Erst im 18. Jahrhundert wurde ihm der markante Schlossturm mit seiner Zwiebelhaube hinzugefügt. Einige der ehemaligen Repräsentationsräume sind zu besichtigen. Original sind die aus dem 17. Jahrhundert stammenden Ledertapeten und einige flandrische Gobelins im ehemaligen Audienzsaal sowie dessen prächtige, aus Holz geschnitzte Kassettendecke im Stil der Renaissance. Über 50 Räume im Schloss werden seit 1921 als Museum genutzt.

Geschichtsträchtige Namen

Am Schlossplatz steht mit dem historischen Gasthaus »Hof von Oldenburg« eins der ältesten erhaltenen Häuser der Stadt. Es wurde bereits 1798

S. 228/229: Das prunkvolle Schloss von Jever
Unten: Verspielte Architektur: die Schlossapotheke am Alten Markt in Jever

Treffpunkt Alter Markt

erbaut. Von seiner Fassade erklingt tagsüber mehrmals ein Glockenspiel, zu dem
bedeutende Persönlichkeiten der Jeveraner Geschichte an der Uhr vorbeiflanieren:
zuerst Edo Wiemken der Jüngere, dann Maria von
Jever, Graf Anton Günter, Fürst Johann August
von Anhalt-Zerbst und schließlich die russische
Zarin Katharina II. Edo Wiemken war der letzte
Häuptling des Jeverlands, seine Erbtochter Maria
(1500–1575) stellte nach kurzer Zwischenherr-
schaft eines ostfriesischen Grafen die jeversche
Unabhängigkeit wieder her. Unter ihrer Herrschaft
erhielt Jever 1536 das Stadtrecht und nennt sich
seitdem auch Marienstadt. Nach Marias Tod fiel
Jever 1575 an die Grafschaft Oldenburg, 1667
dann an das Fürstentum Anhalt-Zerbst. 1793 ging
das Jeverland in den Besitz der russischen Zarin
über, der Schwester des letzten Zerbster Fürsten.
Zwischen 1807 und 1818 regierten hier Holländer,
dann Franzosen und schließlich wieder Russen, bis
die es 1818 an das inzwischen zum Großherzogtum avancierte Oldenburg abtraten.

Vom Marktplatz in die Altstadt

Vom Marktplatz führt die Neue Straße als
Fußgängerzone mit vielen Geschäften zur

Nicht verpassen

PAUSE AM SAGEN-BRUNNEN

Der ideale Ort für eine
entspannte Pause sind
die Terrassen der Lokale am
1995 eingeweihten Sagenbrunnen.
Die Erwachsenen genießen den
Blick aufs Schloss und das bunte
Treiben auf dem Marktplatz, Kinder
können am Sagenbrunnen nicht
nur mit dem Wasser spielen,
sondern auch mit den vielen beweglichen, kleinen Bronzefiguren
des Brunnens. Dargestellt sind
u. a. das »Fräulein von Jever«, das
der Sage nach nicht gestorben
ist und irgendwann wiederkehrt,
sowie Graf Anton-Günther von
Oldenburg (1583–1667), der auf
einem Apfelschimmel reitet, welcher ihm einst das Leben rettete.
Am schönsten ist wohl das He-
xenschiff mit den zwei Hexen, die
Fischern übel mitspielen.

Pütt. Kneipe, Café und Bistro, Au-
ßenplätze am Sagenbrunnen. Im
Sommer tgl. ab 14 Uhr, im Winter
tgl. ab 17 Uhr, Alter Markt 6,
Tel. 04461/731 94.

Schlachtstraße. An einer kurzen Parallelgasse, dem Kattrepel, befindet sich Jevers Blaudruckerei. Hier wurde die alte Kunst des Blaudrucks wiederbelebt. Inhaber Georg Stark hat über 3000 historische Modelle gesammelt, mit denen er mit Indigo gefärbte Stoffe aus Hanf, Leinen und Seide bedruckt.

In der Schlachtstraße passiert man dann das »Haus der Getreuen«. Hier treffen sich noch immer alljährlich am 1. April die »Getreuen«, um den Geburtstag von Fürst Bismarck (1815–1896) zu feiern. Sie sind Mitglieder des ältesten noch bestehenden Bismarck-Traditionsvereins in Deutschland. In fünf Räumen sind da etwa 400 Objekte der Bismarck-Verehrung aus der Zeit des Kaiserreichs, zahlreiche Bismarck-Postkarten und -Karikaturen sowie Gegenstände aus dem persönlichen Besitz des Verehrten zu sehen.

Im Mittelpunkt der Altstadt erhebt sich die Stadtkirche. Darin blieb das monumentale Grabmal des letzten Jeveraner Häuptlings Edo Wiemken erhalten. Fräulein Maria gab es 1561 beim flämischen Bildhauer Cornelis Floris II. (1514–1575) in Auftrag, dem damit ein Meisterwerk der niederländischen Renaissance gelang.

Sehenswertes am Rande

Bierliebhabern wird in Jever ein Besuch der Brauerei ermöglicht, die für ihren friesisch-herben Gerstensaft bundesweit bekannt ist. Deren Museum ermöglicht auch einen Einblick in die Geschichte des Bierbrauens. Ein Feuerwehrmuseum und das Landwirtschaftsmuseum in der Scheune der 1846 als Galerieholländer errichteten Schlachtmühle erweitern das Spektrum der jeverschen Museen um zwei Besichtigungspunkte für sehr speziell Interessierte.

Kinderfreuden beim Altstadtfest

Die Highlights

In Jever liegt alles Sehenswerte nahe beieinander. Ohne Innenbesichtigungen kann man die Stadt in zwei Stunden kennenlernen. Genauso gut lässt sich hier aber auch ein ganzer Tag verbringen.

A Schloss – Der 61 m hohe Turm ist Jevers historisches Wahrzeichen. Einige prunkvolle Repräsentationsräume zeugen von fürstlichem Lebensstil, das Schlossmuseum bietet ein breites Themenspektrum von historischer Mode, alten Landkarten, Porzellan und Keramik bis hin zur Kunst. Ein Bummel durch den Schlosspark lohnt sich.

B Glockenspiel – 16 Glocken läuten Volksweisen, dazu treten als kleine farbige Figuren für Jever bedeutende Herrscher auf und wieder ab.

C Fräulein-Maria-Denkmal – Ein Foto mit der bekanntesten Dame der Stadt gehört zum Pflichtprogramm.

D Sagenbrunnen – Bronzene, zum Teil bewegliche Figuren aus fünf regionalen Sagen regen nicht nur die Fantasie von Kindern an.

E Blaudruckerei – Georg Stark hat in Jever eine uralte Handwerkstechnik am Leben erhalten. Weiße Muster auf blauem Grund überziehen Textiles von der Serviette bis zum Damenkleid und werden sogar auf Porzellan übertragen.

F Jever-Shop – Hier meldet man sich zu

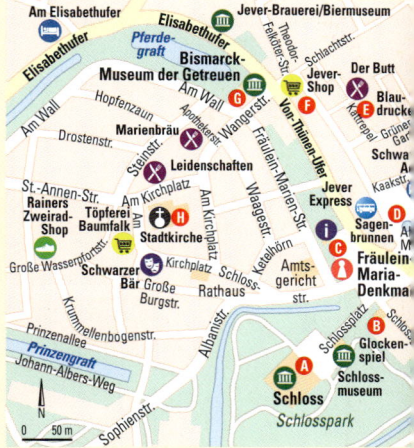

Brauerei-Führungen an. Fanartikel in großer Auswahl.

G Bismarck-Museum der Getreuen – Die Verehrung für Bismarck hat in Jever eine lange Tradition. Des preußischen Reichskanzlers friesische Getreuen halten die Erinnerung an ihn in einem kleinen Museum bis heute wach. Unter den Exponaten sind auch Karikaturen zu finden, die einen kritischen Blick auf Bismarck wagen.

H Stadtkirche – Der Kirchenraum gibt sich modern, im historischen Chor ruht Friesenhäuptling Edo Wiemken in einem prachtvollen Sarkophag.

Das Bier aus Jever ist für viele Ostfriesen ein Kultgetränk.

Infos und Adressen

SEHENSWÜRDIGKEITEN

Bismarck-Museum der Getreuen. Di–So 10–17 Uhr, Wangerstr. 15, Tel. 04461/717 27, www.bismarckmuseum-jever.de

Blaudruckerei. Mo–Fr 11–17 Uhr, Sa 10–14 Uhr und nach Vereinbarung. Kattrepel 3, Tel. 04461/713 88, www.blaudruckerei.de

Feuerwehrmuseum. März–Okt. Di–So 14–17 Uhr, Sudetenweg 14, Tel. 04461/717 53, www.feuerwehrmuseum-jever.de

Originell: Jevers Feuerwehrmuseum

Glockenspiel. Tgl. 11, 12, 15, 16 und 17 Uhr. Am Alten Markt 14.

Jever-Brauerei und Biermuseum. Führungen nach Voranmeldungen im Jever-Shop; Mo–Fr 10–18 Uhr, Sa 10–14 Uhr, Elisabethufer 18, Tel. 04461/137 11, www.jever.de

Schlachtmühle mit Landwirtschaftsmuseum. Pfingsten–Sept. So 10–18 Uhr, Hooksweg 9, Tel. 04461/96 93 50, www.schlossmuseum.de

Schlossmuseum. Di–So 10–18 Uhr, Ostern und Mai–15. Okt. auch Mo, Turmaufstieg Ostern–15. Okt. 11–17 Uhr, Schlossplatz 1, Tel. 04461/96 93 50, www.schlossmuseum.de

Stadtkirche. Oster- bis Herbstferien tgl. 8–18 Uhr, sonst bis 17 Uhr, Am Kirchplatz.

ESSEN UND TRINKEN

Der Butt. Die Altstadtadresse für guten Fisch. Mi–Mo ab 12 Uhr, Kattrepel 2, Tel. 04461/918 78 92, www.der-butt-fischrestaurant.de

Leidenschaften. Modernes friesisches Teehaus in einem Haus aus dem Jahr 1803. Mo, Mi, Do, Sa 10.30–18.30 Uhr, Di, Fr 8.30–18.30 Uhr, So 13.30–18 Uhr, Am Kirchplatz 25, Tel. 04461/925 48 20, www.teehaus-jever.de

Marienbräu. Urige Brauereigaststätte mit kleinem Biergarten. Im Winter Mo–Sa ab 17.30 Uhr, So und Feiertag 12–14.30 und ab 17.30 Uhr, im Sommer Mo–Sa ab 15 Uhr, So und Feiertag ab 12 Uhr. Apothekerstr. 1, Tel. 04461/74 49 90, www.marienbräu.com

Schützenhof Jever. Regionale Küche auf hohem Niveau. Mo–So 18–21 Uhr. Schützenhofstr. 47, Tel. 04461/93 70, www.schuetzenhof-jever.de

ÜBERNACHTEN

Am Elisabethufer. Moderne Hotelpension mit Fahrradgarage, 5 Min. vom Zentrum. Elisabethufer 9a, Tel. 04461/94 96 40, www.jever-hotel-pension.de

Haus Jever. 5 jeweils 85 m² große Ferienwohnungen mit drei Schlafzimmern. Stedinger Weg 1, Tel. 0177/238 76 65, www.haus-jever.de

Pellmühle. Zentrumsnahe Zimmer in einer alten Villa. Mühlenstr. 55, Tel. 0 44 61/930 00, www.jever-hotel.de

Schwarzer Adler. Historisches Haus direkt am Marktplatz. Alter Markt 3, Tel. 04461/916 60, www.schwarzeradler-jever.de

AUSGEHEN

Künstlerforum-Jever e.V. Konzerte und Zimmertheater im alten Lokschuppen; Moorweg 2, Tel. 04461/70 08 15, www.kuenstlerforum-jever.de

Nachtschicht Schortens. In dieser Disco trifft sich die Jugend der Region. Fr, Sa ab 22 Uhr,

Schooster Str. 2, Schortens, Tel. 04461/
91 80 28, www.nachtschicht-schortens.de

Schwarzer Bär. Einfaches Bierlokal in einem der ältesten Häuser der Stadt, 1562 erbaut. Hier treffen sich vor allem Jeveraner. Tgl. ab 10 Uhr, Am Kirchplatz 14, Tel. 04461/917 00 88, www.alt-jever.de

EINKAUFEN

Töpferei Baumfalk. Hochwertige Keramik und Steingut, vor allem Künstlerisches und Dekoratives. Di–Fr 9–13, 15–18 Uhr, Sa 14–18 Uhr. Am Kirchplatz 17, www.toepfereibaumfalk.de

Wochenmarkt. Di und Fr vormittags am Kirchplatz.

VERANSTALTUNGEN

Altstadtfest. Jahrmarkt auf dem Marktplatz, dem Kirchplatz und in den Fußgängerzonen der Stadt. An einem Wochenende im August.

Kiewittmarkt. Fahrgeschäfte, Buden, viel Livemusik. Am Wochenende vor Pfingsten.

Weihnachtsmarkt. Mit Eislaufbahn. Marktplatz.

Brüllmarkt. Immer 2. Sonntag im Oktober.

AKTIVITÄTEN

Rainers Zweirad-Shop. Fahrradverleih. Mo–Fr 9–18 Uhr, Sa 9–13 Uhr. Große Wasserpfortstr. 14, Tel. 04461/735 98.

Fledermaus-Exkursion. Mai–Mitte Sept. alle 14 Tage in der Zeit der Dämmerung durch den Schlosspark. Ab Schloss, Tel. 04461/96 93 50.

Jever Express. 45-minütige Stadtrundfahrten mit einem Mini-Zug. Abfahrt ab Sagenbrunnen. Oster- bis Herbstferien tgl. 11, 12, 13, 14 und 15 Uhr, in den Sommerferien auch 16 Uhr, Tel. 0177/331 73 97.

Krimi-Führung. 90-minütige Stadtführung auf den Spuren eines historischen Kriminalfalls, inszeniert von einer Jeveraner Krimi-Autorin. Etwa 14 Termine im Sommerhalbjahr, Auskunft und Anmeldung beim Stadt-Marketing, Tel.04461/710 10.

Rundgang mit dem Nachtwächter. Mai–Okt. Fr 22 Uhr, Anmeldung bei Jever-Marketing, Tel. 04461/710 10, www.stadt-jever.de

Stadtführungen. Ende Juni–Ende Sept. Mo 14 Uhr, Anmeldung bei Jever Marketing, Tel. 04461/710 10, www.stadt-jever.de

INFORMATION

Jever Marketing und Tourismus. Alter Markt 18, Tel. 04461/710 10, www.stadt-jever.de

Ostriesen trinken auch Kaffee – geröstet in Jever.

46 Hooksiel und das Wangerland
Pure Erholung

Im Nordosten des Landes zwischen Jade und Ems sind die Sandstrände am längsten. Gesundheits- und Familienferien werden groß geschrieben, die offene See lädt zum Kitesurfen ein. Kunstliebhaber werden mit fast einem Dutzend mittelalterlicher Kirchen und den Werken eines Ludwig Münstermann überrascht. Hooksiel und Horumersiel-Schillig sind die Hauptorte der Region.

Hooksiel ist ein schnuckeliger, kleiner Ort mit 1800 Einwohnern am Hooksieler Tief, der einmal als Hafen des weiter landeinwärts gelegenen Städtchens Jever wirtschaftliche Bedeutung hatte. Seine Glanzzeit erlebte er während der von

GUT ZU WISSEN

FISCHESSEN MIT ÖKO-VERSTAND
Fisch ist gesund. Aber Überfischung macht die Meere krank. Darum warnen Umweltorganisationen wie der WWF vor dem Verzehr mancher Fischarten aus bestimmten Meeresregionen. Abgeraten wird z. B. generell von Aal, Rotbarsch, Seehecht, Seeteufel, Seezunge und Steinbeißer. Nur in Maßen sollte man sich etwa Heilbutt, Miesmuscheln und Zander gönnen. Auch Zuchtfische tragen zur Überfischung bei. Darum stehen auch Viktoriabarsch und Pangasius auf der roten Liste. Unbedenklich gelten dem WWF Hering, Makrele, Seelachs und Sprotten sowie alle Fischprodukte mit den Siegeln von Bioland, Naturland oder dem MSC-Siegel des Marine Stewartship Council.

Das Rathaus wurde zum Künstlerhaus.

Elegante Sportboote in der Marina von Hooksiel

Einfach gut!

Napoleon 1806 verhängten Kontinentalsperre, die England vom Rest der Welt
isolieren sollte. Die Hooksieler liefen in
diesen acht Jahren zur Hochform auf und
verdienten viel Geld mit der Durchbrechung der
Blockade und dem Handel mit den britischen
Inseln. Heute steht Hooksiel ganz im Zeichen des
Fremdenverkehrs. Einziges historisches Boot im
Hafen ist ein kleines »Mudderboot« an dessen
Südufer. *Mudder* ist das plattdeutsche Wort für
Schlick. Das 1925 erbaute Boot wurde bis 1956
zum Freihalten der Fahrrinne zwischen Nordsee
und Hafen eingesetzt. Das Hafenbecken, das heute
nur noch Sportboote aufsuchen, fällt wie die
meisten Sielhäfen bei Niedrigwasser trocken. In
Hooksiel ist man auf die Idee gekommen, diesen
Umstand für eine urige Gaudi zu nutzen: An zwei
Tagen im Juli und August braten Köche der regionalen Gastronomie auf dem Schlickboden des
Hafenbeckens fangfrische Schollenfilets. »Schollen
einmal anders essen« nennt sich die musikalisch
untermalte Veranstaltung.

Alles für die Freizeit

Gleich nördlich des Hafens laden kleine Straßen
zum ausgiebigen Bummeln ein. Im ehemaligen

DAS NEUE WANGERMEER

Die Wangerländer schla-
fen nicht, wenn es um
die touristische Weiterent-
wicklung ihrer Ferienregion geht.
Vor einiger Zeit ist im Norden
von Hohenkirchen ein 75 Hektar
großer, neuer Freizeitsee mit einer
Wassertiefe von bis zu 2,5 Meter
entstanden. Über einen Teil des
Sees führt eine 325 Meter lange
Holzbrücke für Fußgänger und
Radfahrer. Am See und auf einer
kleinen, runden Insel sollen neue
Häuser und Freizeiteinrichtungen
entstehen, auch von Wassersportlern kann das Gewässer genutzt
werden. Ein Sandstrand und viele
Bootsstege sind geplant. Ein
Rad- und Wanderweg führt rund
um den See, in dessen Nordosten
auch eine ökologisch wertvolle
Flachwasserzone entsteht. Sie soll
eines Tages ein wenig an die Ever-
glades in Florida erinnern.

Gemeinde Wangerland. Helmstedter Str. 1, Tel. 04463/98 90,
www.wangerland-online.de

Atelier des Künstlerhauses, das im alten Rathaus untergebracht ist, werden Gehäuse von Muscheln und vor allem Schnecken aus allen Weltmeeren präsentiert. Das Künstlerhaus selbst zeigt im einstigen Spritzenhaus der Feuerwehr Wechselausstellungen zeitgenössischer Kunst.

Zwischen Hooksiel und dem Meer erstreckt sich eine breite Halbinsel zwischen dem Binnengewässer Hooksmeer und der Jade, die ganz und gar der Freizeit gewidmet ist. Zur Jade hin säumt die Halbinsel ein kilometerlanger Sandstrand mit einem ausgewiesenen FKK-Abschnitt und einer Strandsauna in einem umgebauten Zirkuswagen. Auf dem 60 Hektar großen Binnensee Hooksmeer drehen Wasserskifahrer ihre Runden, fahren Segler und Ruderboote und unternehmen Windsurfer ihre ersten Stehversuche. Hier auf der Jaderennbahn finden im Juli und August auch an mehreren Tagen sehr populäre und viel besuchte Trabrennen statt. Entstanden ist das Hooksmeer erst 1976 durch den Bau einer Schleuse an der Mündung des Hooksieler Tiefs. Vom Hafen auf der Seeseite der Schleuse aus kann man heute zu Ausflugsfahrten in See stechen. Natürlich kann man hier auch gut Fisch essen – im Restaurant ebenso wie an der Imbissbude.

Kurort am Meer

An der äußersten Nordostecke des friesisch-ostfriesischen Festlands breitet sich entlang der Küste der Doppelort Horumersiel-Schillig aus. Ein netter Zeitvertreib ist hier ein Spaziergang vom Horumersieler Hafen immer auf dem Deich entlang bis hinaus zur Schillighörn. Zu beiden Ortsteilen gehören schöne, helle und feinsandige Badestrände, ein Abschnitt in Schillig ist für Nudisten ausgewiesen. In Horumersiel mit seinem kleinen, blumenreichen Kurpark und seinem Kurmittelhaus geht es vor

Oben: Historische Badekarren sind heute nur noch Dekoration.
Mitte: Schillig besitzt einen der schönsten Sandstrände auf dem ostfriesischen Festland.
Unten: Windmühlen aus früheren Zeiten zieren auch im Wangerland die Landschaft.

Wie eine Welle: die Kirche am Meer in Schillig

Nicht verpassen

allem um Reha und Kur, in Schillig verstärkt auch um Wasser- und Strandsport. Schillig kann mit einer architektonisch äußerst gelungenen modernen Marienkirche aufwarten: der vom Kölner Architektenbüro König entworfene, 2012 geweihten »Kirche am Meer«. Ihre Form erinnert an eine Welle, der 22 Meter hohe Glockenturm steigt wie eine Düne auf. Zu Horumersiel gehört die Stumpenser Mühle, ein Galerieholländer aus dem Jahr 1816, der heute als Café und Teestube genutzt wird. Die Mühle steht am Ufer eines Teiches, der für Hobbyangler mit Forellen, Karpfen und Stören besetzt ist.

Minsen-Förrien, ein weiterer Doppelort in der Region, wirkt noch immer ganz ländlich-bescheiden. Sein Nationalpark-Haus widmet sich nicht nur dem Thema Küste und Wattenmeer, sondern auch den erneuerbaren Energien Sonne und Wind. Die Tierwelt der Nordsee kann man im Aquarium mit seinen fünf Schau- und einem Erlebnisbecken von Nahem betrachten. Dem Nationalpark-Haus ist eine Forschungsstation angeschlossen, die auf dem Campingplatz von Schillig steht. Dort können Kinder und Erwachsene an bestimmten Terminen die Vielfalt des Wattenmeers unter dem Mikroskop in Augenschein nehmen.

MÜNSTERMANN IN HOHENKIRCHEN

Ludwig Münstermann (gest. 1638/39) war einer der bedeutendsten Bildhauer Norddeutschlands. Er stammte aus Hamburg oder Bremen. Als eins seiner Meisterwerke gilt der zwischen 1620 und 1628 geschaffene Altar in der Gaukirche von Hohenkirchen. Zentrales Thema dieses Altars ist das Letzte Abendmahl. Die Tiefenwirkung der Darstellung ist immens. Jesus hat seinen Jüngern gerade geweissagt, dass einer von ihnen ihn verraten werde. Entsprechend entsetzt und verzweifelt sind die Reaktionen der Zwölf. Es scheint, als drücke Münstermann in seinem Werk die ganze Verzweiflung seiner Zeitgenossen aus, die ja gerade die Grauen des Dreißigjährigen Kriegs zu erleiden hatten.

St. Sixtus und Sinicius. Oster- bis Herbstferien Mo–Fr 9–17 Uhr, sonst Schlüssel im Pfarramt, Helmstedter Str. 1, Hohenkirchen, Tel. 04463/550 05.

Kirchen im Wangerland

Schon von Weitem sind sie sichtbar: In Minsen beginnt mit der Kirche St. Severinus und Jacobus der Reigen schöner Wangerländer Kirchen. Insgesamt stehen für Kunstliebhaber in diesem Kreis noch elf zumindest in Teilen romanische Gotteshäuser. Man kann sie mit dem Auto aufsuchen oder sie zu Fuß oder per Fahrrad auf dem Wangerländischen Pilgerweg ansteuern. Die Kirche in Minsen stammt aus dem 13. Jahrhundert. Ein Deckenfresko in der Apsis zeigt Christus als Weltenrichter, der Altar aus dem 17. Jahrhundert stammt allerdings aus einem Dorf in der Lausitz, das dem Braunkohletagebau weichen musste.

Die bedeutendste Kirche des Wangerlands ist die auch als Gaukirche bekannte Kirche St. Sixtus und Sinicius in Hohenkirchen, deren Bausubstanz bis ins 12. Jahrhundert zurückreicht. Neben dem Münstermann-Altar ist auch der Taufstein von 1260 beachtenswert. Im benachbarten Wiarden stammt die Kirche St. Cosmas und Damian aus dem frühen 13. Jahrhundert. Ihre spätgotischen Fresken zeigen neben diesen beiden heiligen Ärzten, die all ihre Patienten kostenlos behandelten, auch die Apostel Jacobus, Johannes und Petrus.

In der im frühen 13. Jahrhundert erbauten Kirche von Tettens zeigt der 1520 geschaffene Flügelaltar Szenen aus dem Leben des heiligen Martin von Tours und des Thomas von Canterbury. Die Kirche von Waddewarden wurde im 13. Jahrhundert vorwiegend aus Granit erbaut, die Ziegelsteinverkleidung stammt erst aus dem 19. Jahrhundert. Aus Granit ist auch der Taufstein aus dem 13. Jahrhundert im Kircheninneren. Spätgotische Fresken in der Apsis zeigen Maria und Johannes mit Christus. Ganz aus Ziegeln errichtet wurde die Kirche St. Jodocus in St. Joost, die bereits 1497 erstmals urkundlich erwähnt wurde.

Oben: Das Warftendorf Ziallerns ist eines der weltlichen Schmuckstücke im Wangerland.
Mitte: Ostfrieslands einziger Urwald liegt bei Neuenburg.
Unten: Beim Urlaub auf dem Bauernhof kann man die Seele baumeln lassen.

Infos und Adressen

SEHENSWÜRDIGKEITEN

Kirchen im Wangerland. Alle im Sommer Mo–Fr geöffnet. Details bei Wangerland-Touristik, www.wangerland.de

Künstlerhaus. März–Okt. Di–So 14–18 Uhr, Nov.–Jan. Sa und So 14–17 Uhr. Sonderöffnungszeiten bitte unter Kontakt erfragen. Lange Str. 16, Hooksiel, Tel. 04425/814 08.

Muschelmuseum in Hooksiel. Mo–So 11–17 Uhr. Lange Str. 18, Tel. 04426/98 70, www.muschelmuseum-hooksiel.de

Nationalpark-Haus Minsen. Oster- bis Herbstferien Mo–Fr 10–13 Uhr, Mo–So 14–17 Uhr, Kirchstr. 9, Minsen, Tel. 04426/90 47 00, www.nationalparkhaus-wattenmeer.de

ESSEN UND TRINKEN

Die Muschel. Fisch und Fleisch, auch Salzwiesenlamm. Mi–So 11–22 Uhr, Am Yachthafen, Hooksiel, Tel. 04425/681, www.muschel-hooksiel.de

Zum Schwarzen Bären. Gasthaus seit 200 Jahren, feine norddeutsche Küche. Do–Di 11–23 Uhr, Lange Str. 15, Hooksiel, Tel. 04425/958 10, www.zum-schwarzen-baeren.de

ÜBERNACHTEN

Ferienhof Stumpenser Mühle. Exklusive Wohnungen mit direktem Blick auf den See. Stumpenser Mühle 1, Horumersiel, Tel. 04426/77 56.

Frieslandstern. Familiengerechte Appartements auf einem Pferdehof. Störtebekerstr. 13, Horumersiel, Tel. 04426/94 50, www.friesland-stern.de

Nakuk. Öko-Hotel in einem alten Gutshof, nur 15 Zimmer. Das Restaurant bietet erlesene regionale Küche. Wiardgroden 22, Horumersiel, Tel. 04426/90 44 00, www.nakuk.de

AKTIVITÄTEN

Anuwat's Skypark in Schillig. Kiteschule. Am Campingplatz von Schillig. April–Okt. ab 10 Uhr. Tel. 0178/375 41 92, www.anuwat.de

Hooksieler Surfclub. Parkplatz FKK-Strand Hooksiel, Tel. 0163/846 00 40, www.surf-in-hooksiel.de

Wasserski in Hooksiel. 830 m lange Viermastanlage auf dem Hooksmeer. An der Werft 1, Hooksiel, Tel. 04425/99 01 80, www.wasserski-hooksiel.de

INFORMATION

Wangerland Touristik. Nebenstellen in Hohenkirchen, Hooksiel und Minsen. Zum Hafen 3, Horumersiel, Tel. 04426/98 70, www.wangerland.de

Der Maibaum ist ostfriesisches Brauchtum.

47 Bad Zwischenahn und das Ammerland
Kurort im Paradies

Das Ammerland ist eine der schönsten Park- und Gartenlandschaften Deutschlands. Im Mai und Juni steht hier der Rhododendron in voller Blüte, ganzjährig überraschen Baumschulen mit fantasiereich beschnittenen Büschen und Hecken. Mitten in diesem Pflanzenparadies dehnt sich das Zwischenahner Meer aus, Niedersachsens drittgrößter See. An ihm liegt mit Bad Zwischenahn ein bedeutender Kurort.

Mit einem Umfang von nur elf Kilometern ist das Zwischenahner Meer bequem zu umradeln. Anders als die meisten Seen Ostfrieslands ist es kein Moor-, sondern ein Erdfallsee und mit sechs Metern auch relativ tief. Es entstand vor etwa 12 000 Jahren, als ein darunterliegender Salzstock einbrach. Ursprünglich waren seine Ufer von einem bis zu 200 Meter breiten Schilfgürtel umstanden, der heute nur noch etwa acht bis zehn Meter misst. Eine der typischen Pflanzen des Schilfgürtels, der Rohrkolben, hat sogar Eingang ins Stadtwappen von Bad Zwischenahn gefunden.

Kurort am See

Etwa 170 000 Gäste übernachten pro Jahr in der 28 000 Einwohner zählenden Gemeinde Bad Zwischenahn. Die meisten von ihnen kommen der Gesundheit wegen. Einige suchen die Heilkraft des Moores, die meisten aber kommen zu Rehabilitationskuren, insbesondere in den Fachbereichen Orthopädie, Rheumatologie und Onkologie. Immer attraktiver werden auch reine Wellness-Tage. Mehrere gute Hotels bieten dafür

Mitte: Die alte Kirche St. Johannes besitzt einen massigen Torturm.
Unten: Eine Radtour rund um das Zwischenahner Meer ist ein schönes Tagesprogramm für Jung und Alt.

eigene Spa-Bereiche; außerdem hat die Gemeinde ein großes Wellness-Dorf und ein Wellenbad mit einem 38 °C-warmen Soleaußenbecken im Kurpark geschaffen. Auch Kneippkuren sind hier möglich.

Einfach gut!

Kirche und Freilichtmuseum

Westlich des Kurparks steht mit der Kirche St. Johannes das älteste erhaltene Gebäude des Ortes. Mit ihrem freistehenden Torturm und dem parkähnlichen Friedhof bildet sie ein sehr fotogenes Ensemble am Zwischenahner Meer. Graf Egilmar, der Ahnherr des Oldenburger Grafenhauses, stiftete sie schon 1124, der heutige Bau geht in seinen Ursprüngen auf das 13. Jahrhundert zurück. Chor und der Torturm mit seinen zwei Treppengiebeln kamen im 14. Jahrhundert hinzu. Das Kircheninnere ist besonders schön. Ein Lehrer aus dem Ammerland bemalte die Brüstung der ein- bis zweigeschossigen Empore 1745 mit 38 biblischen Szenen vom Sündenfall Adam und Evas bis zur Grablegung Jesu. Außerdem fügte er noch die Personifikationen von acht Tugenden hinzu: Andacht, Friede, Geduld, Glauben, Hoffnung, Klugheit, Liebe und Vorsicht. Die Kanzel an der Südwand ist das Werk eines Leeraner Meisters aus dem Jahr 1653. Der Passionsaltar mit seinen 13 reliefierten

RAUS AUFS MEER

Gegenüber einem Nordseetörn hat eine Dampferfahrt auf dem Zwischenahner Meer den Vorteil, dass hier garantiert niemand seekrank wird. »Die weisse Flotte« der Reederei Herbert Ekkenga startet das ganze Jahr über zu einstündigen Rundfahrten und bietet ein breit gefächertes Programm. Da gibt es Tee- und Kluntjefahrten, Törns mit Grünkohl- oder Gänseessen an Bord. Karfreitag wartet ein Fischbuffet auf die Gäste, an vielen Sonn- und Feiertagen trifft man sich an Bord zum Brunch. Standesamtliche Trauungen sind an Bord möglich – und wer schon verheiratet ist, kann bei der Kapitänstrauung sein Eheversprechen erneuern. Zudem sind die drei Schiffe der Reederei im Sommer auch im Linienverkehr unterwegs. Fahrräder und Hunde werden auch mitgenommen.

Die weisse Flotte. Anleger im Stadtpark, Tel. 04403/30 56, www.weisseflottezwischenahn.de

Oben: Das Freilichtmuseum gehört zu den Hauptattraktionen.
Mitte: Besonders berühmt ist Westerstede für seine prächtigen Rhododendren und Azaleen.
Unten: Frühjahrsfreuden – da sitzen nicht nur Bronzeskulpturen gern vor blühenden Tulpen.

Bildfeldern über einer Predella entstand zwischen 1520 und 1525. Noch etwas älter ist das Fresko des Jüngsten Gerichts im Chorgewölbe, das 1515 gemalt und 1904 sorgfältig restauriert wurde.

Östlich des Kurparks lädt das Freilichtmuseum Ammerländer Bauernhaus zu einer Zeitreise ein. 14 historische Häuser und deren Nebengebäude zeigen, wie man früher in dieser Region lebte. Der zentrale Bau ist ein mit Reet gedecktes Ammerländer Bauernhaus aus der Zeit um 1695, ein Fachwerkbau mit Backstein-Ausmauerungen. Mensch und Tier lebten hier unter einem Dach zusammen. Im Speichergebäude, dem *Spieker*, wurde obergäriges Bier gebraut und der Teig für das Schwarzbrot geknetet, das dann im Backofen im Garten gebacken wurde. In der Scheune wurden Heu, Stroh und Torf gelagert, in einem offenen Vorbau standen Wagen und Geräte. Das *Dweersack* genannte Gebäude ist ein Doppelhaus aus dem 16. Jahrhundert, im Heuerhaus aus der Zeit um 1768 wohnten die Heuersleute, meist die nicht erbberechtigten Söhne eines Bauern. Zum Freilichtmuseum gehören darüber hinaus eine Schmiede und eine Schäferei, eine weitere Scheune und kleine Gebäude, wie eine Bleicherhütte, ein Schafkoven und ein Bootsschelf. Besonders stolz ist der Museumsverein auf die Windmühle, einen zweigeschossigen Galerieholländer aus dem Jahr 1811.

Wasser, Salz und Bücher

Wer viel Zeit für Bad Zwischenahn hat, kann sich hier auch das Alte Kurhaus anschauen, 1874 nach Plänen des ostfriesischen Architekten Ludwig Klingenberg (1840–1924) erbaut. Heute sind darin das Haus des Gastes und die Bibliothek am Meer untergebracht. Wer Schüßler-Salze kennt und vielleicht sogar auf ihre Heilwirkung schwört, kann zudem einen Blick auf das Geburtshaus von

Wilhelm Heinrich Schüßler (1821–1898) werfen, dessen Büste vor dem schlichten Gebäude steht.

Zwischen April und Oktober ist bei guter Fernsicht der Aufstieg über 180 Stufen auf den 35 Meter hohen Wasserturm auf jeden Fall lohnend. Er entstand 1938 nach Plänen des berühmten Hamburger Architekten Fritz Höger (1877–1949), dessen bekanntestes Bauwerk wohl das Chilehaus in Hamburg ist. Mit etwas Glück sieht man vom Wasserturm aus in der Ferne die Türme der Stadt Oldenburg, auf jeden Fall aber das Zwischenahner Meer und die Ammerländer Parklandschaft.

Westerstede

Wer auf bequeme Art einen Einblick in die Welt der Ammerländer Baumschulen gewinnen will, fährt mit dem Miniaturzug »Blaue Emma« 90 Minuten lang am Seeufer entlang und kommt dabei auch an den Baumschulen Bruns und Bonk vorbei. Mit Fahrrad, Auto oder Bus geht es nach Westerstede, das sich stolz als Rhododendronstadt bezeichnet. Über 85 Prozent aller in Deutschland verkauften Rhododendren und Freilandazaleen stammen von hier. Alle vier Jahre richtet Westerstede darum auch Europas größte Rododendronschau aus – das nächste Mal vom 10. bis 21. Mai 2018. Stets sehenswert ist in Westerstede der schöne Kirchturm der St.-Petri-Kirche, der in der ersten Hälfte des 13. Jahrhunderts zunächst aus Granitquadern und in der zweiten Hälfte des 13. Jahrhunderts dann mit Backsteinen weiter aufgemauert wurde. Die Kirche selbst wurde 1232 geweiht, ist innen heute jedoch nahezu schmucklos.

Sehenswert ist auch der Rhododendronpark Hobbie bei Linswege, der schon 1928 gegründet wurde und in dem bis zu neun Meter hohe und fast hundert Jahre alte Rhododendren stehen.

Infos und Adressen

SEHENSWÜRDIGKEITEN

Freilichtmuseum Ammerland. Ab März Bauernhaus 11–17 Uhr, ab April alles 10–18 Uhr, Am Hogen Hagen, Tel. 04403/20 71.

Park der Gärten. Mai–Sept. tgl. 9.30–21.45 Uhr (Einlass bis 18.30 Uhr), Elmendorfer Str. 40, Tel. 04403/819 60, www.park-der-gaerten.de

St.-Johannes-Kirche. Ältestes Wahrzeichen der Gemeinde Bad Zwischenahn. Am Brink, Tel. 0 44 03/93 760.

ESSEN UND TRINKEN

Der Ahrenshof. Ammerländer Spezialitäten und Feinschmeckermenüs. Tgl. ab 10 Uhr (im Winter zeitweise geschl.), Oldenburger Str., Tel. 04403/471 11, www.der-ahrenshof.de

Hansens im Alten Kurhaus. Gutbürgerliche Küche mit Blick auf den See. Auf dem Hohen Ufer 20, Tel. 04403/810 75 23, www.hausammeer.de

ÜBERNACHTEN

Landhaus Haake. In schönster Parklandschaft, mit Hallenbad und Fahrradverleih. Speckener Weg 28, Tel. 04403/92 00, www.landhaus-haake.de

INFORMATION

Ammerland-Tourist-Information. Ammerlandallee 12, Westerstede, Tel. 04488/56 30 00, www.ammerland-touristik.de

Bad Zwischenahner Touristik. Auf dem Hohen Ufer 1, Bad Zwischenahn, Tel. 04403/611 59, www.bad-zwischenahn-touristik.de

48 Oldenburg
Stadt mit Zukunft

Niedersachsens viertgrößte Stadt hat sich einen neuen Beinamen gegeben: Sie will die »Übermorgenstadt« sein. Forschung, Wissenschaft und erneuerbare Energien stehen hier hoch im Kurs. Dennoch hat sie sich den Charme einer alten Residenzstadt bewahrt, in der man einen Einkaufsbummel gut mit dem Genuss alter und neuer Kunst sowie manch kulinarischem Erlebnis verbinden kann.

Oldenburg entwickelte sich schon im Mittelalter zu einem feudalen Gegenpart der freien ostfriesischen Bauernwelt. Wer hier geboren wurde, ist seit dem Aufkommen der Ostfriesenwitze Ende der 1960er-Jahre stolz darauf, kein Ostfriese, sondern eben Oldenburger zu sein. Überregionale Bedeutung erlangte die zum Herzogtum aufgestiegene Grafschaft aber erst durch Erbfolgeregelungen, die einen oldenburgischen Grafen 1448 zum König von Dänemark und kurz darauf auch zum König von Schweden und von Norwegen sowie zum Herzog von Schleswig und zum Grafen von Holstein machten. Einen bedeutenden Gebietsgewinn erzielte man ebenfalls durch eine Erbschaft: 1575 ging so das Jeverland an Oldenburg über.

Ganz zentral – das Schloss

Historischer Mittelpunkt Oldenburgs ist sein Schloss. An seiner Stelle stand zunächst eine eher bescheidene Wasserburg, die Graf Anton-Günther ab 1603 zu einem repräsentativen Renaissanceschloss umbauen ließ. Die zur Stadt blickende Fassade gilt als ein Hauptwerk des norddeutschen

Das Oldenburger Schloss liegt im Herzen der Stadt. Es entstand in verschiedenen Phasen seit dem Jahr 1603.

Manierismus. Erst 1775 bis 1778 wurde das Schloss dann um einen Flügel erweitert. 1832 wurde die Bibliothek errichtet, ab 1894 kam ein dritter Flügel im Stil der Neorenaissance hinzu. Was von der alten Innenausstattung erhalten blieb, stammt zumeist aus der Zeit kurz nach 1800 und wird zum Stil des Klassizismus gezählt. 1923 wurde im Schloss das Niedersächsische Landesmuseum für Kunst- und Kulturgeschichte angesiedelt. Es widmet sich vor allem der Kunstgeschichte und dem historischen Kunstgewerbe im Oldenburger Land. Zu sehen sind auch die Prunkräume der Großherzöge mit einigen von ihnen gesammelten Kunstwerken, wie Gemälden von Anselm Feuerbach (1829–1880) oder den Idyllen von Johann Heinrich Wilhelm Tischbein, der von 1808 bis 1829 Hofmaler in Oldenburg war.

Alte und moderne Kunst

Zwei Nebengebäude des Schlosses sind ganz der Kunst geweiht. Das Augusteum wurde 1865 bis 1867 im Stil der italienischen Renaissance erbaut und war von vornherein als Gemäldegalerie geplant. In seiner »Galerie Alter Meister« kann man vor allem Werke der deutschen, flämischen, niederländischen und italienischen Malerei aus dem 15. bis 18. Jahrhundert sehen. Ihre Fortsetzung findet diese Sammlung in der »Galerie Neuer Meister«. Sie befindet sich im zwischen 1821 und 1826 im Stil des Klassizismus erbauten Prinzenpalais, in dem überwiegend Werke aus der Hand deutscher Maler aus dem 19. und 20. Jahrhundert ausgestellt sind. Besonders gut vertreten sind Arbeiten der Worpsweder Künstlerkolonie um Heinrich Vogeler, der expressionistischen Gruppe »Die Brücke« und des Dangaster Malers Franz Radziwill (1895–1983), dem bedeutendsten deutschen Maler des Magischen Realismus.

Einfach gut !

OLDENBURG ALS EINKAUFSSTADT

Als Einkaufsstadt ist Oldenburg auch für die etwa 40 Kilometer entfernten Bremen und sogar für Niederländer äußerst attraktiv. Die Zahl der von den Inhabern noch persönlich geführten Geschäfte ist hier besonders hoch, Qualität und Vielfalt des Sortiments können sich mit dem weitaus größerer Städte messen. Oldenburg war eine der ersten deutschen Städte mit Fußgängerzonen, heute ist fast die gesamte Altstadt autofrei. Die Hauptflaniermeilen sind hier nicht schnurgerade, sondern leicht geschwungen und machen so die Innenstadt gemütlich. Im Sommerhalbjahr kann man in vielen Straßencafés eine Pause einlegen. Eine dreistöckige Einkaufspassage direkt gegenüber dem Schloss ergänzt das Angebot. Natürlich gibt es auch hier mehrmals im Jahr verkaufsoffene Sonntage und die Möglichkeit zum Mitternachts-Shopping bis 24 Uhr. Die Termine kennt die Touristen-Information.

Touristinfo. Schlossplatz 16, Tel. 0441/36 16 13 66, www.oldenburg-tourist.de

Die norddeutsche Landschaft

Nur wenige Schritte von diesen beiden Gemälde-museen entfernt lädt das Landesmuseum Natur und Mensch zu einem Streifzug durch Moor-landschaften, Geest und Marsch ein, also die drei typischen Landschaftsformen Nordwestdeutsch-lands. Die Exponate sind in eine äußerst künstle-risch-fantasievolle Gestaltung der Museumsräume eingebunden. Besonders spektakulär sind zwei Moorleichen und die aufwändige Rekonstruktion des gewebten Gewandes, das eine von ihnen trug. Eher enttäuschend ist das kleine Aquarium im Erd-geschoss mit Fluss- und Meeresfischen.

Die Möglichkeit zu einem kurzen Spaziergang durch schöne Natur bietet anschließend der den ganzen Tag über geöffnete Schlossgarten mitsamt Schlossteich. Erste Teile wurden 1808 angelegt, Erweiterungen wurden mehrfach im Laufe des 19. Jahrhundert vorgenommen. Zuletzt ist ein Tropenhaus hinzugekommen. Bänke und Rasen-flächen im über 16 Hektar großen Park laden zum Picknick ein; die vielen Rhododendren im Park zählen zu den ältesten Deutschlands.

Altstadtbummel

Am Pulverturm kann man dann wieder in die Altstadt zurückkehren. Er ist das letzte erhaltene Zeugnis der mittelalterlichen Stadtbefestigun-gen. Der massive Turm wurde bereits 1529 als Geschützstellung erbaut, sein markantes Pyra-midendach erhielt er im frühen 17. Jahrhundert. Von 1765 bis 1900 diente er den Schlossherren als Eiskeller zur Lagerung verderblicher Vorräte. Jetzt wird er alljährlich für Keramikausstellungen genutzt.

Der markanteste Bau in der Altstadt ist die St.-Lamberti-Kirche mit ihren fünf Türmen. Von

Oben: Der traditionelle Kramer-markt im Herbst ist das größte Volksfest der Stadt.
Mitte: Auch die Burgstraße lädt zum Bummeln ein.
Unten: Der Schlossgarten ist eine Oase der Ruhe am Rande der Innenstadt.

Die Highlights

Dieser Spaziergang ist angefüllt mit Oldenburger Stadtgeschichte und Kunst. Man sollte ruhig einen ganzen Tag dafür einplanen.

🅐 **Schloss** – Zum Schloss gehören Teile der Galerie Alter Meister.

🅑 **Prinzenpalais** – Die Galerie Neuer Meister im Prinzenpalais zeigt eine Sammlung von Gemälden des 19. und 20. Jahrhunderts.

🅒 **Augusteum** – In der Galerie Alter Meister sind Werke niederländischer, italienischer, französischer und deutscher Maler vom 15. bis 18. Jahrhundert ausgestellt.

🅓 **Museum Natur und Mensch** – Moor, Marsch und Geest werden hier modern und künstlerisch präsentiert, dazu ein kleines Aquarium. Größte Attraktion sind die zwei Moorleichen.

🅔 **Schlossgarten** – Ein ruhiger Ort mitten im Zentrum, der zum Verweilen einlädt.

🅕 **Pulverturm** – Das letzte Relikt der Oldenburger Stadtbefestigungen wird heute für Keramikausstellungen genutzt.

Am Rathaus ertönt ein Glockenspiel.

🅖 **St.-Lamberti-Kirche** – Außen neugotisch, innen rund überrascht die Kirche jeden Besucher.

🅗 **Altes Rathaus** – Am Bau aus dem 19. Jahrhundert erklingt mehrmals täglich ein Glockenspiel.

🅘 **Degodehaus** – Das Fachwerkhaus von 1502 ist Oldenburgs ältestes Wohnhaus.

🅙 **Lappan** – Der Backsteinturm von 1468 ist das letzte Überbleibsel eines mittelalterlichen Spitals.

🅚 **Horst-Janssen-Museum** – Das Museum macht mit Leben und Werk des in Oldenburg aufgewachsenen Künstlers Horst Janssen (1929–1995) bekannt.

🅛 **Stadtmuseum** – Das moderne Museum versteht sich als »Gedächtnis der Stadt«.

🅜 **Edith-Russ-Haus** – Die neuen Medien in allen Varianten sind das zentrale Thema des Museums für Medienkunst.

außen gibt sie sich neugotisch, von innen ist sie ein schönes Beispiel für den Baustil des Klassizismus. Der ursprüngliche Kirchenbau aus dem Jahr 1795 war nämlich eine überkuppelte Rotunde mit freistehendem Glockenturm. Der Turm wurde 1813 abgerissen, um den Marktplatz erweitern zu können. Zwischen 1873 und 1887 wurde die runde Kirche dann im neugotischen Stil ummantelt und erhielt ihre Türme.

Der Kirche gegenüber steht der Klinkerbau des Oldenburger Rathauses. Es wurde 1886 bis 1888 an der Stelle eines abgerissenen Renaissance-Rathauses erbaut. In seinen Kellergewölben bietet der »Ratskeller« gute regionale Kost. An der Spitze zur Langen Straße hin erklingt seit 1995 mehrmals täglich ein modernes Glockenspiel. Neben Volksweisen ertönt auch die Oldenburger Hymne Heil dir, o Oldenburg aus dem frühen 19. Jahrhundert.

Gegenüber erhebt sich das Fachwerk des Degodehauses aus dem Jahre 1502. Es ist eins der ganz wenigen Häuser, das den ersten schweren, durch ein heftiges Gewitter entfachten Stadtbrand vom

Oben: Das Horst-Janssen-Museum ist ein bedeutendes Museum für moderne Grafik.
Unten: Die St.-Lamberti-Kirche ist innen rund – was man außen nicht vermuten würde.

27. Juli 1676 überstand. Über 700 Gebäude wurden damals binnen weniger
Stunden vernichtet.

Noch etwas älter ist der Backsteinturm Lappan
aus dem Jahr 1467/68, der einst zu einem Hei-
lig-Geist-Spital gehörte, einer Wohlfahrtsein-
richtung für Alte und Kranke. Ein Oldenburger
Kunsthändler veranstaltete im Turm 1909 eine
Ausstellung der Künstlergemeinschaft »Brücke«.
Erich Heckel entwarf dafür ein Plakat mit einer
Darstellung des Turms, der daraufhin zu einem der
Wahrzeichen der Stadt wurde. Der Original-Holz-
schnitt gehört heute dem Landesmuseum.

Noch einmal Museen

Am Lappan ist der Nordrand der Oldenburger
Altstadt erreicht. Jenseits des Stadtgrabens stehen
zwei Museen nebeneinander, von denen zumindest das futuristisch anmutende Horst-Janssen-Museum von überregionaler Bedeutung ist.
Der vielseitige Künstler, der u. a. als Zeichner,
Radierer, Illustrator und Dichter tätig war, wurde
zwar 1929 in Hamburg geboren, wo er 1995 auch
starb, doch seine Kindheit verbrachte er bei den
Großeltern in Oldenburg, wo er auch beigesetzt
ist. Das 2000 gegründete Museum zeigt ständig
wechselnde Werke Horst Janssens und konfron-
tiert sie in Sonderausstellungen auch mit den
Arbeiten zeitgenössischer Künstler.

Das aus einer vielseitigen Privatsammlung und
verschiedenen Stiftungen hervorgegangene Stadtmuseum im gleichen Museumskomplex illustriert
die Oldenburger Stadtgeschichte mit sechs Model-
len im Maßstab 1:400, die die Stadtentwicklung
zwischen etwa 800 und 1850 nachvollziehbar
machen. Die Gemälde des Oldenburger Malers
Bernhard Winter (1871–1964) zeigen Porträts vie-

Geheimtipp

KOHL UND PINKEL
Für Bremer und Olden-
burger ist der Grünkohl
im Winter die wichtigste
Pflanze. »Kohl und Pinkel«
heißt hier das Nationalgericht.
Richtig zünftig genießt man es
nach einem langen Spaziergang
mit vielen Freunden, bei dem
Bollerwagen (als Transportmittel),
Eierbecher (als Trinkglas), viel
Schnaps und lustige Spielchen
unbedingt dazugehören. Höhepunkt einer solchen Kohlfahrt
ist die (angemeldete) Ankunft in
einem Kohllokal, wo dann nach
dem Essen auch ausgiebig getanzt
werden darf. In Oldenburg gehört
auch das Boßeln häufig zum Programm. Überhaupt ist Oldenburg
zur Kohlhauptstadt des Nordens
geworden, seitdem man hier 2011
Deutschlands erste Grünkohl-Akademie gegründet hat, die auch
gleich einen der Deutschen Tou-
rismuspreise 2012 erhielt. Sie informiert rund um das Thema Kohl,
ermöglicht ein Fernstudium und
verrät, wo man Grünkohl-Seife,
-Konfitüre und -Pralinen erhält.

Grünkohl-Akademie. www.gruen
kohl-akademie.de

ler Oldenburger aus Stadt und Land sowie Szenen aus dem Volksleben. Mehrere Räume sind dem Thema »Großbürgerliches Wohnen« gewidmet, eine Antikensammlung präsentiert über 100 zumeist griechische und römische Vasen und Terrakotten.

Oldenburg bietet noch mehr

Für speziell Interessierte hat Oldenburg über die gängigen Sehenswürdigkeiten und Museen hinaus noch einiges mehr zu bieten. Der zeitgenössischen Video- und Installationskunst widmet sich das Edith-Russ-Haus – das im Jahr 2000 gegründete Museum für Medienkunst.

Oldenburgs Botanischer Garten gehört zur Universität und dient vorrangig pädagogischen und wissenschaftlichen Zwecken. Im öffentlich zugänglichen Teil zeigt er auf 3,7 Hektar im Freigelände und unter Glas etwa 5000 Arten aus aller Welt.

Wer nach einer Ostfrieslandtour in Oldenburg Schiffe vermisst, kann schließlich den Hafen aufsuchen. Oldenburg liegt am Schnittpunkt des zur Seewasserstraße ausgebauten Flusses Hunte sowie der Binnenwasserstraße Küstenkanal und ist so mit dem Weserraum und dem Rhein-Ruhr-Gebiet verbunden. Etwa 100 See- und 1000 Binnenschiffe laufen jährlich den Hafen an.

Oben: Flohmarkt vor dem Rathaus der Stadt
Mitte: Der Pulverturm stammt aus dem 16. Jahrhundert und ist das älteste Bauwerk Oldenburgs.
Unten: Junge Leute und Studenten prägen das Stadtbild.

Zeitgeschichtlich Interessierte werden vielleicht auch nach der Büste von Carl von Ossietzky (1889–1938) suchen wollen, die am Theaterwall in den Grünanlagen steht. Oldenburgs 1973 gegründete Universität, die heute etwa 12 000 Studenten und 2000 Mitarbeiter zählt, wurde trotz heftigen Widerstands rechter Kreise nach dem deutschen Journalisten und Pazifisten benannt, der im Jahr 1936 den Friedensnobelpreis erhielt.

Infos und Adressen

SEHENSWÜRDIGKEITEN

Augusteum. Di–So 10–18 Uhr. Elisabethstr. 1, Tel. 0441/220 73 00, www.landesmuseum-oldenburg.niedersachsen.de

Botanischer Garten. Mo–Fr ab 8 Uhr, Sa, So ab 10 Uhr, Schließung je nach Jahreszeit. Philosophenweg 39–41, Tel. 0441/77 76 54, www.botgarten.uni-oldenburg.de

Edith-Russ-Haus für Medienkultur. Di–Fr 14–18 Uhr, Sa, So 11–18 Uhr. Katharinenstr. 23, Tel. 0441/235 32 08, www.edith-russ-haus.de

Horst-Janssen-Museum. Di–So 10–18 Uhr. Am Stadtmuseum 4–8, Tel. 0441/235 28 91, www.horst-janssen-museum.de

Landesmuseum Natur und Mensch. Di–Fr 9–17 Uhr, Sa, So 10–18 Uhr, Damm 38–44, Tel. 0441/924 43 00, www.naturundmensch.de

Prinzenpalais. Di–So 10–18 Uhr. Damm 1, Tel. 0441/220 73 00, www.landesmuseum-oldenburg.niedersachsen.de

Pulverturm. Innenbesichtigungen nur bei Ausstellungen. Schlosswall.

St.-Lamberti-Kirche. Mo–Sa 11–18 Uhr, Markt 17, Tel. 0441/390 11 80, www.kirchengemeinde-oldenburg.de

Stadtmuseum. Di–So 10–18 Uhr. Am Stadtmuseum 4–8, Tel. 0441/235 28 81, www.stadtmuseum-oldenburg.de

ESSEN UND TRINKEN

Bestial. Szenerestaurant, internationale Küche, auch Pizza und Pasta, guter Business-Lunch. Mo–Fr 10.30–23 Uhr, Sa, So 17–23 Uhr. Theaterwall 20, Tel. 0441/217 67 14, www.bestial.de

Celona. Café und Bar, Treffpunkt junger Leute, So Brunch, So–Do 9–1 Uhr, Fr, Sa 9–3 Uhr. Markt 4, Tel. 0441/248 95 25, www.cafe-bar-celona.de

Klinge. Oldenburgs renommierteste Konditorei, auch gutes Frühstück. Mo–Fr 8–18.30 Uhr, Sa 8–18, So 9–18 Uhr. Theaterwall 17, Tel. 0441/250 12, www.cafe-klinge.de

ÜBERNACHTEN

Acara. Zimmer und Suiten in den beiden obersten Etagen eines Geschäftshauses mit schönem Blick über die Stadt. Am Stadtmuseum 12, Tel. 0441/205 50, www.acara-hotel.de

Antares. 50 Zimmer, direkt an einer Fußgängerzone im Zentrum. Staugraben 8, Tel. 0441/922 50, www.antares-hotel.info

Sprenz am Pferdemarkt. Zimmer und Appartements. Heiligengeiststr. 15, Tel. 0441/800 88 80, www.hotel-sprenz.de

VERANSTALTUNGEN

Kabarett-Tage. Vier Wochen lang im Jan. und Feb. in der Kulturetage, www.kulturetage.de

Plattart. Niederdeutsches Kulturfestival, Theater, Comedy, Vorträge, Lesungen. 10 Tage im Februar, www.plattart.de

Stadtfest. 20 Bühnen und über 70 Bands, Ende Aug./Anf. Sept. www.stadtfest-oldenburg.de

Verlockende Köstlichkeiten, attraktiv angeboten: Oldenburg ist eine Einkaufsstadt.

49 Wilhelmshaven und Jadebusen
Stadt der Museen

Wilhelmshaven ist eine der jüngsten deutschen Städte. Preußens König Wilhelm I. gab ihr 1860 den Namen. Die Stadt wurde im Kaiserreich zum bedeutendsten Marinestützpunkt an der Nordseeküste. Heute ist es Deutschlands größter Bundeswehrstandort, einziger Tiefwasser- und wichtigster Ölhafen. Vor allem seine Museen machen Wilhelmshaven am Jadebusen auch für Touristen attraktiv.

Wilhelmshavens spektakulärstes Museum ist – wie sollte es anders sein – der deutschen Marinegeschichte gewidmet. Zum Deutschen Marinemuseum gehören auch ein großes Freigelände und mehrere ausgemusterte Kriegsschiffe der Bundesmarine, die besichtigt werden können. Besonders eindrucksvoll ist dabei der erst 2003 außer Dienst gestellte Lenkwaffenzerstörer »Mölders«, der 34 Jahre lang mit 334 Mann Besatzung auf allen Weltmeeren unterwegs war. Videoinstallationen informieren über das einstige Leben an Bord und

Der Bontekai ist vor allem an Sonnentagen eine beliebte und belebte Flaniermeile.

GUT ZU WISSEN

DIE SCHÖNE SEITE DER STADT

Wilhelmshaven ist keine wirklich schöne Stadt – zumindest bekommt man diesen Eindruck, wenn man sich nur auf den Besuch des Stadtzentrums und seiner Wohnviertel beschränkt. Sehr reizvoll ist jedoch die Südstrand genannte Halbinsel zwischen Großem Hafen und Jadebusen mit ihren Museen, guten Hotels und einer langen Uferpromenade. Hier kann man durchaus einen Urlaubstag verbringen.

Alte Kriegsschiffe im Marinemuseum

die Einsätze des Schiffes. Sehr viel kleiner ist das ehemalige Minensuchboot »Weilheim«. Beim Rundgang durch das 1967 gebaute Unterseeboot »U 10« werden sicherlich Erinnerungen an den Thriller *Das Boot* wach. Ebenso wie auf den Museumsschiffen steht neben aller Technik der Mensch im Vordergrund. Man sieht, wie Matrosen und Werftarbeiterfamilien früher lebten, erfährt, warum die deutschen Matrosen 1918 meuterten und bekommt auch Einblicke in die Geschichte der Volksmarine der einstigen DDR.

Flaniermeile Südstrand

Das Deutsche Marinemuseum liegt am Südstrand, einer Halbinsel zwischen Banter See, Großem Hafen und Jadebusen. Dem Marinemuseum schräg gegenüber erhebt sich der Bau eines ehemaligen Torpedolagers aus dem Zweiten Weltkrieg. Es beherbergt jetzt die Nationalparkverwaltung Niedersächsisches Wattenmeer und das mehrgeschossige Besucherzentrum Wattenmeer. Es ist modern konzipiert, bietet Kindern und Erwachsenen viele Möglichkeiten zu Ratespielen, eigenen Aktivitäten und Rollenspielen. Unter der Decke des Erdgeschosses hängt das Skelett eines

1994 vor Baltrum gestrandeten, 14 Meter langen Pottwals, dessen innere Organe von Gunther von Hagens (geb. 1945) plastiniert wurden, der mit seiner Wanderausstellung »Körperwelten« seit 1996 viel Aufsehen erregt. Der Besucher hat Zugang zu einem Tauchboot. So kann man einen Pottwal unter Wasser beobachten und der Sprache der Wale lauschen. Anderswo können sich Kinder und Erwachsene frei auf einem ehemaligen Krabbenkutter bewegen oder die Hütte eines Vogelwarts auf einer unbewohnten Nordseeinsel betreten. Vom Panoramadeck aus überblickt man die ganze Stadt.

Die weltweite Meeresfauna ist Thema des Aquariums ein paar Schritte weiter. Hier sieht man lebende Haie und Rochen, Seehunde, Seepferdchen und Pinguine. Auch Fische, die man sonst eher vom Teller her kennt, schwimmen hier quicklebendig: Steinbutt und Scholle zum Beispiel. Insgesamt sind über 250 verschiedene Tierarten vertreten. Dem Aquarium angeschlossen ist ein großer Kinderspielpalast.

Das Aquarium erhebt sich direkt über dem Helgoland-Kai, wo im Sommer die Schiffe zu Deutschlands einziger Hochseeinsel abfahren. Auf der anderen Seite des Beckens schließt sich der Nassauhafen an, Wilhelmshavens traditionelle Marina für Segel- und Motorjachten.

Kaiser-Wilhelm-Brücke und Bontekai

Gleich westlich vom Besucherzentrum Wattenmeer führt die Kaiser-Wilhelm-Brücke über den Großen Hafen zum Bontekai auf dem Festland. Dieses Wahrzeichen der Stadt erstrahlt nach seiner Renovierung vor einigen Jahren wieder in altem Glanz. Erbaut wurde die äußerst fotogene,

Oben: Die Kaiser-Wilhelm-Brücke öffnet sich schon seit über hundert Jahren für durchfahrende Schiffe.
Mitte: Im Aquarium sind Meerestiere aus aller Welt zu sehen.
Unten: Großsegler sind in Wilhelmshaven häufig zu Gast.

Die Highlights

A **Deutsches Marinemuseum** – Deutche Marinegeschichte, spannend präsentiert

B **Besucherzentrum Wattenmeer** – Alles über den Nationalpark Niedersächsisches Wattenmeer

C **Aquarium** – Tiere aus allen Weltmeeren

D **Nassauhafen** – Marina für Segel- und Motorjachten, exzellentes Fischrestaurant

E **Kaiser-Wilhelm-Brücke** – Denkmalgeschützte eiserne Drehbrücke für Fußgänger und Fahrzeuge

F **Feuerschiff »Weser« und Tonnenleger »Kapitän Meyer«** – Zwei Museumsschiffe, auf denen man auch heiraten kann.

Frisch restauriert: die Kaiser-Wilhelm-Brücke

G **Küstenmuseum** – Archäologie, Geologie, Siedlungs- und Kunstgeschichte

H **Kunsthalle** – Häufige Wechselausstellungen moderner Kunst

I **Rathausturm** – Für den besten Überblick

Eindruckvolles Bild: Windjammer am Bontekai

Nicht verpassen

SPORTLICH, SPORTLICH!

Wilhelmshaven kürt mehrmals im Jahr Sieger in den unterschiedlichsten Disziplinen. Jeder kann an den Wettbewerben teilnehmen. Im Juni steht der Gorch-Fock-Marathon an, zu dessen Programm auch ein Halbmarathon und ein 10-Kilometer-Lauf gehören. Im August folgt das Leuchtturmschwimmen über etwa sechs Kilometer zwischen dem Leuchtturm Arngast im Jadebusen und dem Südstrand. Ebenfalls im August steht der Nordseeman- & Nordseewoman-Thriathlon auf dem Programm. Es gibt auch einen Triathlon für Einsteiger und Familien. Im September ist eine Papppapierbootregatta in selbst gebastelten Rennfahrzeugen angesagt.

Sportveranstaltungen. Infos unter Wilhelmshaven Touristik. Tel. 04421/91 30 00, www.wilhelmshaven-touristik.de, www.whv-gorch-fock-marathon.de, www.nordseeman.de, www.tsr-triathlon-whv.de

159 Meter lange Drehbrücke schon 1907. Am Bontekai liegen im Sommer auch Großsegler, die die Stadt besuchen. Ganzjährig befindet sich das Feuerschiff »Weser« hier. Es wurde wie die Brücke 1907 erbaut und lag bis 1981 in der Wesermündung. Gleich daneben ist der 1950 erbaute Tonnenleger »Kapitän Meyer« fest vertäut. Auf beiden Schiffen können sich Paare das Ja-Wort geben.

Am Bontekai steht auch das modern gestaltete Küstenmuseum. Es widmet sich der Erd- und Siedlungsgeschichte der Region, den Deichbauten und Sturmfluten sowie der 150-jährigen Vergangenheit der Stadt. Hörmuscheln an Schiffstauen erzählen Geschichten aus dem Alltag der Deicharbeiter, ein Modell erläutert die Funktionsweise von Sieltoren. Eine Sonderausstellung informiert bis auf Weiteres über den neuen Jade-Weser-Port, hinzu kommen mehrere jährlich wechselnde Sonderausstellungen.

Im Stadtzentrum

Im Zweiten Weltkrieg wurde Wilhelmshaven heftig bombardiert und weitgehend zerstört. Der schnelle Wiederaufbau nach dem Krieg hat dem Stadtbild nicht gut getan. Dennoch gibt es ein

paar Sehenswürdigkeiten, die den Besuch lohnen. Einen bei schönem Wetter weitreichenden
Rundblick über Stadt, Jadebusen, Wangerland
und Nordsee bietet der 49 Meter hohe Turm des
Rathauses, auf den ein Fahrstuhl hinaufführt. Das
100 Meter lange Rathaus ist neben der Kaiser-Wilhelm-Brücke das bedeutendste historische Zeugnis
der Stadt. Es wurde 1929 nach Plänen von Fritz
Höger (1877–1949) errichtet, der zuvor schon für
das berühmte Chilehaus in Hamburg verantwortlich zeichnete. Er gilt als bedeutender Vertreter
des norddeutschen Backsteinexpressionismus.

Die schon 1913 eröffnete Kunsthalle Wilhelmshaven zeigt jährlich fünf bis sechs Wechselausstellungen, verfügt jedoch über keine ständige
Ausstellung. Innen weitgehend schmucklos ist die
1869 bis 1872 erbaute evangelisch-lutherische
Christus- und Garnisonskirche im neugotischen
Stil. Zahlreiche Gedenktafeln und Denkmäler erinnern an die in beiden Weltkriegen gefallenen, über
63 000 deutschen Marineangehörigen.

Kohle, Erdöl und Container

Wilhelmshaven ist Deutschlands drittgrößter
Seehafen nach Hamburg und Bremerhaven. Hier
legen jedoch nie Kreuzfahrtschiffe an. Dafür
wird an den weit aufs Wasser hinausreichenden
Umschlagbrücken des größten deutschen Kohle-
und Ölhafens Deutschlands die Versorgung mit
fossilen Brennstoffen gesichert. In unterirdischen
Kavernen in der Region um Wilhelmshaven lagern
Deutschlands Erdölreserven für Krisenzeiten. Dem-
nächst soll in ihnen auch Kohlendioxid verpresst
werden.

Deutschlands jüngster Hafen ist der erst 2012 fer-
tiggestellte Jade-Weser-Port nördlich von Kohle-
und Erdölanlandung. Ihn kann man im Gegensatz

Oben: Das Rathaus und sein
Turm sind ein Werk des Architekten Fritz Höger im Stil des
norddeutschen Backsteinexpressionismus.
Unten: Das »Pumpwerk« ist ein
über die Grenzen der Region hinaus bekannter Veranstaltungsort.

Nicht verpassen

SCHIFFFAHRT NACH HELGOLAND

Die Fahrt von Wilhelmshaven nach Helgoland dauert etwa drei Stunden. Vor Helgoland geht das Schiff vor Anker. Dort geht man am besten gleich aufs Oberland oder fährt mit dem Fahrstuhl hinauf. Ein etwa drei Kilometer langer Klippenweg umrundet es und führt auch an Helgolands Wahrzeichen vorbei, dem 48 Meter hohen, Fels »Lange Anna«. Danach kann man sich im Unterland die bunten Hummerbuden anschauen, die heute als Läden, Standesamt und Galerien genutzt werden. Eine von ihnen ist im Museum Helgoland dem von der Insel stammenden Kinderbuchautor James Krüss (1926–1997) gewidmet. Vor der Rückfahrt locken Helgolands Geschäfte zum günstigen Einkauf: Helgoland ist von der Mehrwertsteuer befreit. Insbesondere Zigaretten und Spirituosen sind hier preiswerter als auf dem Festland.

Reederei Cassen Eils. Juni–Sept. tgl. 9 Uhr, Südstrand 125 A, Helgolandkai, Tel. 01805/22 86 61, www.helgolandreisen.de

zu den beiden anderen Häfen nicht nur bei Bootsrundfahrten vom Wasser aus kennenlernen, sondern auch landseitig.

An seinem 1725 Meter langen Kai können die Containerschiffe der neuesten Generation anlegen. Unabhängig von Ebbe und Flut können hier Riesenpötte bis zu 435 Meter Länge und 16,5 Meter Tiefgang festmachen, die bis zu 18 000 Container tragen. Das Entladen erfolgt mit Hilfe von in China gebauten Containerbrücken, die zu den größten der Welt zählen. Die Container werden nur zum Teil über Land innerhalb Deutschlands verteilt. Viele werden auch nur auf kleinere Feederschiffe umgeladen, die sie weiter zu anderen Nordseehäfen und bis in die Ostsee hinein transportieren. Bis zu 2,7 Millionen Container wollen die Wilhelmshavener pro Jahr umschlagen, doch das Geschäft lief zunächst nur äußerst zögerlich an. Über den aktuellen Stand der Dinge kann man sich im Hafen selbst informieren: Hafenbustouren führen vom Informationszentrum über das 130 Hektar große Hafengelände bis zu einem Aussichtsturm direkt an der Kaje, von dem aus man den gesamten Hafenbetrieb – fachmännisch kommentiert – bestens überblicken kann.

Wer mit dem eigenen Wagen zum Jade-Weser-Port gefahren ist, braucht nicht auf der gleichen Strecke in die Stadt zurückzukehren, sondern kann immer am Meer entlang bis nach Hooksiel weiterfahren und von dort aus auf dem Rückweg auch noch die Burg Kniphausen ansteuern.

Rund um den Jadebusen

Von Wilhelmshaven aus verkehren im Sommerhalbjahr Passagier- und Fahrradfähren über die Öffnung des Jadebusens nach Eckwarderhörne auf der Halbinsel Butjadingen, die bereits zum Kreis Wesermarsch gehört. Am Ufer des Jadebusens

Infocenter am Jade-Weser-Port

Wilhelmshaven und Jadebusen

liegen zwei schöne Orte, die einen Besuch lohnen: Dangast und Varel.

Dangast liegt auf einem Geestrücken, der hier direkt bis an den Jadebusen reicht. Das Dorf war von 1923 bis zu seinem Tod Wohnort des Malers Franz Radziwill (1895–1983), dessen einstiges Wohnhaus noch immer in Familienbesitz ist und heute als Museum dient. An seinem Haus vorbei führt eine schmale Straße zum Dangaster Hafen, wo das liebenswert altmodische Fahrgastschiff »Etta von Dangast« auf Urlauber wartet, die den Jadebusen mit Planken unter den Füßen erleben wollen. Gleich am Hafen gibt sich Dangast wiederum künstlerisch. Direkt am kleinen Sandstrand stehen unterhalb der Gaststätte »Kurhaus«, die für ihren Rhabarberkuchen weithin gerühmt wird, einige moderne Kunstwerke. Zu sehen sind u.a. eine Personifikation der Jade des Beuys-Schülers Anatol Herzfeld (geb. 1931) und ein Phallus aus schwedischem Granit von Eckart Grenzer (geb. 1943). Vom Hafen führt zudem der Dangaster Kunstpfad um den Jadebusen herum bis nach Eckwarderhörne.

Der Dangaster Kurpfad passiert die Sielschleuse von Varel, hier steht das ganze Jahr über ein Schneemann als Kunstobjekt. Varel kann man auch mit dem Auto erreichen und passiert dabei den idyllischen Hafen, der über das Vareler Tief mit dem Jadebusen verbunden ist. Hier kann man an schönen Sommertagen hervorragend vor kleinen Kneipen und Fischbuden sitzen. Im Zentrum von Varel, das weiter landeinwärts liegt, bietet die schon 1144 erstmals geweihte Schlosskirche Kunstliebhabern Werke des Bildhauers Ludwig Münstermann (1575/76–1637/38), der vom Manierismus inspiriert seine ganz eigene, äußerst ekstatische Bildsprache fand. Der Altar, die Kanzel, der Taufstein, ein Engel und eine Gebetsbank stammen von ihm.

Oben: Die Seefelder Mühle steht in Butjadingen auf der Ostseite des Jadebusens.
Mitte: Naturlehrpfade ermöglichen informative Spaziergänge.
Unten: *Melkhus* heißen Erfrischungsstationen für Wanderer und Radfahrer am Wegesrand.

Infos und Adressen

SEHENSWÜRDIGKEITEN

Aquarium. Tiere aus allen Weltmeeren. Tgl. 10–18 Uhr, Südstrand 123, Tel. 04421/506 64 44, www.aquarium-wilhelmshaven.de

Besucherzentrum Wattenmeer. Alles über den Nationalpark Niedersächsisches Wattenmeer. April–Okt. tgl. 10–17 Uhr, sonst Di–So 10–17 Uhr, Südstrand 110 b, Tel. 04421/91 07 12, www.wattenmeer-besucherzentrum.de

Im Küstenmuseum

Burg Kniphausen. So 11–17 Uhr, Tel. 0151/12 76 70 18, www.stiftung-burg-kniphausen.de

Deutsches Marinemuseum. Deutsche Marinegeschichte. April–Okt. tgl. 10–18 Uhr, sonst tgl. 10–17 Uhr, Südstrand 125, Tel. 04421/40 08 40, www.marinemuseum.de

Franz Radziwill Haus in Dangast. Di, Mi 10–12 Uhr, Do–Sa 15–18 Uhr, So 11–18 Uhr, Sielstr. 3, Tel. 04451/27 77, www.radziwill.de

Heppenser Kirche St. Nikolai. Öffnungszeiten sind telefonisch zu erfragen. Heppenser Str. 29, Tel. 04421/30 22 79, www.heppenser-kirche.de

Kunsthalle. Häufige Wechselausstellungen moderner Kunst. Di 14–20 Uhr, Mi–So 11–17 Uhr, Adalbertstr. 28, Tel. 04421/414 48, www.kunsthalle-wilhelmshaven.de

Küstenmuseum. Archäologie, Geologie, Siedlungs- und Kunstgeschichte. Feb.–Nov. Di–So 11–17 Uhr, Weserstr. 58, Tel. 04421/40 09 40, www.kuestenmuseum.de

Rathausturm. Für den besten Überblick: Turmfahrten Mo–Fr 8.30–15.30 Uhr, Sa, So 12–18 Uhr, Rathausplatz, Tel. 04421/16 16 37.

Schlosskirche in Varel. Tgl. 11–16 Uhr, Schlossplatz 3.

ESSEN UND TRINKEN

Bavaria. Gutbürgerliches Fischrestaurant. Di–So 11.30–14 und 18–22 Uhr, Rheinstr. 14, Tel. 04421/416 42, www.bavaria-fisch.de

Kurhaus Dangast. Familienbetriebenes Restaurant mit vielen tollen Events, Selbstbedienung. Fr–So 9–19 Uhr. An der Rennweide 46, Varel, Tel. 04451/44 09, www.kurhausdangast.de

Marco Polo. Das Gourmetrestaurant der Stadt im Hotel Columbia. Di–Sa ab 18 Uhr, Jadeallee 50, Tel. 04421/77 33 80, www.columbia-hotels.de

Pier 24. Gehobene junge Küche in modernem Ambiente, auch gutes Frühstück, Biergarten am Wasser. Di–So 9–23 Uhr, Jadeallee 30, Tel. 04421/778 57 55, www.pier-24.de

ÜBERNACHTEN

Columbia. Eine der feinsten Adressen an der Küste, mit Hallenbad und Spa. Jadeallee 50, Tel. 04421/77 33 80, www.columbia-hotels.de

CVJM. Internationales Jugendgästehaus, 1- bis 4-Bett-Zimmer. Marktstr. 211–215, Tel. 04421/151 50, www.cvjm-whv.net

Eco Sleep. Modern und preiswert, auch Appartements. Marktstr. 146, Tel. 04421/758 29 81, www.ecosleep.de

Lachs. Alle Zimmer mit Blick auf den Jade-busen. Südstrand 114, Tel. 04421/431 17, www.hotel-lachs.de

Seenelke. 7 Appartements, Suiten und Zimmer, modern möbliert, alle mit Meerblick und Balkon. Südstrand 120, Tel. 04421/755 76 70, www.hotel-seenelke.de

Seestern & Delphin. Alle Zimmer mit Meerblick, direkt an der Strandpromenade. Südstrand 116/118, Tel. 04421/941 00, www.hotelseestern.de

Wohnschiff Arcona. Übernachtungen an Bord eines Museumsschiffs. 53 Kojen in 22 Kammern. Bontekai 66, Tel. 04421/221 30.

AUSGEHEN

Burg Kniphausen. Kammerkonzerte und Lesungen an vielen Abenden im Jahr. Tel. 0151/ 12 76 70 18, www.stiftung-burg-kniphausen.de

Diskothek Fun & Lollipop. Zwei Floors. Mi 21–3 Uhr, Fr, Sa 21–5 Uhr, Bahnhofstr. 22, Tel. 04421/98 25 20, www.discofun.de

Kulturzentrum Pumpwerk. Konzerte und Kleinkunst. Banter Deich 1a, Tel. 04421/927 90, www.pumpwerk.de

Stadthalle. Hier finden ständig vielerlei Veranstaltungen aller Art statt. Grenzstr. 24, Tel. 04421/98 20 00, www.stadthalle-wilhelmshaven.de

EINKAUFEN

Nordsee-Passage. Großes zweigeschossiges Einkaufscenter mit zahlreichen Geschäften und Gastronomie. Mo–Fr 10–20 Uhr, Sa 10–18 Uhr, Bahnhofstr. 10, Tel. 04421/14 49 49, www.nordseepassage.de

VERANSTALTUNGEN

Street Arts Festival. Straßenmaler aus aller Welt. Ein Wochenende im Aug., in der Innenstadt, www.streetart-wilhelmshaven.de

Wochenende an der Jade. Windjammer und Oldtimer-Schiffe, Flohmarkt, großes Feuerwerk. 4 Tage Anf. Juli, www.wochenendeanderjade.de

AKTIVITÄTEN

Hafenrundfahrten. Oster- bis Herbstferien tgl. 11, 13 und 15 Uhr (bei Bedarf auch 17 Uhr), Reederei Warrings, Helgolandkai, Tel. 04464/949 50, www.reederei-warrings.de

Nationalpark-Erlebnisfahrt. 2 Stunden auf dem Jadebusen mit Erklärungen durch einen Mitarbeiter des Wattenmeer-Besucherzentrums. April–Okt., ab Helgolandkai, Tel. 04421/91 30 00, www.wattenmeer-besucherzentrum.de

Nautimo. Innen- und Außenbecken, lange Rutschen, Kletterwand, Sprungbecken, Saunawelt. Mo–Fr 10–21.15 Uhr, Sa, So 9–21.15 Uhr, Friedenstr. 99, Tel. 04421/77 35 50, www.nautimo.de

Im Wilhelmshavener Aquarium

INFORMATION

Wilhelmshaven Touristik. Nordsee-Passage, Bahnhofstr. 10, Tel. 04421/91 30 00, www.wilhelmshaven-touristik.de

50 Groningen
Pracht an der Gracht

Groningen liegt im Norden der Niederlande und ist eine junge Stadt: Über die Hälfte der mehr als 190 000 Einwohner ist jünger als 35 Jahre. Und diese sorgen für ein einzigartiges, lebendiges Stadtbild. Die Hansestadt bietet eine Kombination aus charakteristischen alten Gebäuden, modernster Architektur, Grachten und Kirchen. Unzählige Restaurants, Bars, Straßencafés, Nachtclubs, große Sportveranstaltungen, Kultur und Musikfestivals sowie erstklassige Einkaufsmöglichkeiten machen den Besuch der quirligen Metropole zu einem Erlebnis.

Die Oosterstraat mit dem Martini-Kirchturm

Nur rund 70 Kilometer sind es vom ostfriesischen Leer bis zum Zentrum. Dank einer durchgehenden Autobahn zwischen den beiden Städten und einer offenen Grenze ohne Kontrollen erreicht man nach ca. 50 Minuten die Innenstadt. Die Anreise von Leer mit dem Zug ist natürlich auch möglich. Groningen ist eine Stadt der Radfahrer, das Auto ist hier –zumindest im Stadtzentrum – ein Störenfried und wirkt deplatziert. Von daher sollte man seinen Wagen am Rande des Stadtzentrums parken, z. B. in der Tiefgarage am Ossenmarkt. Der von Grachten eingerahmte alte Stadtkern hat einen Durchmesser von ungefähr einem Kilometer und kann auch zu Fuß entdeckt werden.

Ein Muss für jeden Besucher der Hansestadt ist das nach umfassenden Renovierungsarbeiten im Winter 2010 wiedereröffnete Groninger Museum. Das auffällige Gebäude ist fast genauso beeindruckend wie die Ausstellungsstücke im Inneren. Wechselnde Sonderausstellungen namhafter Künstler

locken regelmäßig Besucher aus der ganzen Welt an. In den historischen Gebäuden des Schifffahrtsmuseums aus dem 15. Jahrhundert reisen die Besucher mit den Schiffen und Kapitänen von damals durch die Geschichte des niederländischen Seehandels. Ein ganz besonderer Tipp zur Stadterkundung sind die Rundgänge mit den »Groninger Lotsen«. Ab März nehmen junge Deutsche, die in der Hansestadt studieren, jeden Samstag Besucher mit auf eine 90-minütige Tour zu den schönsten Plätzen der Stadt.

Einfach gut!

Stadt der Kneipen

Groningen lebt und feiert rund um die Uhr. Im »Drie Gezusters« oder im »News Café« kann sich jeder vortrefflich bei Broodjes, Burger und Bier stärken. Eine Sperrstunde gibt es nicht. In einigen Bars erklingt regelmäßig Livemusik. Die Südseite des Grote Marktes soll mit über 20 Gaststätten, darunter vier Drehbars, das größte Kneipenviertel der Niederlande sein. Auch ein Blick ins Innere der Lokalitäten lohnt sich: So hat man bei den »Drie Gezusters« das Gefühl, sich in einem alten Londoner Pub zu befinden. In der »Martiniplaza« finden regelmäßig Großveranstaltungen und Sportereignisse statt. Unzählige kleine Bühnen laden zu

GRONINGER MARKT

Kein Groningen-Besucher sollte das auslassen: den Besuch des Marktes, der sich zentral gelegen über den Grote Markt (Großer Markt) bis zum Vismarkt (Fischmarkt) hin erstreckt – und das fast täglich. Hier wird deutlich, dass Holland das Land der Blumen und nicht nur der Tulpen ist, unzählige Stände mit Pflanzen und Blumen zu günstigen Preisen säumen den Vismarkt. Matjes in allen Variationen und frischer Fisch haben in den Niederlanden auch eine feste Tradition: Scholle, Scharben und Seezunge – eine große Auswahl in ausgezeichneter Qualität und zu guten Preisen. Der Grote Markt wiederum hat ein anderes Repertoire: Kleidung, aber auch Erdnüsse und holländische Lakritze gibt es hier in allen Variationen.

Groninger Markt. Di, Fr, Sa 9–17, Do 13–21 Uhr. Achtung: Mo ist kein Markt und die Geschäfte haben bis 13 Uhr geschlossen.

besonderen Vorstellungen ein und das Stadtthe-
ater aus dem 19. Jahrhundert zeigt regelmäßig
Theater- und Tanzaufführungen.

Stadt mit Geschmack

Groningen wurde 2007 im Rahmen einer EU-Stu-
die zur lebenswertesten Stadt Europas gekürt,
2011 zur niederländischen Hauptstadt des Ge-
schmacks. Einer der Gründe ist das lebhafte Zentrum mit besonderen kulinarischen Spezialitäten,
Restaurants und Veranstaltungen.

Das umfangreiche Einkaufsangebot, das die Stadt
zu bieten hat, verführt zum Stöbern und Erwerben: Exklusive Modeboutiquen mit ausgewählter
Designerware, Antiquariate, ausgefallene Möbel-
geschäfte oder kleine Kunstgalerien laden zum
Bummeln ein.

Bei einem Bummel durch die Innenstadt sollte
nicht die 1614 gegründete Reichsuniversität Groningen ausgelassen werden, die zu den ältesten
der Niederlande zählt und mit fast 50 000 Studenten sicher auch zum jungen Bevölkerungsdurch-
schnitt dieser Stadt beiträgt. Bei so vielen jungen
Bewohnern ist auch die Musikszene ausgeprägt.
Jedes Jahr im August wird Groningen zum Mekka
für Musik- und Theaterfans: Beim »Noorderzon«
wird gezeigt, wie es um die niederländische und
europäische Kunstszene bestellt ist.

Oben: Das renovierte Groninger
Museum am Rand der Altstadt
Mitte: Ein Geschäft für Kostüme
und Masken in der Oosterstraat
Unten: Massen von Fahrrädern
stehen im Univiertel.

Infos und Adressen

SEHENSWÜRDIGKEITEN

Groninger Museum. Di–So 10–17 Uhr, Museumeiland 1, Tel. +31(0)50/366 65 55, www.groningermuseum.nl

Martiniturm. 97 m hoher Turm am Grote Markt. Toller Blick über die Innenstadt. 1. April–31. Okt. 11–17, 1. Nov.–31. März 12–16 Uhr, Tickets beim VVV-Laden gegenüber, Grote Markt 29, Tel. +31(0)50/313 97 41.

Noordelijk Scheepvaartmuseum. Di–Sa 10–17 Uhr, So 13–17 Uhr, Brugstraat 24, Tel. +31(0)50/312 22 02.

ESSEN UND TRINKEN

Drie Gezusters. Sandwiches, Salate und Deftiges. Di–Sa ab 10 Uhr, So, Mo ab 11 Uhr, Grote Markt 36/39, Tel. +31(0)50/312 70 41.

News Café. Großes Gaststättenzentrum mit Grand Café. Mo–Sa 17–22 Uhr, Waagplein 5, Tel. +31(0)50/311 18 44.

Moro Gedemte. Für Liebhaber der spanischen und arabischen Küche. Tgl. 17–22 Uhr, Kattendiep 21, Tel. +31(0)50/360 36 66, www.viaromanica.nl

't Feithhuis. Stadtcafé-Restaurant. Tgl. 10.30–22.30 Uhr, Martinikerkhof 10, Tel. +31(0)50/313 53 35, www.feithhuis.nl

ÜBERNACHTEN

Hotel Corps de Garde. Modern und individuell eingerichtete Zimmer. Oude Boteringestraat 74, Tel. +31(0)50/314 54 37, www.corpsdegarde.nl

Hotel Schimmelpenninck Huys. Charmantes Hotel in einem restaurierten Patrizierhaus. Oosterstraat 53, Tel. +31(0)50/318 95 02, www.schimmelpenninckhuys.nl

EINKAUFEN

Betties Creative Casual. Bunte Auswahl an ausgefallener Mode für Frauen. Mo 13–18 Uhr, Di, Mi, Fr 10–18 Uhr, Do 10–21 Uhr, Sa 10–17 Uhr, Oosterstraat 29, Tel.+31(0)50/767 62 87, www.betties.nl

Elpee. Ein uralter Plattenladen. Mo 13–18 Uhr, Di, Mi, Fr 10–18 Uhr, Do 10–21 Uhr, Sa 10–17 Uhr, Oosterstraat 24/1, Tel. +31(0)50/313 51 37.

Scotch & Soda. Peppiges Design für Damen und Herren von der Amsterdamer Modemarke. Mo 13–18 Uhr, Di, Mi, Fr 9.30–18 Uhr, Do 9.30–21 Uhr, Sa 9.30–17.30 Uhr, Grote Markt 48, Tel. +31(0)50/789 00 02.

AKTIVITÄTEN

Groninger Lotsen. 1,5-stündige Stadtführungen. 5 €/Pers., Treffpunkt Sa 14 Uhr am Touristenbüro, Grote Markt 25.

VERANSTALTUNGEN

Noorderzon. Theater und Musik vom Feinsten. Im Aug. im Noorderplantsoen, 10 Fußminuten nördlich der Innenstadt, www.noorderzon.nl

INFORMATION

Tourist-Information Groningen. Gegenüber dem Martiniturm. Mo 12–18, Di–Fr 9.30–18, Sa 10–17, Juli und Aug. auch So 11–16 Uhr, Grote Markt 29, Tel. +31(0)50/313 97 41, www.toerisme.groningen.nl

Der Kleiderladen »Scotch & Soda« am Grote Markt

REISEINFOS

Der Pilsumer Leuchtturm wird selbst beleuchtet: von den letzten Sonnenstrahlen.

Autofähren fahren nach Borkum und Norderney.

Anreise – mit Auto oder Motorrad

Von Bremen führt die A 28 an Oldenburg und Leer vorbei bis ins niederländische Groningen. Von ihr zweigt bei Oldenburg die A 29 nach Wilhelmshaven, bei Leer die A 31 nach Emden ab. Aus dem Rheinland und dem Ruhrgebiet ist Leer über die A 31 zu erreichen. Einzige Autobahnraststätte und -tankstelle ist Vechtetal an der A 31.

Anreise – mit der Bahn

Von Bremen, Münster und aus dem Rheinland führen Bahnlinien nach Leer, Emden und Norden/Norddeich. Von den ICE-Bahnhöfen Bremen und Osnabrück fährt die Bahn auch nach Oldenburg und Wilhelmshaven. Von Wilhelmshaven fahren Züge weiter über Sande, Jever und Wittmund nach Esens. Weitere Bahnlinien gibt es nicht. **Infos: www.bahn.de**

Anreise – mit dem Flugzeug

Der nächstgelegene Verkehrsflughafen ist Bremen. Direktflüge mit Lufthansa oder Germanwings dorthin starten in Frankfurt, München und Stuttgart. Auch ab Zürich gibt es Linienflüge nach Bremen. In Bremen verbindet die Straßenbahnlinie 6 den Flughafen direkt mit dem Hauptbahnhof.
Infos: www.airport-bremen.de

Eintrittspreise und Vergünstigungen

Fast alle Museen und Sehenswürdigkeiten erheben Eintrittsgelder von 1 bis 3 €. In Ausnahmefällen kostet das Ticket auch 8 bis 10 €, so in der Kunsthalle Emden, im Deutschen Marinemuseum und im Aquarium in Wilhelmshaven. Ermäßigungen werden in der Regel für Kinder, Schüler und Studenten, Reisegruppen ab 15 Personen sowie manchmal auch für Rentner und Pensionäre gewährt. Oft erhalten auch Inhaber der Kur- oder Gästekarte der entsprechenden Urlaubsregion einen Rabatt.

Fahrradurlaub

Das flache Ostfriesland und die meisten seiner kleinen Inseln eignen sich hervorragend für Fahrradferien. Nur auf Spiekeroog sind Gäste-Fahrräder unerwünscht; dort und auf Baltrum kann man auch keine Fahrräder leihen.

Radwege führen meist hinter dem Deich entlang und sind so etwas windgeschützt.

Das Radwegenetz auf dem Festland ist wirklich hervorragend ausgebaut, fast überall verlaufen die Radwege getrennt von der Autostraße. Auch die Ausschilderung ist erstklassig und die Restaurants und Unterkünfte am Wegesrand sind auf Radurlauber eingestellt. Zahlreiche Kurverwaltungen und Tourist-Informationen halten zudem Radwandervorschläge und Pauschalprogramme bereit.

Durch Ostfriesland verläuft auch der Europäische Küstenradwanderweg, der einmal rund um die Nordsee führt. Sein deutscher Anteil beläuft sich auf 907 Kilometer (www.northsea-cycle.com). Die längsten Routen durch Ostfriesland sind die 290 Kilometer lange Friesenroute »Rad up Pad« und die 250 Kilometer lange Friesische Mühlentour.

Fährverkehr zu den Inseln

Alle sieben Ostfriesischen Inseln sind das ganze Jahr über täglich mit der Fähre zu erreichen. Autos dürfen nur nach Norderney und Borkum mitgenommen werden, die übrigen Inseln sind autofrei. Mit dem Zug zu erreichen sind die Fährhäfen Emden und Norddeich, zu allen anderen Häfen im Inselverkehr verkehren Busse. Im Hafenbereich aller Orte stehen ausreichend gebührenpflichtige Parkplätze und Garagen für Langzeitparker zur Verfügung. Zwischen ihnen und den Anlegern verkehren Shuttlebusse. Tagesausflügler finden meist direkt am Anleger noch gebührenpflichtige Parkplätze, die man freilich bei Hochwassergefahr meiden sollte.

Es empfiehlt sich, vor dem Ostfriesland-Urlaub aktuelle Daten und Veranstaltungen auf www.ostfriesland.de zu suchen. Vor allem im Juli und August finden in sehr vielen Sielorten Kutterregatten statt, an denen auch Gäste teilnehmen können. Außerdem gibt es zwischen Juni und August eine Fülle von Stadt- und Volksfesten sowie Kunsthandwerksmärkten. Hier nur eine Auswahlt, weitere Informationen bei den »Infos und Adressen« dieses Buches sowie über die örtlichen Tourismusbüros.

JANUAR/FEBRUAR

Im Winter wird traditionell auf vielen Wegen geboßelt. Dieses Wurfballspiel wird immer beliebter, es gibt auch spezielle Angebote für Gäste. Gespielt wird teilweise auf öffentlichen Straßen, Hinweisschilder beachten!

FEBRUAR

Schortens: Eiskunstfestival »Feuer & Eis«

MÄRZ

Jever: Kiewittmarkt mit großem Oldtimertreffen

Langeoog: »Puppenspölerfest« – Puppentheater für Jung und Alt

MÄRZ/APRIL

Unzählige **Osterfeuer** leuchten am Ostersonnabend in fast jedem Dorf .

APRIL

Spiekeroog: Internationales Jazz-Festival

Rasted/Westerstede: Frühlingsmarkt

Juist: Gesundheitswoche mit vielen Kursen und Angeboten zum Thema Gesundheit

MAI/JUNI

Himmelfahrtswochende: Juister Musikfestival und Drachenfest in Norden-Norddeich

Westerstede: Rhododendronschau mit unzähligen blühenden Büschen im Park bei Linswege. Alle vier Jahre, die nächste: 10.5.–21.5.2018.

Schloss Gödens bei Sande: Landpartie – Dekoratives für Haus und Garten im Park des alten Wasserschlosses

Norderney: White Sands Festival – Beachvolleyball, Kitesurfen und Chillout am Nordstrand

JUNI

Emder Matjestage mit ein bisschen Seefahrerromantik, Livemusik und viel Fisch

Horumersiel/Wangerland: Sielortfete – vier Tage lang fröhliche Partystimmung in der ganzen Stadt

Wiesmoor: Weinfestival im Blumenreich

Emden und Norderney: Internationales Filmfest mit zahlreichen Vorführungen

Emssperrwerk im Moormerland: Tage der offenen Tür

Grotegast/Westoverledingen: Kunst- und Handwerkermarkt

Ostrhauderfehn: Familienfest mit Volkslauf »Rund um den Idasee«

Schortens: Klinkerzauber – dreitägiges internationales Straßenkunst- und Musikfestival

Wilhelmshaven: Wochenende an der Jade, großes Stadt- und Hafenfest

JULI

Mittelalterfest »Tota Frisia« am Großen Meer im Südbrookmerland

Aurich: Wein- und Gourmetfest

Schillig/Wangerland: buntes Drachenfest

Bad Zwischenahn: Lichternacht mit Fackelschwimmen, Lichtkostümen und Lasershow

Norderney: Summertime@Norderney, Musikfestival am Nordstrand

Greetsiel: Kutterkorso in Krummhörn-Greetsiel

AUGUST

Norden-Noddeich: Wikingerlager

Carolinensiel-Harlesiel: Straßenfest mit »Hafen in Flammen«

Varel-Dangast: Watt en Schlick – Rock- Pop-Livebands mit Blick aufs Wattenmeer

Wilhelmshaven: Internationales Streetart-Festival

Carolinensiel: WattenSail – Treffen der Oldtimersegelschiffe im Museumshafen

Neuharlingersiel: Regatta der Krabbenkutter

Kammermusikfestival »Klassik auf Baltrum«

Wiesmoor: Blütenfest mit Blumenkorso und vielen Aktivitäten (Ende Aug./Anfang Sept.)

SEPTEMBER

Illumina im Schlosspark Lütetsburg bei Hage

Fehntjer Herbstmarkt in Rhauderfehn

Weener: Michaelismarkt mit Mittelalter- und Bauernmarkt

Uplengen: Herbstmarkt mit Flohmarkt

Döschkefest an der Mühle Wiegboldsbur, Südbrookmerland

Borkum: Kitebuggy, Deutsche Meisterschaft

OKTOBER

Leer: Gallimarkt und Viehauktion

Jever: Brüllmarkt

Wittmund: Drehorgelfestival mit Letztmarkt

NOVEMBER

Westerstede: Herbstfest

Zeteler Markt, der älteste Jahrmarkt Oldenburg-Ostfrieslands, mit Viehmarkt

Sünnermarten/Martinisingen, immer am Abend des 10.11., Laternenfest für Kinder

DEZEMBER

Borkum: Klaasohm – In der Nacht vom 5. auf den 6. Dezember steht die Insel Kopf.

Weihnachtsmärkte finden in sehr vielen Orten an den Adventswochenenden statt.

In der Adventszeit wird auch der Hafen von Carolinensiel stimmungsvoll beleuchtet.

Den Wattwurm sieht man selten – umso öfter die Wattwurmhaufen, den verspeisten Sand.

Den Fährverkehr versehen je nach Insel verschiedene Fährgesellschaften. Konkurrenz auf den gleichen Strecken gibt es nicht. Der Preis der Tagesrückfahrkarte beinhaltet immer auch die Kurtaxe für die jeweiligen Inseln. Wer über Nacht bleibt, muss bei den jeweiligen Kurverwaltungen seine Kurtaxe begleichen. Die Bezahlung wird auf dem Ticket registriert. Erst dann ist das Ticket für die Rückfahrt gültig.

Tideunabhängig sind nur Borkum, Langeoog und Norderney. Dorthin verkehren die Fähren denn auch nach einem festen Fahrplan. Zu den vier anderen Inseln ändern sich die Abfahrtszeiten abhängig von Ebbe und Flut von Tag zu Tag. Die Abfahrtszeiten stehen jedoch lange im Voraus fest. Sie können sich aber kurzzeitig ändern. Deswegen empfiehlt sich ein kurzfristiger Check der Zeiten auf den Webseiten der Reedereien oder Inselgemeinden.

Abfahrtshäfen und Reedereien zu den Inseln:
Baltrum: Neßmersiel. Baltrum-Linie, Tel. 04933/99 16 06, www.baltrum-linie.de
Borkum: Emden, Reederei AG Ems, Tel. 01805/18 01 82, www.ag-ems.de
Juist: Reederei Norden Frisia, Tel. 04931/98 79, www.reederei-frisia.de
Langeoog: Bensersiel. Schifffahrt der Inselgemeinde Langeoog, Tel. 04971/928 90, www.schifffahrt-langeoog.de
Norderney: Reederei Norden Frisia, Tel. 04931/98 79, www.reederei-frisia.de
Spiekeroog: Neuharlingersiel. Tel. 04976/919 31 02, www.spiekeroog.de/buchen
Wangerooge: Harlesiel. Schifffahrt und Inselbahn Wangerooge, Tel. 0800/150 70 90, www.siw-wangerooge.de

Flugverkehr zu den Inseln

Alle Inseln außer Spiekeroog besitzen einen Flugplatz, auf dem kleine Propellermaschinen landen können. Von den nächstgelegenen Flugplätzen an der Küste aus bestehen Linienflugverbindungen. Auf allen Flughäfen können auch Maschinen gechartert werden. Im

Angebot sind außerdem Rundflüge über einzelne Inseln oder über die gesamte Inselkette. Auf Wunsch holen die Inselflieger ihre Passagiere auch auf dem Verkehrsflughafen Bremen ab.

Baltrum: Ab Harle. LFH Luftverkehr Friesland-Harle, Tel. 04464/948 10, www.inselflieger.de
Borkum: Ab Emden. Ostfriesischer Luftdienst (OFD), Tel. 04921/899 20, www.fliegofd.de
Juist: Ab Norddeich. FLN Frisia-Luftverkehr, Tel. 04931/933 20, www.fln-norddeich.de
Langeoog: Flugplatz Harle. Luftverkehr Friesland Harle (LFH), Tel. 04464/948 10, www.inselflieger.de
Norderney: FLN Frisia-Luftverkehr, Tel. 04931/933 20, www.fln-norddeich.de
Wangerooge: Flugplatz Harle. Luftverkehr Friesland Harle (LFH), Tel. 04464/948 10, www.inselflieger.de

Fremdenverkehrsämter

Jede Insel und nahezu jeder Ort in Ostfriesland haben ihre eigene Tourismus-Organisation mit eigener Webseite und eigenen Prospekten. Darüber hinaus gibt es zwei überörtliche Fremdenverkehrsämter, an die man sich wenden kann:
Die Nordsee – Sieben Inseln, eine Küste. Olympiastr. 1, Gebäude 6, 26419 Schortens-Roffhausen, Tel. 08105/97 89 23, www.die-nordsee.de
Ostfriesland Tourismus. Ledastr. 10, 26789 Leer, Tel. 0491/91 96 96 50, www.ostfriesland.de

Gezeitenkalender

Die Zeiten für Hoch- und Niedrigwasser an der Küste und um die Inseln ändern sich von Tag zu Tag und von Ort zu Ort. In Tidekalendern werden sie alljährlich festgehalten. Sie sind in den meisten Büros der Tourist-Information kostenlos oder gegen geringe Gebühr erhältlich und werden auch in den regionalen Tageszeitungen veröffentlicht. Gezeitenkalender kann man sich auch als kostenlose App auf das Smartphone laden, z. B. »realTide«.

Hunde am Strand

Viele Badestrände sind für die geliebten Vierbeiner gesperrt. Meist sind jedoch spezielle Hundestrände ausgewiesen. Im Nationalpark Niedersächsisches Wattenmeer sind auch einige Wege zu bestimmten Zeiten für Hunde absolut tabu, auf anderen herrscht fast immer Leinenzwang.

Internet und WLAN

Ein schneller Internetzugang ist überall in Ostfriesland und auf den Inseln gewährleistet. Internetcafés sind aber nur selten. Häufig stehen zumindest öffentlich zugängliche Internet-Terminals in den Büros der Kurverwaltung oder Tourist-Information zur Verfügung. Hotels bieten WLAN-Zugang an. Zwar immer mehr, aber immer noch viel zu wenige Cafés, Kneipen und Restaurants stellen ihren Gästen einen freien WLAN-Zugang zur Verfügung.

Klima und Reisezeit

Ostfriesland und seine Inseln kann man das ganze Jahr über bereisen. Hartgesottene baden sogar im Januar und Februar, wenn die Wassertemperatur in der Nordsee auf 4 °C abfällt. Wer sonst eher ans Mittelmeer reist, wird wahrscheinlich sogar im Juli und August noch in der Nordsee bibbern, wenn sie mit etwa 16–17 °C ihre Höchsttemperatur erreicht. Aber um im Meer zu schwimmen, kommt man in der Regel ja ohnehin nicht hierher, sondern eher, um in der Brandung zu planschen.

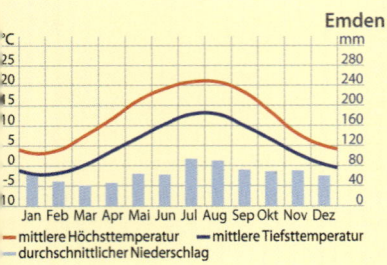

Kuren

Alle Inselgemeinden und viele Küstenorte sind staatlich anerkannte Kurorte. Indikationen sind vor allem Atemwegs- und Herz-Kreislauf-Erkrankungen, Hormon- und Stoffwechselstörungen, Hautleiden, Allergien, rheumatische Beschwerden sowie Entwicklungsstörungen bei Kindern. Unter bestimmten Voraussetzungen gewähren gesetzliche Krankenkassen Zuschüsse für ambulante Badekuren. Dazu muss das Kurantragsformular der Krankenkasse zusammen mit dem Hausarzt ausgefüllt und der gewünschte Kurort angegeben werden. Der ausgefüllte Antrag muss bei der Krankenkasse eingereicht werden. Bei Genehmigung übernimmt diese die Kosten der ärztlichen Behandlung und der Kurmittel (abzüglich gesetzlicher Eigenanteile) sowie einen Zuschuss von maximal 13 € pro Tag zu den Unterkunfts- und Verpflegungskosten.

Kurtaxe

Nahezu alle Küstenorte und alle Inseln erheben im Sommerhalbjahr eine Kurtaxe, einige wenige auch im Winter. Die Höhe des Kurbeitrags ist saisonabhängig und beträgt für Erwachsene meist um 2 €/Tag. Als Gegenleistung erhält der Gast eine Kur- oder Gästekarte, mit der er in Museen, Hallenbädern und anderswo eine Ermäßigung erhält. Die oft heftig umstrittene Kurtaxe trägt dazu bei, dass die meist sehr kleinen Gemein-

Das Ewige Meer ist ein völlig naturbelassener Moorsee.

Feinsten weißen Sand gibt es vielerorts, wie hier am Strand von Juist.

den ihre durch viele Gäste überdimensionale Infrastruktur – beispielsweise bei Wasser- und Energieversorgung, Müllentsorgung, Straßen- und Wegebau – unterhalten können. Dass man in Mecklenburg-Vorpommern ohne sie auskommt, ficht die Niedersachsen nicht an.

Notrufnummern

Polizei: Tel. 110
Feuerwehr: Tel. 112
Zentraler Sperr-Notruf bei Verlust von Kredit- und EC-Karten: Tel. 11 61 16

Saison

Die Sommersaison beginnt auf den Inseln und in den meisten Küstenorten mit den niedersächsischen Osterferien und endet mit den niedersächsischen Herbstferien. Hochsaison herrscht während der niedersächsischen Sommerferien.

Souvenirs

Typisch ostfriesische Souvenirs sind Tee und Teezubehör, vom Sahnelöffel und Kandiszucker bis zum vollständigen Teeservice. Seehunde und Möwen gibt es aus allerlei Materialien und in verschiedenen Größen, ebenso Bernsteinschmuck und Buddelschiffe in allen Preislagen. Hochwertige Keramik erhält man in Jever und Marienhafe. Aus Jever kommen Tischdecken und anderes Textiles, mit der Hand bedruckt im Blaudruckverfahren. Eine Handweberei steht in Esens.

Wunderbares Farbenspiel: Über dem
Wattenmeer geht die Sonne unter.

Kulinarische Spezialitäten sind Sanddornbonbons, -marmeladen und -brände, in der Salzluft getrockneter Schinken, Kümmelschnaps und Genever. Beliebt ist auch die *Bohntjesupp.* Wattwürmer munden, wenn man sie in Form einer Mettwurst beim Metzger kauft.

Strandkörbe

Strandkörbe stehen an fast jedem Strand. Urlauber können sie bereits von Zuhause bestellen, Tagesgäste erhalten sie vor Ort. Strandkörbe sind im Unterschied zu Strandzelten abschließbar, so dass man weniger wertvolle Dinge wie Kinderspielzeug und Sonnencreme auch über Nacht darin lassen kann.

Urlaub auf dem Bauernhof

Viele Bauern- und Reiterhöfe der Region sind auf Übernachtungsgäste eingestellt. Sie sind in den Unterkunftsverzeichnissen der jeweiligen Orte und Inseln aufgelistet. Ein überregionales Verzeichnis ihrer Mitgliedshöfe in ganz Niedersachsen, das auch Heuhotels enthält, ist erhältlich von der AG Urlaub und Freizeit auf dem Lande e.V. Lindhooperstr. 63, 27283 Verden/Aller, Tel. 04231/966 50, www.bauernhofferien.de

Urlauberbus

Unabhängig von der Entfernung zahlen Urlauber mit Kur- oder Gästekarte eines ostfriesischen Urlaubsorts bei allen Fahrten in Ostfriesland ganzjährig nur einen Euro. Über 220 Linien im Verkehrsverbund Ems-Jade und in der Verkehrsregion Nahverkehr Ems-Jade stehen täglich ab 9 Uhr zur Verfügung. Das Angebot gilt nicht am An- oder Abreisetag. Gruppen ab zehn Personen werden um vorherige Anmeldung gebeten. Weitere Infos in den Büros der Tourist-Informationen der Orte: Tel. 04191/933 77, www.urlauberbus.info

Dichter Verkehr der angenehmen Art in Langeoogs Barkhausenstraße

Ostfriesland ist ein ideales Reiseland für einen Familienurlaub. Die Küste, die Strände und das Meer sind für Kinder, aber auch Erwachsene geradezu ein Selbstgänger. In den Ferienmonaten werden sehr viele Veranstaltungen angeboten, die besonders auf Kinder abzielen. Doch auch das Hinterland, wo es sichtbar ruhiger zugeht, hat für Kinder und Familien durchaus seine Reize: Man kann mit dem Fahrrad die Marsch erkunden oder mit dem Kanu durch Kanäle und Tiefs paddeln. Und sich bei schlechtem Wetter in einer der vielen Indoor-Spielstätten austoben.

Sport und Vergnügen

Bullermeck in Hooksiel. Spielscheune. Tgl. 14-18 Uhr, in der Saison länger, An der Schleuse 3, Tel. 04425/99 03 99, www.bullermeck.de

Abenteuerland Oki Doki in Emden. Spielhaus für Schlechtwettertage und für die Weihnachtsferien. Mo–Fr 14–19 Uhr, Sa, So 10–19 Uhr, Langobardenstr. 4, Tel. 04921/91 96 97, www.okidoki-emden.de

Viel Bewegungsraum und Spaß bietet Bennis Abenteurland in Bensersiel.

Freizeitpark Lütge Land. Etwa 50 Modelle bedeutender historischer Bauten Deutschlands im Maßstab 1:25, dazu viele Spiel- und Fahrmöglichkeiten für kleine Kinder. Sommerferien tgl. 9–19 Uhr, Oster- und Herbstferien 10–18 Uhr, sonst April –Okt. Sa–Mi 10–18 Uhr, Friesenkamp, Altfunnixsiel, Tel. 04464/17 44, www.luetge-land.de

Kraxelmaxel Kletterparks. Es gibt drei Parks, einen in in Aurich, einen in Norderney und einen auf Borkum. Oster- bis Herbstferien tgl. ab 10 Uhr, übriges Jahr Sa, So ab 10 Uhr, Hoheberger Weg 165, Aurich, Tel. 0441/57 00 11 00. Goethestr. 25, Borkum, Tel. 04922/923 40 77, www.kraxelmaxel.de

Bennis Abenteuerland. Sandstrand unterm Glasdach mit vielen spannenden Spielgeräten. Schulferien tgl. 10–19 Uhr, April–Okt. 14–17 Uhr, Am Strand 8, Bensersiel, Tel. 04971/91 71 46.

Erlebnisbad Ocean Wave in Norddeich. Riesige Bade- und Saunalandschaft mit Meerwasser-Wellenbecken, direkt hinter dem Deich. Vom Leuchtturm blickt man über Norddeich, dann führt eine 101 Meter lange Riesenrutsche wieder zurück ins Becken. Mo–Fr 10–21, Sa, So 10–20 Uhr, Dörper Weg 22, 26506 Norden-Norddeich, www.ocean-wave.de

Krabbenkutterfahrt. Ein unvergessenes Erlebnis für Jung bis Alt. In den meisten Küstenorten Ostfrieslands werden im Juli/August Fahrten auf einem echten Krabbenkutter angeboten. Allgemeine Infos unter www.ostfriesland.de

Essen

Puppen-Café in Carolinensiel. Die vielen historischen Puppen im Café sind zwar nur zum Anschauen bestimmt, freuen aber dennoch ganz gewiss die Kinder. Stark saisonabhängige Öffnungszeiten, Am Hafen West 12, Carolinensiel, Tel. 04464/429.

Museen

Automobil- und Spielzeugmuseum Norden. 50 Oldtimer und eine große Spielzeugsammlung locken ganze Familien an. Schulferien tgl. 11–18 Uhr, übriges Jahr So 11–18 Uhr, Ostermarscher Str. 29, Tel. 04931/918 79 11, www.automuseum-nordsee.de

Viel zu endecken gibt es im Energie-, Bildungs- und Erlebniszentrum Aurich.

Auf Tauchstation im Ocean Wave in Norddeich

Baggerwelt Esens. Die kleineren der Bagger und anderer Baumaschinen zwischen 0,8 und 25 Tonnen Gewicht dürfen unter Aufsicht schon von Kindern ab 5 Jahren bedient werden, die größeren sind Vätern und Müttern vorbehalten. Oster- bis Herbstferien tgl. 11–19 Uhr, außerhalb der Schulferien Mo, Di Ruhetag, Sattlerstr. 2, Tel. 04971/926 96 63.

Energie-, Bildungs und Erlebniszentrum Aurich. Spannende, interaktive Ausstellung für die ganze Familie rund ums Thema Energie. Mo–Fr 9–17, Sa, So 10–18 Uhr, Osterbusch 2, Tel. 04941/69 84 60, www.eez-aurich.de

Piratenmüseum Wilhelmshaven. Wie es der Name schon andeutet, ist das Museum vor allem sehr amüsant und will die Fantasie von Kindern spielerisch beflügeln. Oster- bis Herbstferien tgl. 11–17 Uhr, Ebertstr. 88a, Tel. 04421/40 97 79, www.piratenmuseum.com

Tiere

Tier- und Freizeitpark Jaderberg. 500 Tiere aus aller Welt, eine Spielscheune und Fahrgeschäfte. Oster- bis Herbstferien tgl. 9–18 Uhr, übriges Jahr Mo–Fr 14–18.30 Uhr, Sa, So 10.30–18.30 Uhr, Tiergartenstr. 69, Tel. 04454/911 30, www.jaderpark.de

Brüllmarkt in Jever. Tiere gibt es zu bestaunen, eine Greifvogelshow, Kinderkarussell sowie ein buntes Rahmenprogramm. Zum Einbruch der Dunkelheit gibt es einen Laternenumzug durch die Stadt, der von einem Spielmannszug begleitet wird. 2. Sonntag im Oktober

Haustierpark in Werdum. Hier leben seltene und vom Aussterben bedrohte Haustierrassen. 70 Großtiere kann man ganz nah erleben. April–Mitte Okt. tägl. 9–19, sonst tägl. 9–17 Uhr, Raiffeisenplatz 1, 26427 Werdum, www.haustierpark-werdum.de

Kleiner Sprachführer

ALLGEMEIN

Acht Dafürhalten, Obacht

achter hinter

Achtern Hintern

Dusend Tausend

Düwel Teufel

elke Avend jeden Abend

fasttüdern festbinden

Fierdag Feiertag

Flint Feuerstein

Füür Feuer

Füürtoorn Leuchtturm

Hammrich Landstück

heel sachtjes ganz vorsichtig

hele Dag ganztägig

Hey. (nur Norderney) Hallo, wie geht's.

ik leev di ich liebe dich

Isenbohnpohlupundooldreier Schrankenwärter

Kaark Kirche

Keesblatt Tageszeitung

laat spät

loopen rennen, joggen

Minsk Mensch

mörgen morgen

moi hübsch

Moin Guten Morgen/Tag/Abend

Öllern/Ollen Eltern

Oostfrees Ostfriese

Peerd Pferd

Pien Schmerz

Plaats großes Gehöft

vandad heute

Waddenmeer Wattenmeer

UNTERWEGS

Affohrtied Abfahrtzeit

backboord backbord/links

daar achtern dahinten

Fohrtied Fahrzeit

Haltestejen Haltestellen

heel liek ut ganz geradeaus

Hööftstroot Hauptstraße

Padd Fußweg

Radfohrpad Fahrradweg

steuerbord rechts

ESSEN UND TRINKEN

äten essen

Bohntjesopp Branntwein mit Rosinen

Buuskohl Weißkohleintopf mit Mett

duun betrunken

Eetenshuus Speiserestaurant

Fleesch Fleisch

Henntjebeei Himbeere

Insett Bohnen gesalzene Schnippelbohnen mit Speck

Kaneel Zimt

Karnmelkbree Buttermilchbrei

Kluntje Kandis Zucker

Klütje mit Peeren Hefekloß mit Birnen, dazu wird auch Vanillesauce gereicht

Knippkook Waffel

Pannkoken Pfannkuchen

Snirrtjebraa Stücke vom Schwein und besonders gewürzt

Speckfetten-Grau-Arten graue Erbsen mit Speck

Studje Brötchen

Updrögt Bohnen an der Luft getrocknete Bohnen

EINKAUFEN

böskup einkaufen

dür teuer

tahlen zahlen

WETTER

Quackelweer Nieselwetter

Wär Wetter

Ein Sommerversprechen: goldgelbe Felder unter einem strahlend blauen Himmel

Register

Impressum

Verantwortlich: Claudia Hohdorf
Lektorat: Dr. Juliane Braun
Layout: graphitecture book & edition
Umschlaggestaltung: Frank Duffek,
Nina Andritzky
Repro: Repro Ludwig
Kartografie: Kartographie Huber,
Heike Block
Herstellung: Stefanie König
Printed in Slovenia by Florjancic

Sind Sie mit diesem Titel zufrieden?
Dann würden wir uns über Ihre
Weiterempfehlung freuen.
Erzählen Sie es im Freundeskreis, berichten
Sie Ihrem Buchhändler, oder bewerten
Sie bei Onlinekauf. Und wenn Sie Kritik,
Korrekturen oder Aktualisierungen haben,
freuen wir uns über Ihre Nachricht an
Bruckmann Verlag, Postfach 40 02 09,
D-80702 München oder per E-Mail an
lektorat@verlagshaus.de.

Unser komplettes Programm finden Sie unter

 www.bruckmann.de

Bildnachweis:
Alle Bilder des Innenteils und des Umschlags
stammen von Ottmar Heinze, Hamburg, außer:
Ammerland Touristik: S. 242 u.; Bad Zwische-
naÜer Touristik GmbH: S. 242 o., 244 (3); dpa
(Ingo Wagner): S. 239; Esens-Benserel Tourismus GmbH: S. 280/281; Hohdorf, Claudia: S. 7,
68 o., 73 (2); Leeners, Babett: S. 282; Meyer-
Werft Papenburg/Michael Wessels, miwefoto:
S. 19; Ostfriesische Landschaft/Karlheinz Krä-
mer: S. 128; Picture Alliance: S. 79 o.,
240 o. (Bildagentur Huber), 164 u., 238 o.
(www.bildagentur-online.com), 239 (dpa);
shutterstock (seramo): S. 153; Stadt Oldenburg:
S. 18, 246, 248 (3), 249, 252 o., 252 M.; Wiki-
media Commons: S. 188; Wirtschaftsbetriebe
Borkum GmbH: S. 31 u., 32 o.; Wittmund Tourist Information: S. 210 o.

Der Fotograf Ottmar Heinze bedankt sich
für die sehr gute Unterstützung bei der
Pressestelle Ostfriesland Tourismus GmbH,
www.ostfriesland.de.

Umschlag:
Vorderseite:
Oben: Sanddorn
(Shutterstock/Ekaterina_Minaeva)
Mitte links: Der Pilsumer Leuchtturm
Mitte rechts: Entspannen im Strandkorb auf
Norderney
Unten: Krabbenkutter in Greetsiel
(Schapowalow/Günter Gräfenhain)
Rückseite:
Oben: Museumsschiffe am Emder Ratsdelft
Mitte: Teemuseum in Leer
Unten: Durch die Dünen zum Strand auf Juist
Klappe vorne: Dorfidylle auf Spiekeroog
(Picture Alliance/W. Boyungs/chromorange)

Die Deutsche Nationalbibliothek verzeicÜet
diese Publikation in der Deutschen National-
bibliografie; detaillierte bibliografische Daten
sind im Internet über http://dnb.d-nb.de ab-
rufbar.

3. überarbeitete Auflage
© 2018, 2015, 2013 Bruckmann Verlag GmbH,
München
ISBN 978-3-7343-1122-2